国家社会科学基金教育学一般课题“中世纪教师行会研究”（项目编号：BOA150032）；

江西省高校人文社会科学重点研究基地／江西省 2011朱子文化协同创新中心资助项目

国家社科基金丛书
GUOJIA SHEKE JIJIN CONGSHU

中世纪教师行会研究

Medieval Teachers' Guild Research

黄旭华　著

人民出版社

目　　录

序　言

　　现代大学渊源于中世纪大学,特别是以中世纪巴黎大学为代表的教师行会乃现代大学的雏形。如果我们要深入理解大学,中世纪教师行会是一个不可多得的研究样本。

　　现代史学家运用"行会"概念,根据当时行会、社团、公社等所拥有的权(力)利和实践,分析学者行会的形成过程,产出了许多有影响的成果。在高等教育研究领域,我国也出现了不少关于中世纪大学的研究成果,不过运用行会概念研究中世纪大学还不多见。

　　黄旭华同志在2002—2005年攻读硕士学位期间,便对中世纪大学很感兴趣。其硕士论文《学术自由易受侵犯的学理研究》,就初步运用"行会"概念研究学术自由。2015年,黄旭华同志又以"中世纪教师行会"为题申报国家社科基金项目并成功获批立项。经过多年的研究,他在中世纪大学研究领域取得一些新的成果,《中世纪教师行会》一书便是其中的代表性成果。我认为该著作有以下几个特点。

　　第一,注重理论分析。本书以进化论和博弈论为理论依据,分析教师行会与巴黎主教、托钵修会和罗马教廷之间的权力博弈,提出了一些自己的新见解。书中阐明了中世纪教师行会的形成是巴黎教师在和利益相关者争夺执教资格授予权的过程中逐渐制度化的;教师行会与基督教会的斗争,是学术权力和行政管理权的博弈,等等。这些思想认识不乏独到之处。

第二,注重系统研究。目前国内外对中世纪教师行会的研究呈现片段化特点。这种片段式研究对于某些课题相当有效,但对中世纪教师行会这样的命题,则需要全面系统的研究,才可能窥视其运行的某些规律。本书从教师行会起源、执教资格授予权、执教资格制度、学术自由四个方面考察中世纪教师行会,比较全面、系统论述了中世纪教师行会。这有助于我们理解大学这个中世纪学术组织。

第三,注重现实关怀。本书的一个值得称道之处,即研究中世纪大学既着力于搞清这段史实,同时又注意回应现实的需要。作者显然意识到了对中世纪大学的运行机制进行深入研究,探求其运行规律,能够加深我们对大学和社会组织的理解,可为当下高校改革和社会组织发展提供丰富的学术资源和有益的视角。尤其是为当前我国正在进行教师资格制度改革提供一种历史视角。此外,研究中世纪教师行会,有助于拓宽教师教育的研究领域。中世纪教师行会是最早的教师培训机构,通过探讨中世纪教师行会如何培养教师,能够为我们积累丰富的学术资源。

中世纪教师行会是一个内容广泛的研究领域,比如教师行会的内部组织运行机制(如:校长和其他行政官员的产生,大学章程的制定和修改,大学的经费来源和开支等),教师行会与外部的关系(市政、教会),与学生行会互动等都值得进一步探索。希望黄旭华同志继续保持"咬定青山不放松"的那股劲,再接再厉,不断深化对中世纪大学的研究,取得更多的高质量研究成果。同时进一步加强对现实的关照,尤其是与当前的教师教育相关联,将研究延伸和拓展到教师教育领域。

卢晓中

2020 年 7 月

导　　论

"所谓大学者,非谓有大楼之谓也,有大师之谓也。"(梅贻琦)教师是大学的核心和灵魂。大学教师的价值倾向、思想信仰及其对工作士气直接影响高等教育机构的精神风貌和生命力。① 大学的任何改革都将最终落实到教师这个重要群体。众所周知,现代大学是中世纪大学的后裔,更具体地说,是以中世纪巴黎大学为代表的教师行会的直系亲属。如果我们要深入理解大学,中世纪教师行会是一个不可多得的样本。

第一节　核心概念

一、教师行会

在中世纪,通常称呼大学的词是"universitas"和"studium generale"。大学"university"就是从拉丁文"universitas"演变而来的②。在优士丁尼法(the Codex Justinianus),"universitas"指"市民"或者"自治市民集合体",具有法律

---

　① 陈伟:《西方大学教师专业化》,北京大学出版社 2008 年版,第 3 页。
　② 张弢:《大学之名的中世纪起源与考释》,《清华大学学报(哲学社会科学版)》2014 年第 4 期。

人格。在中世纪,"universitas"是指同一行业的从业人员所结成的社团、行会,与表示"团体"或者集合名词的"corporation""collegium""communitas""societas"等同义①。中世纪大学出现之后,"universitas"成为大学的专有名词。为什么是"universitas"而不是"corporation""collegiums""communitas""societas"等其中任何一个词表述大学,只能说是历史的偶然。

现代史学家的成就之一,就是运用"行会"概念,根据当时行会、社团、公社等所拥有的权(力)利和实践,分析学者行会的形成过程②③。从笔者非常有限的文献阅读范围看,目前我国少有人运用"行会"工具,比较系统地研究中世纪大学。在中世纪,作为行会的大学大致可以分为两大类型:即以博洛尼亚大学为代表的学生行会(Universitas Citramontani&Ultramontani)和以巴黎大学为代表的教师行会(Universitas Magistrorum)。本课题主要研究以巴黎大学为代表的教师行会。如果不特别指出,本书中的中世纪大学、巴黎大学、教师行会和学者行会在行文上不做严格区分。

二、通用执教资格

"执教资格"是最早的学位,是中世纪教师行会的主题,几乎所有问题都是围绕它展开。执教资格的拉丁文是"docendi licentia",其中"docendi"是动词"docere"的动名词,其意为"讲课、教学",也包含"能力"之意,与动词"legere"的所表达的"宣讲、宣读"以及动词"regere"所表达的"教导、指导"等词义相通④。"licentia"的基本词义为"权利","docendi licentia"中的

---

① 张弢:《大学之名的中世纪起源与考释》,《清华大学学报(哲学社会科学版)》2014年第4期。

② 张弢:《大学之名的中世纪起源与考释》,《清华大学学报(哲学社会科学版)》2014年第4期。

③ [法]雅克·韦尔热:《中世纪大学》,世纪出版集团、上海人民出版社2007年版,第9页。

④ 谢大任主编:《拉丁语汉语词典》,商务印书馆1988年版,第177、321、469—470页。

"licentia"也内含"能力"之意，与名词 facultas 和 potestas 词义相通①。因此，facultas ubique docendi 和 potestas ubique docendi 与 licentia ubique docendi 是一样的意思。licentia 中字母 tia 组合弱读为［tsi］，发音与字母 cia 组合在中世纪拉丁语中的发音相同。所以，某些中世纪文献会把 licentia ubique docendi 写作 licencia ubique docendi。其次，名词"licentia"的基本词义为权利，这与名词 ius 或者 jus 的词义相同②。在文献中出现的 iuz/jus ubique docendi 和 licentia ubique docendi 的意思完全一致。在文献中时常出现的"licentia ubique legendi、licentia ubique regendi"以及与之相似的词组和"licentia ubique docendi"表达的意思相同或者相似。拉丁语的词序较灵活，licentia ubique docendi 中"licentia"（以及它的同义词）和"docendi（其近义词）的位置可以互换，有时候，这两个词之间还会插入"ubique"以外的其他词甚至词组。由于"licentia ubique docendi"是对一项特许权的描述，它是一种无形的权利，并非一种文书或者凭证的特定称谓，所以在拉丁语中没有固定的表达方式，不同中世纪的文献对通用执教资格的表述略有差异③。当今学界"通行执教资格（证）"的拉丁文的通常表述是"licentia ubique do-cendi"④。

中世纪最早的执教资格（证）是由巴黎主教独家认定和颁发。所谓执教资格证，就是经巴黎主教允许，学人可以在主教管辖区范围内从事教学的凭证。这种执教资格证在其他教区没有效力。每个教区都有自己的执教资格证，这是当时封建割据在教育领域的表现。显然这种各自为政的执教资格政策不利于文化的交流和发展，也有违基督教普世主义精神。为了打击这种地

---

① 谢大任主编：《拉丁语汉语词典》，商务印书馆 1988 年版，第 218、428 页。参照张弨：《欧洲中世纪执教资格的产生与演进》，《世界历史》2013 年第 9 期。

② 谢大任主编：《拉丁语汉语词典》，商务印书馆 1988 年版，第 312、325 页。参照张弨：《欧洲中世纪执教资格的产生与演进》，《世界历史》2013 年第 9 期.

③ 张弨：《欧洲中世纪执教资格的产生与演进》，《世界历史》2013 年第 9 期。

④ 张弨：《欧洲中世纪执教资格的产生与演进》，《世界历史》2013 年第 9 期。

方主义,教宗发明了一种新的执教资格证:"通用(ubique)执教(docendi)资格证(licentia)"①。获得这种执教资格证的学人,拥有一种学术特权:可以在任何一所大学(包括其母校),甚至于在整个基督教世界的其他教育机构或者场所讲授他所学的科目,而无须再经过任何形式的考核,至少在理论上如此。显然不是每个大学都拥有这个特权。后来皇帝效仿教宗也颁发这种具有通用性质的执教资格证。教宗和皇帝往往通过特许状(bulla 或者 privilegium)的形式确认这种权力。

三、执教资格授予权(简称:执教授予权)

执教资格制度中一个很关键的内容是执教资格授予权(简称:执教授予权)。在历史文献上,并没有执教授予权这个专有名词,这是本书独创的概念②。"执教授予权"是一种审核认定执教资格申请者是否具备从事教学资质的权力。起初该权力由学校所在城市的大教堂主教或修道院院长所垄断,以彰显教会是学校的管理者、资助者和正统教义的维护者。执教礼(inceptio)是教师行会新成员的入职仪式,标志着教师行会对从业人员的认可和控制。"执教礼"可以被视为是教师行会的执教授予权。在理论上,一个人只有获得

①　据勒·高夫研究,中世纪学生在通过学位考试后,会得到一个盖有本同乡会印章的书面证明。它不同于我们现在的学位证。它是一个需要学位候选人在通过考试后,提出申请才会得到的。拉斯达尔为我们复制了一份 1710 年的执教资格证书,它和中世纪的执教资格证很类似,读者可以试着和现代的执业证书做了比较。笔者将其内容抄录如下:因为你已经向我提出了民法和宗教法的考试申请,并取得最著名、最优秀的神学博士符合惯例的同意。你以渊博的知识,出众的才华通过这场艰苦、严格的考试。最优秀的考务官对您的表现,没有任何异议。这就证明你配得上这种荣誉。因此,我代表主教,授予你某某学科的(即前面通过的某个学科的考试)执教资格。你因此获得讲学、辩论、编写文稿、注释等等各种学术权利。这个执教资格(证)在全世界通用。你要为上帝和圣母玛利亚的荣光工作,相信这将提升你的声望和学校的荣誉(对原译文稍做修改)。G.Leff.*Paris and Oxford Universities in the Thirteenth and fourteenth century:An Institutional and Intellectual History*,New York:Robert E.Krieger Publishing Company,1975,p.151;E.P.克伯雷:《外国教育史料》,华中师范大学教育系等译,华东师范大学出版社 1991 年版,第 182 页。

②　"执教资格授予权"这一概念最早出现在拙作《中世纪执教资格授予权博弈:分权制衡的视角》,该文发表在《教师教育研究》2014 年第 6 期。

主教或修道院院长(这两者均代表教皇)授予的执教资格证,才可能被允许举行执教礼,才可能有资格加入教师行会。"执教授予权"和"执教礼"构成中世纪大学执教资格准入制度的基本内容。

第二节　文献综述

通过描述各级学位所需要的学习课程和考试,以此探究中世纪大学学位制度,是我国学者惯用的研究路径(孙益,2003;缪榕楠,2007;石广盛,2007;杨少琳,2010;王洁,2014)。在探讨学位时,我国学者对"执教资格"这一最早,也是最具实质内容的学位往往关注不多。执教资格证是由代表公权力的教会颁发,是教会国家对从事教学人员合法性身份的肯定;学士、硕士/博士学位是教师行会对行会成员身份的认可和控制,两者既有联系又有区别,不能混为一谈。

以"执教资格"为关键词文献检索,目前只发现4篇学术论文:张弢的《欧洲中世纪执教资格的产生与演进》①、黄旭华的《中世纪大学执教资格授予权博弈——基于分权制衡的视角》②、黄梦婉的《中世纪晚期执教资格授予权的变迁——以巴黎大学为例》③及其硕士论文《中世纪晚期执教资格授予权的变迁——以巴黎大学为例》。

张弢一文对中世纪执教资格的产生和发展,执教授予权(即招募成员的权利)和执教资格的适用范围做了较为细致阐述。对执教资格为什么出现在中世纪,文章并没有回应。《中世纪晚期巴黎大学的执教资格授予制度研究》是我国目前第一篇以执教资格为主题的学位论文。黄梦婉在论文中对巴黎大

---

① 张弢:《欧洲中世纪执教资格的产生与演进》,《世界历史》2013 年第 9 期。
② 黄旭华:《中世纪大学执教资格授予权博弈——基于分权制衡的视角》,《教师教育研究》2014 年第 6 期。
③ 黄梦婉:《中世纪晚期执教资格授予权的变迁——以巴黎大学为例》,《高等教育研究》2017 年第 4 期。

学执教资格的产生、发展和执教资格的内容和程序做了较为详细的描述。目前，关于执教授予权的研究，只有本人的一篇小文章。拙作以博弈论为理论基础，从分权制衡的角度，分析执教授予权。就方法论而言，有一定新意。因为篇幅有限，很多问题并没有阐述清楚。

在国外，以中世纪执教资格制度为主题的研究不多。不过与之相关的资料却相当丰富，几乎所有关于中世纪大学的研究都会涉及执教资格①。这里主要以"执教资格"为中心梳理相关文献。

一、执教资格的起源

大学起源是中世纪大学研究最令人感兴趣的课题之一。几乎所有关于中世纪大学的论著都或多或少涉及这一主题。不过从执教资格角度追溯中世纪大学起源的论著不能说很多。比较有代表性的是波斯特(Gaines Post)从词源

---

① 因笔者语言能力有限，列举的都是英文中涉及执教资格的代表性作品。学术论文：Gaines Post.*Alexander Ⅲ，the licentia docendi，and the rise of the universities*，Students of Charles Homer Haskins.Anniversary Essays in Mediaeval History.Boston/N.Y.1929；Gaines Post. "Parisian Masters as Corporation，1200–1246". *Speculum*，1934，Vol.9.No.4；Peter R.Mckeon. "The Status of The University of Paris as Parens Scientiarum：An Episode in the Development of Its Automy"，*Speculum*.Vol.39，No.4（Oct.1964）；Alan E.Bernstein. "Magisterium and License：Corporate Autonomy Agaist Papal Authority In The Medieval University of Paris"，*Viator*.1978.代表性著作：Hastings Rashdall. *The Universities of Europe in the Middle Ages*（*3 Vols*），Oxford：The Claredon Press，1936；Kibre，Pearl. *Scholarly privileges in the Middle Ages：the Rights，Privileges，and Immunities of Scholars and Universities at Bologna*，Padua，*Paris，and Oxford*.Cambridge，Mass.：Mediaeval Academy of America，1962；Helene wieruszowski. *The Medieval University：Masters，Student，Learning*.Princeton：Van Nostrand Press，1966；A.B.Cobban. *The Medieval Universities：Their Development and Oiganization*.London and New York：Methuen Co ltd，1975；G.Leff.*Paris and Oxford Universities in the Thirteenth and fourteenth century：An Institutional and Intellectual History*，New York：Robert E.Krieger Publishing Company，1975；Stephen C.Ferruolo.*The Origins of the University：the Schools of Paris and Their Critics，1100–1215*.Stanford University Press，1985；Hilde de Ridder–Symoens. *A History of the University in Europe. vol. I，Universities in the Middle Ages*.Cambridge：Cambridge University Press，1992；Olaf Pedrsen.*The First Universities：Studium Generale and the Origns of University Education in Europe*.New York：Cambridge University Press，1997；Ian P.Wei. *Intellectual Culture in Medieval Paris：Theologians and the University c.1100–1300*.Cambridge University Press.2012.

学的角度探求大学的起源。据波斯特考察,用以描述大学"universitas"其含义和"corporation""collegium""communitas""societas"等同,都是同一行业的从业人员所结成的社团、行会①。而"universitas"这个词在古罗马时代就已经出现。罗马时代是否存在教师行会,是否存在职业资格认定等。波斯特并没有给出明确的答案。很多社团组织都会为新成员举行某种欢迎仪式,这是一个很悠久的传统。海斯丁·拉斯达尔(Hastings Rashdall)从入会仪式这个角度对中世纪行会进行研究。据他考察,在古希腊罗马时代的修辞学校,就存在类似"执教礼"这种仪式②。是否意味古罗马存在某种教师行会或古罗马的行会和中世纪的行会存在传承关系,这是一个有争议的问题。亨利·皮朗(Pirenne,H.)认为,中世纪行会和古罗马行会没有渊源关系③,关于中世纪行会和更古老的行会之间的渊源关系,目前有四种长期饱受争议的理论④。据基佐(F.P.G.Guizot)考察,在高卢的南方和尤其在意大利,行会的历史可以上溯到古罗马时代。因而,中世纪大学出现在上述地区也就顺理成章。⑤ 哈罗德·J.伯尔曼(Harold J.Berman)则从法律的角度探讨中世纪大学的起源。自11世纪晚期,罗马教皇和德国皇帝为教职授予权的归属产生矛盾。为证明自身的合法性,德国皇帝从罗马法寻找法理依据,罗马教皇从宗教会议和教规中寻找反对皇权的法律武器。这一过程中,博洛尼亚大学和巴黎大学应运而生⑥。或许"执教资格(授予权)"就是在"教职授予权"的启发下出现的。目前为止对中世纪大学起源作出系统研究的学者是奥拉夫·彼得森

① Gaines Post."Parisian Masters as Corporation,1200-1246".*Speculum*,1934,Vol.9.No.4.

② Hastings Rashdall.*The Universities of Europe in the Middle Ages(3 Vols)*.Oxford:The Claredon Press,1936.

③ [比]亨利·皮朗:《中世纪欧洲经济社会史》,乐文译,上海人民出版社2014年版。

④ [英]M.M.波斯坦、E.E.里奇、爱德华·米勒主编:《剑桥欧洲经济史》第三卷,《中世纪的经济组织和经济政策》,周荣国、张金秀译,经济科学出版社2002年版,第197—201页。

⑤ [法]基佐:《法国文明史》第一卷,沉芷、伊信译,商务印书馆2007年版,第48页。

⑥ [美]哈罗德·J.伯尔曼:《法律与革命:西方法律传统的形成》,法律出版社2008年版,第117页。

（Olaf Pedrsen）①。他认为，中世纪大学起源是古希腊的科学理性精神、罗马的法治理念、城市经济的兴起、基督教的社团互助等多种因素叠加的化学反应。

二、执教授予权

在中世纪，一个行会必须具备以下四种权（力）利：自主招募成员的权利；制定内部章程并要求成员宣誓遵守的权利；选举官员对内监督章程实施，对外代表行会活动，比如：签订合同、起诉应诉等权利；拥有印章的权利②。就中世纪教师行会而言，最重要的权利是执教授予权，其他三种权利都是从它那里衍生而来的。在中世纪法学家眼里，巴黎的教师们逐步获得一个行会所拥有的全部特权③。同时，也有学者，比如：雅克·勒高夫（G.Leff），谨慎指出教师行会和其他行会的区别，即教师行会并不完全拥有自主招募成员的权利④。在中世纪大多数行会中，行会成员至少行会中的师傅们在经济上是独立于公权力的，他们依靠（现代意义上的）利润和从业的收入养家糊口。在中世纪大多数教师无法依靠学费生活。他们收入的一部分来自教会，另一部分来自城镇、贵族或者国王或其他赞助者。作为交易，代表教会的公权力要求拥有执教授予权，也就再自然不过。所谓"谁买单，谁点歌"。教师行会没有完整的自主招募成员的权利。教师行会、教会、修会、罗马教廷等机构，为争夺执教授予权长期斗争。执教授予权之争就其本质而言就是学术权力和行政权力之争。几乎所有的关于教师行会形成过程的描述都不可避免地涉及这一点，这也是

---

① *The First Universities：Studium Generale and the Origns of University Education in Europe*，New York：Cambridge University Press，1997，p.27.

② Gaines Post."Parisian Masters as Corporation，1200-1246"，*Speculum*，1934，Vol.9.No.4.

③ ［法］雅克·韦尔热：《中世纪大学》，王晓辉译，上海人民出版社 2007 年版。

④ ［法］雅克·勒高夫：《中世纪和文艺复兴时期的大学和公权力》，见《试谈另一个中世纪——西方的时间、劳动和文化》，商务印书馆 2014 年版。

教师行会史最为精彩的篇章①。G.波斯特和 A.E.伯恩斯坦在运用行会理论分析教师行会作出了有益尝试②。

随着中世纪大学的增多,执教资格的适用范围,也就成为非常重要的实践问题。教师行会同时拥有开放性质和关门主义的情怀。教师行会的开放性质,希望获得罗马教廷授予的通行执教资格(罗马教廷也希望借助"通行执教资格"打破教师行会的封闭性);教师行会的垄断性和封闭性又不愿意承认其他学校的执教资格的普遍性效力③。教师行会的垄断性和封闭性还体现在神学院和其他学院的矛盾,以及世俗教师和修士教师之间的关系上。巴黎教师行会遵循"上帝的事情归上帝,凯撒的事情归凯撒"④的传统,将修士教师的教学活动限制在神学院,拒绝修士在艺学院、医学院教学,目的是维护其在执教资格授予权的垄断地位⑤。教师行会这种天生的封闭性,在当时,多大程度促进或者阻碍学术的发展,是一个有待进一步考察的问题。

三、执教资格考试制度

教师行会在和主教争夺执教授予权的过程中,关于执教资格的内容和程

---

① 比如:Hastings Rashdall. *The Universities of Europe in the Middle Ages* (3 Vols). Oxford: The Claredon Press, 1936; A. B. Cobban. *The Medieval Universities: Their Development and Oiganization*. London and New York: Methuen Co ltd, 1975; Willis Rudy. *The Universities of Europe, 1100-1914: A History*. NJ: Fairleigh-Dickinson University Press, 1984; *Paxis and Oxford universities in the thirteenth and fourteenth centuries An institutional and intellectual history* 都提到教师行会和主教关于执教授予权之间的博弈。

② Gaines Post. *Alexander Ⅲ, the licentia docendi, and the rise of the universities*. Anniversary Essays in Mediaeval History by Students of Charles Homer Haskins, 1929; "Parisian Masters as Corporation, 1200-1246". *Speculum*. 1934(9); Alan E. Bernstein, "Magisterium and License: corporate autonomy against papal authority in the medieval University of Paris". *Viator*, 1978(9).

③ George L. Haskins. "The University of Oxford and the 'Ius ubique docendi'". *English Historical Review*. 1941(56).

④ 《新约马可福音》第 12 章 17 节。原文:耶稣说:"凯撒的物当归给凯撒,神的物当归给神"。

⑤ Spencer E. Young. *Queen of the Faculties Theology and Theologian at the University of Paris, c. 1215-1250*, University of Wisconsin-madison, 2009; M. Michele Mulchahey, "First the Bow is Bent in Study", *Dominican Education Before* 1350, Toronto. 1998.

序也在逐渐变得规范起来。获得执教资格需要学习哪些内容,海斯丁·拉斯达尔的《欧洲中世纪大学》和德尼弗与夏特莱(Chatelain)合编的《巴黎大学文件汇编》为我们提供了最原始的资料。很多著作也都会提及执教资格的获得条件,比如雅克·勒戈夫(Jacques Le Goff)的《中世纪的知识分子》①、查尔斯·霍莫·哈斯金斯(Charles Homer Haskins)的《大学的兴起》②、爱弥尔·涂尔干的《教育思想的演进》,③等都描述了中世纪大学的课程、教学和考试。不过,维俄洛佐斯基(Wieruszowski,H.)和斯特恩·诺顿(Arthur Norton)是目前对中世纪大学的课程、教学和考试作出系统研究的学者。④

四、理性与信仰的调和

教师行会的开放性质主要体现教师在学术上的追求。学者的学术探究和宗教信仰之间的关系一直是中世纪研究的热点问题之一。如何将亚里士多德基督教化,如何调和理性和信仰之间矛盾,是中世纪学者面临的最重要课题。在中世纪大学,教师到底有多大的教学自由,教师是如何看待教学自由,如何裁判教学自由和学术异端的界限,教师如何通过司法程序维护自己的教学自由和教学权威等这些问题越来越引起学术界的关注。⑤

第三节　逻辑框架

中世纪教师行会和其他行会没有本质的区别,教师行会起源的背景研究

---

①　[法]雅克·勒戈夫:《纪的知识分子》,张弘译,商务印书馆1996年版。

②　Charles Homer Haskins.*The Rise of Universities*.Boston:Henry Holt and Co.,1923.

③　[法]爱弥尔·涂尔干:《教育思想的演进》,李康译,上海人民出版社2003年版。

④　Helene wieruszowski,*The Medieval University*:*Masters*,*Student*,*Learning*,Princeton,Van Nostrand Press,1966;Arthur Norton.Readings in the History of Education——Medieval University

⑤　Mary Martin Mclaughlin.*Intellectual freedom and its Limitations in the university of Paris in the 13-14centuries*.1952.J.M.M.H.Thijssen.*Censure and Heresy at the University of Paris 1200-1400*;William J.Courtenay."Inquiry and Inquisition:Academic Freedom in Medieval Universities",*Church History*.1989.

就成为本课题的起点。执教资格是中世纪教师行会最为核心的内容,课题从执教资格授予权和执教资格制度两个方面研究。教师行会在与各方势力(教会主教、托钵修会、罗马教廷)争夺执教资格授予权的背后哲学问题,是信仰和理性的冲突与调和。教师行会和教会的冲突,就认识论而言,在很大程度上是罗马教廷对教师行会这个新型的教学(学术)机构错误认知所导致。罗马教廷将教师行会错误地视为传统的教会学校、附属机构或殖民地。事实上,一般认为教师行会是处在教会统治之外的依法成立的自治社团。

按照上述逻辑,本书大致内容如下。

第一章中世纪教师行会的起源。本章主要讨论为什么古希腊罗马、阿拉伯帝国和古代中国为什么没有出现大学,西欧中世纪出现大学的原因。

第二章执教资格授予权。执教资格授予权是中世纪教师行会核心内容之一。围绕执教资格授予权,主教、教师行会、托钵修会,教皇等展开博弈,在此过程中,执教资格制度逐渐形成。

第三章执教资格制度。中世纪学人要获得执教资格,必须入学,上课,考试等一系列步骤,历经百般磨难,才可以获得执教资格。

第四章中世纪教师行会的学术自由。中世纪学人在追求学问的过程中,会遇到一个问题,就是如何调节信仰和理性的问题,从而形成了具有特色的中世纪学术自由。

第五章中世纪大学是教会大学吗? 这是本书最后一章。通过研究本书认为,中世纪教师行会是具有独立法人的世俗学校,她不是教会的附属学校和殖民地。

第一章　中世纪教师行会起源

一切可能类型的高等教育机构，在古希腊、阿拉伯帝国和古代中国，一直都存在，如兴起于公元前 4 世纪的雅典哲学学校；兴盛于 3 世纪早期到 6 世纪中期的贝鲁特法律学校；建于 425 年一直维持到 1453 年的君士坦丁堡帝国大学；中国古代书院等，其中某些机构甚至在表面上与我们的大学，或至少与古希腊学园颇为相似。但是，一种由训练有素的专业人员从事理性而系统的专门化科学追求，就它在我们的文化中达到了今天所占据的支配地位这个意义上说，却只是在西方才存在。① 像教堂和议会一样，大学是西欧中世纪的产物。② 但这并不意味着它是无缘之水、无本之木。对起源的探究就是探究多样性背后的统一性和变化背后的秩序③。在传统的大学史研究中，大学起源是最具吸引力的课题之一，因为它是"当时西方文明最具有原初性的创造"④。目前学术界对大学兴起的解读，主要有四种观点：求知热情说、社会需求说、自

① 马克斯·韦伯：《新教伦理与资本主义精神》，阎克文译，上海人民出版社 2010 年版，第 159 页。

② Haskins, C.H. *The Rise of Universities*, New York: Henry Holt and Company, 1923. York: Henry Holt and Company, 1923, p.3.

③ 戴维·林德伯格：《西方科学的起源》，中国对外翻译出版公司 2001 年版，第 32 页。

④ [法]雅克·维尔热：《中世纪大学》，王晓辉译，世纪出版集团、上海人民出版社 2007 年版，序言。

我保护说和多种因素说①。前三种观点只能在某一方面解释大学的起源；第四种观点注意到大学产生的复杂性，但关于大学的起源，依然迷雾重重。英国历史学家哈罗德·珀金（Harold Perkin）②认为"大学是一个既分裂又分权社会的'偶然'产物"③。中世纪史专家查尔斯·哈金斯就指出："许多东西没有创建人，或者没有确切的起始日期，相反'只是在成长'，缓慢地、悄无声息地产生，没有明确的记录。"④一种新的制度并不会凭空出现，它们总是挑战、借鉴并不同程度地取代先前的制度。显然，中世纪教师行会并非无中生有之物。恩格斯指出："在历史上出现的一切社会关系和国家关系，一切的宗教制度和

---

① 中世纪大学研究，大学起源是一个绕不过去的课题。西方诸多经典的中世纪大学史著作中都论及大学的起源。见 H.拉什达尔：《中世纪欧洲的大学》（Hastings Rashdall, *The Universities of Europe in the Middle Ages*）；A.科班：《中世纪的大学：发展与组织》（Alan Cobban, *The Medieval Universities：Their Development and Organization*）；O.彼得森：《最早的大学：大学与大学教育在欧洲的起源》（Olaf Pedersen, *The First Universities：Studium Generale and the Origins of University Education in Europe*）；哈金斯：《十二世纪文艺复兴》（Charles Homer Haskins. *The renaissance of the twelfth century*）和《大学的兴起》（*The rise of universities*）；雅克·韦尔热：《中世纪大学》（Jacques Verger. *Les universités au Moyen Âge*）；希尔德·德·里德—西蒙斯主编：《中世纪大学》（*Universities in the Middle Ages*）；H.维茹绍夫斯基：《中世纪大学——教师、学生、学习》（Helene Wieruszowski, *The Medieval University–Master, Students, Learning*）；等等。

另外，国内教育史领域学者的著述中对中世纪大学的起源也有所涉猎，例如贺国庆等：《欧洲中世纪大学》，人民教育出版社 2009 年版；宋文红：《欧洲中世纪大学的演进》，商务印书馆 2010 年版；张磊：《欧洲中世纪大学》（增订版），商务印书馆 2010 年版。孙益：《西欧的知识传统与中世纪大学的起源》，北京师范大学出版社 2012 年版，等等。

期刊论文：许美德：《西方大学的形成及其社会根源》，《教育研究》1981 年第 12 期；单中惠：《关于中世纪欧洲最早大学的质疑》，《辽宁高等教育研究》1982 年第 3 期；陈伟：《大学如何产生？——中世纪晚期欧洲大学的逐步形成及其历史意义》，《现代大学教育》2005 年第 3 期；宋文红：《欧洲中世纪大学产生的历史原因和历史文化背景》，《现代大学教育》2005 年第 5 期；张弢：《欧洲中世纪执教资格的产生与演进》，《世界历史》2013 年第 9 期；张弢：《大学之名的中世纪起源与考释》，《清华大学学报（哲学社会科学版）》2014 年第 4 期；金玺、刘爱生：《中世纪大学的诞生制度化及其治理——组织社会学新制度主义的视角》，《高教探索》2018 年第 9 期。

② 哈罗德·珀金（Harold Perkin, 1926-2004），英国著名历史学家、英国社会历史学会的发起人。其主要著作有：《关键职业：大学教师协会史》（Key Profession：*History of Association of Universiy Teachers*, 1969），《1880 年后的英格兰职业社会的兴起》（*The Rise of Society*, England Since 1880, 1989）等。

③ 伯顿·克拉克：《高等教育新论》，王承绪等译，浙江教育出版社 2003 年版，第 37 页。

④ 哈斯金斯：《大学的兴起》，王建妮译，上海人民出版社 2007 年版，第 4 页。

法律制度,一切的理论观点,只有理解了每一个与之相适应的物质生活条件,并且从这些物质条件中被引申出来的时候,才能理解。"①对于中世纪教师行会起源也应该放到一个更广阔的时空领域内考察,或许才能真正破解教师行会诞生之谜。

第一节 为什么古希腊罗马没有出现教师行会

教师行会作为一种行会组织和其他行会没有本质的区别。因此行会的起源就是本书考察的起点。本研究从哈罗德·铂金对大学的解释开始。他说:"中世纪最初形成了行会组织形式,正是这种组织形式使得大学获得了力量,持久性和一定的自主性。"②雅斯贝尔斯指出:大学是"一个由学者与学生组成的、致力于寻求真理之事业的共同体"③。众所周知,大学这个学术共同体是西欧中世纪特有的产物。我们感兴趣的是为什么在古希腊、罗马没有出现大学这个学人共同体。这里简要解释行会的起源,然后描述希腊罗马行会,尝试说明为什么当时没有"教师行会"。

一、古希腊罗马的行会组织

行会是如何起源的,这是一个复杂而有争议的问题。一般认为下面的论断是有说服力的④:

　　事实上……在早期,我们祖先中间盛行着一种持久又合乎情理的自由结社的精神,关于这点是无需寻求更远的根源。只要人类的文明状态允许它并需要它,行会就会自然兴起,并因地制宜采取各种

---

① 《马克思恩格斯选集》第2卷,人民出版1995年版,第117页。
② 伯顿·克拉克:《高等教育新论》,王承绪等译,浙江教育出版社2003年版,第37页。
③ 卡尔·雅斯贝尔斯:《大学之理念》,邱立波译,上海人民出版社2007年版,第19页。
④ 汤普逊:《中世纪经济社会史(300—1300)》下册,商务印书馆1963年版,第438页。

不同的形式：部族会、宗教团体、商人公会、饮酒总会、公社……他们由于变更了住处，离开了亲属、离开了那些患难与共休戚相关的人们，行会在某种程度上所提供的正是起到他们亲属的作用。

罗马很早就具有社团的精神和环境，这种社团精神和环境来自更古老的东方帝国。在古埃及和叙利亚等城市中，自古以来，同行业的下层民众就组成社团。他们的成员按月缴纳一定的费用，作为社团成员之间相互救济和处理殡葬之类事务所需要的公共基金。社团的成员入会有一定的仪式，他们通常在庙宇庭院里集会，进行各种社会性活动。这些社团既有慈善和互助性质，又有宗教的性质。希腊化时期，这种社团组织形式传入希腊和罗马的城市。①

罗马的行会和古埃及、叙利亚时期的行会有很大的不同。主要表现在两个方面：准入机制和制度化。

罗马法中"法人"概念中包含两种不同的制度，其中最古老的和最自然的是由数人组成的"社团"（associazione）②③。这种社团有着一个原则，社团整体被承认为权利义务的主体，它不依单个人及其更替变化为转移。这样的主体用现在的术语表述一般被称为"团体"（corporazione）④。由于它是成员的集合体，因而可以说它是一个真正的现实存在体。罗马人把它等同于人，赋予其人的资格，比如：市政人（persona municipii），移民区人（persona coloniae），等等。至于权利能力"Personalita"（人格）是以后逐渐形成的⑤。私人的志愿性团体，很早就出现了，比如：技艺和行业团体、国家公务人员团体[如公仆（ap-

---

① 汤普逊：《中世纪经济社会史（300—1300）》下册，商务印书馆1963年版，第438页。

② 另一种是基金会（fondazione）严格说，它不属于罗马法制度。基金会不表示权利主体，而是一笔财产的使用所追随的目标，国家行使对它的保护，以确保不脱离被设置的目标。

③ 彼德罗·彭梵得：《罗马法教科书》，中国政法大学出版社2005年版，第39页；Olaf Pedrsen. *The first Universities：Studium Generale and the Origns of University Education in Europe.* 1997, p.27.

④ Olaf Pedrsen. *The first Universities：Studium Generale and the Origns of University Education in Europe.* 1997, p.27.

⑤ 彼德罗·彭梵得：《罗马法教科书》，中国政法大学出版社2005年版，第39页。

paritores)、信使（viatores）、文书（scribae）等］和各种商业社团［金矿社（societates aurifodinarum）、银矿社（argentifodinarum）、采盐社（salinarum）、保税社（publicanorum）］①。

罗马人用非常繁杂的术语称呼团体。这些术语一般模棱两可,因为它们也用来指代一些既不表示社团,也无人格意义的情况,比如:societas ordo sodalitas 或 sodalicium,collegium、corpus,后两个术语用的比较频繁。最后一个术语看来在我们所研究的文献中确实是指团体的法律人格;团体的成员叫做 socii(成员)或者 sodales(合伙人)。在古典语言中,没有一个集合名词既指真正的私人团体又包含政治行政性机构。

按照古罗马法,成立一种社会组织或法人组织必须具备三个条件:第一,其成员必须是"自由人"。至于成员的数量,三人即可建立一个团体,即按照作出多数票决议所需要的数目。但是它一旦成立,将继续延续下去,哪怕只剩下一个人②。没有"自由"的人是不能组建行会的。《法学阶梯》对自由的定义:做一切想做之事的自然权利,以受法律禁止或者阻碍为限。拥有这种自由权的人叫"自由人"。这种法定限度内按照意愿处置自己的人身和行动的自由权,在古代并不是属于所有人的,比如奴隶是完全丧失自由权的人。第二,成员必须具有市民身份。外国人在《十二表法》中被称为"hostis"(外人),在以后的法中被称为"peregrinus"。古代原则一般都认为法是属人的(属人法而非属地法),因而,非市民、异邦人按照特定的罗马市民法是不享有权利的③。外国人的行为是自由的,但不能组建法人组织。行省人,虽然隶属城邦或加盟城邦的成员,但仍为"异邦人"。第三,必须具有合法性。对于罗马法来说甚

---

① Olaf Pedrsen.*The first Universities:Studium Generale and the Origns of University Education in Europe*.1997,p.27.

② 彼德罗·彭梵得:《罗马法教科书》,中国政法大学出版社 2005 年版,第 23、39 页。

③ 巴里尼古拉斯:《罗马法概论》,法律出版社 2010 年版,第 68 页。按《古代城市》,每个城市都有自己的宗教,宗教也就是这个城市的祖先,它只保护自己后代。不是自己的后代,就不受保护。所以古代的法律是属人法而非属地法,外地人不能得到当地法律的保护。

至不需要国家对该团体的明确承认。通常所说的国家获准指的是目的合法性，所谓目的合法性，就是不能有针对第三方或社会的不利行为。

　　据汤普逊考察，古罗马共有80多种不同行业的社团组织①。比如当时就有纺织行会、小商贩行会、交通运输行会等。政府出于自身利益考虑，把某些行政职能（比如税收征集和治安）强加给行会，这一发展趋势从公元2世纪就已经出现②。马克斯·韦伯把行会分成三种类型：不自由行会[这种类型的行会是用来监督国家强制性服役（liturgie）的义务组织]；宗教惯习的行会[比如殡仪会（collegia funeraticia）]；自由结合的行会（比如商业行会、手工业者行会）。他认为，第一、第二类型的行会在古希腊罗马都存在，第三种行会即自由人组织的行会是中世纪的产物③。

　　韦伯这个论断有待商榷。古罗马时代，在贵族阶级和奴隶阶级之外，还有一个中间群体，即自由民阶层。在罗马共和国、帝国时期，手工业是奴隶们为其主人谋取利益的家庭职业。罗马的奴隶一直梦想有解放的一天。在帝国初期，许多奴隶美梦成真。公元212年著名的"安东尼法令"（Edict of Antoniua-nus）把罗马公民身份赐给所有的居民，帝国境内所有自由男子至此都拥有公民权，这些异邦人都称为罗马人（romei）。④ 据估计，罗马80%以上的人口是解放自由人直接或间接生育的后嗣⑤。自由手工业者逐渐取代了奴隶，他们不是为了主人而是为了公众和他们自己的利益而劳动。这是一个非常缓慢而隐蔽的革命性的变化。这个巨大的变化如何在罗马世界内部发生，目前并不清楚⑥。公元5世纪，在高卢所有的大城市，一个人数相当多的自由手工业者

---

　　①　汤普逊：《中世纪经济社会史》，商务印书馆1986年版，第32、72—73页。

　　②　[美]威廉·威斯特曼：《古希腊罗马奴隶制》，大象出版社2011年版，第323页。

　　③　[德]马克斯·韦伯：《经济与历史支配的类型》，广西师范大学出版社2004年版，第106—107页。

　　④　[意大利]罗彼德罗·彭梵得：《马法教科书》，黄风译，中国政法大学出版社2005年版，第35—36页。

　　⑤　[英]尼古拉斯，B.《罗马法概论》，黄风译，法律出版社2010年版，第65—66页。

　　⑥　[法]基佐，F.P.《法国文明史（第一卷）》，沅芷、伊信译，商务印书馆2007年版，第48页。

阶级已经存在。由几个成员代表所组成的各行业行会在帝国初期广泛存在，甚至连奴隶都开始组建自己的行会。① 据历史学家汤普逊（Thompson，J.W）考察，当时就有纺织行会、小商贩行会、交通运输行会等。② 不过这些行会中，我们并没有发现类似教师行会这样的社团组织。其原因何在？在回答这个问题之前，有必要简要介绍古希腊罗马的教师组织形态。

二、古希腊罗马的教师组织形态

古希腊有两种类型城邦政体，也存在两种类型的教育模式：斯巴达模式和雅典模式。这里以斯巴达和雅典为例，说明古希腊教育。③ 然后再附带说一下罗马教育。④

（一）斯巴达的教师：志愿者

斯巴达实施的是一种寄宿式学校教育。或许就是这种寄宿式教育，给人留下一种公办教育制度的印象，进而推测整个古希腊是公办教育的错误结论。据弗里曼·K.J.的研究，尽管斯巴达城邦特别重视教育，不过，并没有资料显示城邦为公民教育提供了一种制度上的财政支持⑤。在斯巴达，男孩子接受教育的费用是由家庭承担。如果斯巴达穷人无力向俱乐部缴纳会餐（syssitia）费用，⑥就会失去公民资格，他的孩子也会失去在城邦接受教育的机会。注意

① ［法］基佐，F.P：《法国文明史（第一卷）》，沉芷、伊信译，商务印书馆2007年版，第48页。
② ［美］汤普逊：《中世纪经济社会史》，商务印书馆1986年版，第32、72—73页。
③ 关于古希腊教育的更多内容，参考［英］弗里曼·K.J.：《希腊的学校》，朱镜人译，山东教育出版社2009年版；E.P.克伯雷选编：《外国教育史料（第1版）》，华中师范大学教育系等译，华中师范大学出版社1991年版，第1—12、13—26页。
④ 关于古罗马教育的更多内容，请参照姬庆红：《古罗马教师研究》，上海师范大学博士论文，2009年。
⑤ ［英］弗里曼·K.J.：《希腊的学校》，朱镜人译，山东教育出版社2009年版，第11页。
⑥ 按照规定，每个公民家庭必须向城邦缴纳十分之一的财产收入，基督教的"什一税"可能就渊源与此？参见［英］弗里曼.K.J.：《希腊的学校》，朱镜人译，山东教育出版社2009年版，第11页。

这里所提到的费用,不是学费,是伙食费。在斯巴达,教学是不收学费的。教学工作主要是由社区里年长的志愿者承担,而不是职业教师。① 斯巴达的教育内容几乎都是体育或者军事②,其目标是培养男孩严密的纪律性、顽强的毅力和必胜的信念,这种教育完全和生计无关。在本质上,斯巴达教育是一种贵族教育。

斯巴达这种教育制度在古希腊并不是个案,其教育制度被一些城邦所借鉴。比如:斯巴达的仰慕者色诺芬(Xenophon)就在其城邦实施与斯巴达同样的教育制度;克里特(Crete)的教育制度也是借鉴斯巴达的,不同的是,男孩子的伙食费是由城邦公共经费承担。

(二)雅典的教师:个体户

和斯巴达人一样,雅典人也很重视教育,不过雅典人重视教育只限于民间。具有民主身份的雅典人,都渴望把自己的儿子培养成有身份的人。只要可能,他们都会毫不犹豫地为儿子提供最好的教育。不过雅典对待教育的态度和斯巴达截然不同。城邦对待教育的态度可以从苏格拉底(Socrates)和阿基比亚德斯(Alkibiades)对话中看出:"没有人在意你或者其他雅典人是怎样长大这样的小事情"。③ 雅典没有斯巴达那种寄宿式学校。在以雅典为代表的教育模式中,学校是教师作为私人事业开办的。④ 教师自己决定收取多少费用和教授什么科目。家长根据学校的条件和教学的科目为儿子选择适合他们的学校。家长送孩子到学校,其实是把教学责任转移到教师身上。城邦只规定学校和体育馆的某些道德原则,上学和放学的时间,建议让每一个男孩子接受一定的文字教育等,对于其他并不干涉。⑤

---

① [英]弗里曼·K.J.:《希腊的学校》,朱镜人译,山东教育出版社 2009 年版,第 26 页。
② [英]弗里曼·K.J.:《希腊的学校》,朱镜人译,山东教育出版社 2009 年版,第 15 页。
③ [英]弗里曼·K.J.:《希腊的学校》,朱镜人译,山东教育出版社 2009 年版,第 44 页。
④ [英]弗里曼·K.J.:《希腊的学校》,朱镜人译,山东教育出版社 2009 年版,第 44 页。
⑤ [英]弗里曼·K.J.:《希腊的学校》,朱镜人译,山东教育出版社 2009 年版,第 44 页。

（三）"学术组织"的代表：学园

在希腊也存在不少学术组织,柏拉图的学园(Academy)就是其中的典范。公元前 393 年,柏拉图(Plato)开办的学园,被看做是雅典第一个永久性的高等教育机构。想进入学园学习和研究,必须符合两个条件。第一个条件,是我们所熟知的,就是必须要懂几何。这一要求被刻在学园的门楣上:"不懂几何者莫入。"我们往往把学园这类机构视为面向大众开放的教育机构,这是不恰当的。学园更多的应被视为一种具有神秘色彩的文化精英俱乐部。无论在哪个时代,"懂几何"绝对是极少数人。学园的神秘色彩从加入的第二条件——必须信奉"阿波罗"和"缪斯"—— 可见一斑。从外部组织形式看,学园是一个宗教团体。学者过着毕达哥拉斯学派(Pythagoras)式的苦行生活。古希腊罗马也是一个宗教社会,和中世纪社会的不同之处仅在于,它是一个多神统治的社会。① 古希腊罗马的确存在高等教育机构,不过它们和中世纪大学不是一个概念。就古希腊罗马的法学、修辞学和哲学教育而言,后来的教育机构都很难与之相提并论,但古希腊罗马的高等教育并没有体制化②。将大学的源头无限制的推向古希腊罗马,不过是另一种形式的"恋尸癖"。不管柏拉图的学园还是亚里士多德的吕克昂(Luceion)或者其他学术机构,从根本上说,不过是私人禁脔。

希腊和罗马人是同一民族的两个分支,说的是同一种语言中的两个方言,有着同样的政治制度及政府原则,经历了一系列类似的革命。③ 因此可以说,古罗马是希腊文化忠诚的继承者。如果说它们之间有什么区别,相比较而言,

---

① 关于古希腊罗马社会的宗教状况,参阅菲斯泰尔·德·古朗士:《古代城市:希腊罗马宗教、法律及制度研究》,世纪出版集团、上海人民出版社 2012 年版。

② Charies Homer Haskins.*The Rise of Universities*,Transaction Pulishers,New Brunswick,(U.S.A.)and London(U.K.)2002,p.3.

③ [法]菲斯泰尔·德·古朗士:《古代城市:希腊罗马宗教、法律及制度研究》,世纪出版集团、上海人民出版社 2012 年版,第 23 页。

古希腊注重人的全面教育,古罗马更偏重教育的实用性。

三、古希腊罗马未出现学者行会的解释

在对古希腊罗马的教育有了一个大致的了解后,尝试从三个角度解释古希腊罗马为什么没有出现教师法人组织。

(一)教师角度

在古希腊、罗马上层阶级子女的教学工作经常是由奴隶来承担。这些奴隶教师有一个专门称号:"教仆"(paidagogos),这也是现代"教师"(pedagogue)一词的起源。他们是文法教师。在古希腊还有一种教哲学和修辞学等高级学科的教师,被称为"智者"。在雅典,任何人都可以当教师,只要有人愿意为所求学的知识付学费。斯巴达没有专门的职业教师,任何成年人都有资格和义务教育年轻人。在漫长的古希腊和罗马共和时期,教育被普遍认为"完全是个人的事情",因而国家没有系统的教师政策。执教资格对于古希腊罗马来说,的确是一个前所未闻的东西。在古罗马有一个传统,几乎任何手工业者行会,都会为新成员的加入举办某种纳新仪式:就职礼(inceptin)[1]。在古罗马,教师阶层也存在类似的仪式。据拉斯达尔研究,古罗马时代的哲学学校和修辞学学校存在"执教礼"[2]。执教礼的出现,可能意味着罗马教师群体开始拥有某种朦胧的团体意识。不过,从这种朦胧的团体意识发展到教师法人组织,还有漫长的一段路程。目前还没有资料表明,在古罗马存在教师法人组织。根据罗马法,成立一个独立法人组织的基本前提,是必须拥有自由人身份的本国人。

---

① "inceptin"是一种加入某种行会的仪式。本书在指其他行会的入职仪式,将"inceptin"翻译为"就职礼",当指教师行会入职仪式,则翻译为"执教礼"。

② Hastings Rashdall.*The University of Europe in the Middle Ages*(1),Oxfordew:clarendon press.1936,p.284.

我们还不清楚当时有多少教师是"被解放的人"。拉丁文有两个术语表达"被解放的人",一个是 libertinus(解放自由人),表示该人同外部社会的关系;另一个是 libertus(被解放的奴隶),表示该人同以前的主人(他的庇主[atronus])的关系。作为解放自由人的教师,并且已经属于罗马市民或者尤尼亚拉丁人,他们依然不能享有某些政治上的权力,比如结社的权力。作为被解放的奴隶,他依然对自己的庇主负有服从(obsequium)的义务①。奴隶的解放常常仅仅是一种名义上的解放,事实上并没有带来多少实质性的变化。尽管当时社会阶层固化开始出现松动的迹象,罗马教师的地位和身份依然没有实质性的改变。教育领域的变化始终落后于社会变化,这是一个普遍的社会现象。像其他行业成立属于自己的社团,在理论上,教师必须是拥有真正的自由。可惜历史并没有给罗马更长的时间。这种由奴隶教师蜕变为自由民的历史变革只能在中世纪完成。

(二)学生角度

古希腊罗马的教育,从一开始就是极少数有身份、有财产人的奢侈品。古希腊罗马的学生接受的是一种和功利无关的"自由教育"和"公民教育"。他们不需要一纸文凭(执教资格是最早的学位和文凭)证明自己的学历,更不需要拿这个学位换取工作。教师也不会给学生文凭。比如伟大的教师苏格拉底,就不曾给弟子颁发学位此类的东西。② 而且因为教育是贵族子弟的特权,这导致能够接受教育的人的数量相当有限,从而,教师的数量也很有限。一般来说成立一个行会最初,成员的数量是很重要的因素。只有一个行业的人数达到一定数量,才有可能将行业的传统制度化,比如规范从业资格。

---

① [英]巴里尼古拉斯:《罗马法概论》,法律出版社 2010 年版,第 68 页。
② Charies Homer Haskins. *The Rise of Universities*, Transaction Pulishers, New Brunswick,(U.S. A.) and London(U.K.) 2002, pp.3-4.

（三）宗教角度

古希腊罗马教师法人组织,之所以迟迟没有出现的原因,和当时的宗教文化也息息相关。古希腊罗马是一个多神共治的社会。这种多种宗教并存的状况,一方面有利于思想自由的发展,与此同时也容易造成思想的混乱。反映到教育领域就是学派林立。想一想,一个个相互独立的"学校",每一个"学校"都有自己的"宗教"。他们彼此不开放,更不认同其他宗教。在这种地方性而且多元宗教文化中,怎么可能出现对普罗大众开放的"大学"（studium publica）? 与古希腊罗马价值观不同的是,中世纪的一些人很早突破古典世界以奴隶制和古代帝国主义为基础的世界观,提出人人平等的观念,认为以种族、宗教和文化来割裂不同的人群,是一种偏执和成见。体现在基督教上面,就是突破古希腊罗马狭隘的地域宗教文化。[①] 基督教认为世界只有一个神:上帝。每个人都是上帝的子民,在上帝面前人人平等,只有信仰上帝才有机会被拯救。正如文德尔班（Windelband）所言:与人类历史中计划周密的统一这种观念连在一起的是超越时空的人类统一的思想。公共文明的意识,冲破民族界限,在全人类共有的天启和拯救全人类的信仰中得到完成[②]。抛开基督教所蕴含的神学成分不论,这种以全人类的祸福为己任,这种博爱主义的胸襟和气魄,实乃大学这个国际性学术组织得以产生的前提。

尽管古希腊罗马没有出现学者行会,不过,一种新的制度并不会凭空出现,它们总是挑战、借鉴并不同程度地取代先前的制度,而"从过去承袭的信念、规范和组织,将构成新制度产生过程的部分初始条件"。[③] 中世纪大学艺学院课程主要是亚里士多德的著作,法学院的课程主要是研究罗马法和教会

[①]　彭小瑜:《从中世纪研究角度看西方古代文明》,《文汇报》2015 年 2 月 6 日。

[②]　文德尔班:《哲学史教程》上册,商务印书馆 1987 年版,第 350 页。

[③]　Greif, Avner. *Institutions and the Path to the Modern Economy: Lessons from Medical Trade*, Cambridge: Cambridge University Press, 2006, p.17.

法,医学院的课程主要是希腊和阿拉伯的医学课程。中世纪大学的教学方法主要是辩论法,它是源于苏格拉底的"助产术"。正如亚里士多德所说"引导辨术和一般定义完全归功于苏格拉底"①。中世纪大学就本质而言,是一个学术社团。在古罗马也有社团这种组织,而且有明确的法律规定。古罗马文化最重要的遗产:罗马法、拉丁语及其语法、修辞,以及以拉丁语为载体的逻辑论辩和科学知识,它们为中世纪大学诞生提供了的"部分初始条件"。

第二节　为什么阿拉伯帝国没有出现大学

罗马帝国衰落之后,西欧对亚里士多德的了解仅仅限于波爱修(Boethius)所翻译的基本逻辑学文献。亚里士多德的希腊文原稿在拜占庭保持完好,不过在那里并没有产生激励哲学思想的任何创造活动。13世纪在西欧传播的"亚里士多德主义",并不是欧洲古典文化的承袭,而是经过阿拉伯学者的加工解释的产物。中世纪欧洲文化与阿拉伯文化的双向交流不仅是古希腊文化遗产得以保存、流传和发展重要条件,而且也是西欧中世纪大学成为真正的高等教育机构的原因所在。可以这么说,如果没有亚里士多德哲学,西欧的教育最多是基础教育的繁荣,而不是高等教育的兴起。在解释大学为什么出现在西欧中世纪,就有必要对亚里士多德在阿拉伯的情况有所了解。可以归结为一个问题:为什么大学没有在阿拉伯和拜占庭帝国出现?

一、希腊哲学在阿拉伯帝国找到暂时的庇护所

阿拉伯帝国的崛起可谓世界文明史上的奇迹。自先知穆罕默德(Muhammad,570/571-632)开疆辟土以来,到公元750年就建立了包括波斯、叙利亚、巴勒斯坦、埃及、北非、西班牙和印度西北部等横跨亚、欧、非三个大陆的庞大

---

① 亚里士多德:《形而上学》,1078b27-29.

帝国。公元749年,阿拔斯家族(Abbasid family)夺得了哈理发政权,并于762年将帝国首都从大马士革迁往巴格达。阿拉伯人的科学文化事业正是从那里开始的。

今天可能很多人对伊斯兰教存在严重的误解。在历史上,阿拉伯是一个极为重视科学文化的民族。阿拉伯人索居广漠,万里黄沙,对地理方位的判别不管在日常生活,还是在军事上都显得尤为重要。因此,阿拉伯人极为重视天文学的研究。比如阿拔斯王朝(Abbasid Dynasty,750—1258年)的第二任哈里发·曼苏尔(Al Mansur,707—775)其本人就是一位著名的天文学家。他于公元771年曾特意召见印度天文学家曼卡。印度天文学和数学也由此进入了阿拉伯世界,并直接激发了穆斯林对希腊科学的浓厚兴趣①。

早在公元5世纪中期,一批希腊文献典籍就被翻译为叙利亚文。东罗马帝国国内围绕"三位一体"问题的争论导致对涅斯多留派和基督一性论者的政治迫害。属于这一流派的希腊学者被迫流亡东方。他们经过美素不达亚地区进入波斯,后流至叙利亚。这些地区相继成为学习和研究希腊文化的中心。不少希腊文化典籍被翻译为古叙利亚文。

伊斯兰教的征服者对希腊文化的传播持有宽容和鼓励的态度。750—1258年的阿拔斯王朝的文化政策尤为开明。公元8世纪下半叶,阿拔斯哈里发已将翻译希腊典籍列为一项重要的国家文化工程。到第七任哈理发马蒙(Al-Mamun,813—833在位),阿拉伯翻译运动达到顶峰。为了更好地推进学术发展,马蒙于公元828年,在巴格达建立了一座全国性的综合性学术机构"智慧屋"(House of Wisdom),由翻译局、研究院和图书馆等机构组成。这是自希腊缪斯(Muses)学园之后世界上最大的学术机构之一。这场规模宏大的翻译运动,持续了将近两个世纪。到11世纪中期,亚里士多德的著作,除了《政治学》和《伦理学》的一部分外,都已经被译为阿拉伯文。被翻译的柏拉图著作包括《理想国》《法律篇》《菲多篇》《克力同篇》等。普罗提诺《九章集》

---

① 吴雁:《伊斯兰新柏拉图主义研究》,《阿拉伯世界研究》2007年第4期。

(卷4—卷6)和普罗克鲁斯的《神学要义》被误作为亚里士多德的著作,分别被编译为《亚里士多德神学》和《论原因》的著作①。穆斯林不仅大量翻译古希腊著作,而且创造性对之进行了改造和发展。正如一位学者所说,希腊文化是在一个完全不同的传统中被一批开放的、卓有远见的代表人物富有成效的吸收。经过他们的努力,这一外来因素终于成为伊斯兰传统的一个组成部分②。伴随翻译运动,阿拔斯王朝也出现了许多有名的天文学家、哲学家、医学家。希腊科学从希腊化时代的高度跌落以来,至此方慢慢回升。

二、阿拉伯帝国没有出现大学的原因

起初,学者是基于学术的原因,翻译和引进古希腊文献。不过,阿拉伯统治阶级重视希腊文明引进和改造,其目的是为伊斯兰教服务。希腊哲学在传入阿拉伯国家时,同样遇到信仰和理性融合的问题。如何把一种外来文化伊斯兰化,也就是本土化,这是摆在穆斯林学者面前的重要课题。

由于某种原因,起初传入到阿拉伯国家的是新柏拉图主义。新柏拉图主义作为一种哲学和其后成为一种宗教哲学只是对人类一般宗教思想所做的教义上的解释。伊斯兰学者创造性将新柏拉图主义的宗教哲学内核植入了伊斯兰教,并进行了精细的学术论证,这大大提高了伊斯兰教的理论水平③。这和奥古斯丁运用新柏拉图哲学对基督教所做的改造,有异曲同工之妙。

在基督教希腊化的过程中,上帝创世、灵魂等基督教教义问题,在伊斯兰教语境中置换为"真主独一""真主创世"等伊斯兰教问题。可以说,在柏拉图故乡遇到的问题,即理性和信仰的问题,在阿拉伯同样也存在。

在伊斯兰文明中存在着两种科学:基于《古兰经》、伊斯兰律法和传统的

---

① 赵敦华:《基督教哲学 1500 年》,人民出版社 2007 年版,第 278 页;郝刘祥:《中世纪希腊科学的传播及其与宗教的关系》,《自然辩证法通讯》2003 年第 3 期。
② 赵敦华:《基督教哲学 1500 年》,人民出版社 2007 年版,第 278 页。
③ 吴雁:《伊斯兰新柏拉图主义研究》,《阿拉伯世界研究》2007 年第 4 期。

伊斯兰科学以及包括古希腊科学和自然哲学的"外国科学"。穆斯林学者非常欢迎来自西欧的文明。在四五百年的时间,许多伊斯兰学者(包括基督徒和犹太人)吸收了希腊科学,并为其增加了许多内容。然而,固守伊斯兰社会正统的神学家和宗教领袖并没有热情接受来自异域的文化。大多数伊斯兰神学家几乎没有或者完全没有研究哲学,对希腊的哲学可能更无兴趣。多数伊斯兰神学家甚至会认为用希腊哲学来解释伊斯兰和《古兰经》是亵渎阿拉。他们认为,希腊逻辑和自然哲学、特别是亚里士多德的自然哲学在某些关键问题是和与《古兰经》是不相容的。《古兰经》和亚里士多德最大的分歧就是对世界起源,即"创世"的看法。在亚里士多德认为,世界是永恒的,而《古兰经》主张世界是阿拉创造的。多数穆斯林神学家担心对希腊哲学的研究,会让人们对宗教产生怀疑和敌视。

由于这种不相容,希腊哲学经常会引起怀疑,因此很少公开讲授。伊斯兰学者研究亚里士多德哲学,只是将其视为神学的婢女。在调和信仰和理性的关系上,作出最杰出贡献当属法拉比(Al·Farabi,约870—950)。因为创立了自然泛神论哲学体系,在伊斯兰哲学史上,法拉比被称为"第二导师"("第一导师"亚里士多德)。法拉比曾对亚里士多德的许多著作做过注释①。他强调哲学和自然科学知识的重要性。哲学就是一个不断发现真理、认识真理的过程,而认识真理最终是为了认识真主,即哲学是认识"真主"的理性的工具。法拉比提出,人们不能认识"真主"的原因不是人的理性有限,而是人的理性被欲望所遮蔽。由此可见,法拉比的思想中带有一丝新柏拉图主义的神秘色彩。

伊本·鲁西德(Ibn Rushd,1126—1198,拉丁名阿威罗伊 Averroe),是自法拉比之后阿拉伯中世纪最有影响力的哲学家、教法学家、亚里士多德学派的主要代表之一。阿威罗伊对亚里士多德、柏拉图、伊本·西那②、法拉比

① 第·博尔:《伊斯兰哲学史》,马坚译,中华书局1958年版,第155页。
② 伊本·路世德(Ibn Rushd,1126—1198)阿拉伯哲学家、教法学家、医学家,拉丁名阿威罗伊,世界医学之父,阿拉伯亚里士多德学派的主要代表人物之一。

027

的哲学著作做了大量的注释、评论,在相当程度上恢复了被新柏拉图主义曲解了的亚里士多德的学说。他因此被誉为"亚里士多德著作最有权威的诠释家"。

对于理性和信仰的关系,阿威罗伊认为理性是信仰的认识基础,《古兰经》寓意的启示,有待于理性作出合理的解释。在他看来理性和天启、科学和宗教是不冲突的,宗教的真理源自天启,哲学的真理源于理性。这两者可能的分歧,源于它们都有其专有的认识范围。阿威罗伊关于宗教和哲学相区分的观点,通常被视为"双重真理论"。阿威罗伊本人并没有将宗教真理和哲学真理说成两种不同的、甚至互相冲突的真理,但他确实将哲学真理看做真理的最高的、纯粹的形式,神学表达真理的方式等而下之。这在宗教卫道士看来就是以哲学真理取代宗教真理。由于阿威罗伊在理性和信仰的路上走得太远,其观点被正统保守的伊斯兰教学者指控为异端。1195 年,阿威罗伊遭到流放,其宗教、哲学著作亦被付之一炬。因学术争论而导致的政治迫害,在学术史上屡见不鲜。

虽然伊斯兰教和基督教都在利用古希腊文明,不过两者之间还是有很大的差别。尽管,希腊罗马的学术被基督教认为是可疑的,但并没有视为敌人。基督教早就认识到国家和宗教的关系。耶稣说:凯撒的物当归凯撒,神的物当归神。就是在这种思想下,世俗哲学才可能发展起来。基督教的某些方面或许也把基督教导向希腊哲学。比如"三位一体"问题就给基督教制造了很多学术问题。比如上帝是如何证明存在的。要解释这些问题,就必须借助哲学。

但这样的问题在伊斯兰不是大问题。伊斯兰神学家不赞成对《古兰经》分析,这阻碍了思辨神学的发展。为什么伊斯兰教不需要借助亚里士多德论证其合法性和合理性? 这是因为,伊斯兰教从其诞生之日,就确定其国教地位。伊斯兰教是依靠武力传教。伊斯兰军队到哪里,伊斯兰教就传播到哪里。伊斯兰教是强势的宗教,伊斯兰教不需要去适应其他文化。他把希腊文化视为异端。只有伊斯兰同化亚里士多德而不是臣服亚里士多德。中世纪伊斯兰国家是政教合一的政体。科学本质上是一种世俗活动。在一个强大的中世纪伊斯兰教帝国里面,科学是很难发展起来的。由于惧怕自然哲学对穆斯林信仰的潜在威胁,以及其他一些可能的原因,伊斯兰从未将科学体制化,自然哲学从没有成为正规教育的一部分。由于科学缺乏体制基础,也许是这些学科不能扎根伊斯兰社会的最重要的原因。伊斯兰神学家和宗教权威在许多情况之下对科学完全缺乏热情,至少从一个重要角度解释了为什么在阿拉伯帝国没有能发展起一种类似西方大学的体制。

第三节　西欧中世纪教师行会兴起

中世纪教师行会兴起的原因大致可以归纳为:经济因素、法律因素、宗教因素。

一、经济因素：城市的兴起为大学的出现提供了肥沃的土壤

大学是学者行会。不过中世纪的行会和古希腊罗马的行会之间是否存在渊源关系,直到现在,始终是一个很有争议的问题。最初,人们从罗马帝国时代工匠组成的"行会"与"工艺"这种字样里去寻找同业公会的起源。人们假定,经过日耳曼人、匈奴人的入侵,"工艺行会"残存下来,而 12 世纪的经济复兴又使它们重新复活。但是,阿尔卑斯山以北并没有这种复活的证据,这种假设与自中世纪以来城市生活的绝灭完全矛盾。只有在中世纪早期,拜占庭统治下的意大利若干地区,才有一些迹象说明古代的"行会"还有某种程度的保存。但是,这个现象过于地方化,并不具有代表性,不足以说明像同业公会这样普遍性机构的起源①。同业行会起源庄园? 答案是否定的。的确,在加洛

---

① 亨利·皮朗:《中世纪欧洲经济社会史》,上海人民出版社 2014 年版,第 124—125 页。

林时代(约公元 680—850 年)及其后期,在一些大的庄园里面,有很多行业的工匠。他们在监工下为领主服务。不过,这不能证明这些庄园的工匠有权为他们自己的利益和公众服务;也不能证明自由人加入了工匠组织,或者这些本来是奴隶的一群人变成了自治的组织①。

目前,多数学者倾向认为自由人的组合是这个问题比较适合的答案②。同业公会是欧洲中世纪的产物,具体地说,同业行会是伴随欧洲城市的兴起而兴起的。12、13 世纪被称为"行会的世纪",大学不过是当时同业行会运动浪潮的一波。

大学是欧洲中世纪的产物,具体地说是欧洲城市的产物③。城市不是什么新鲜事物,在古希腊罗马就出现了城市。古罗马帝国的版图上星罗棋布数

① 亨利·皮朗:《中世纪欧洲经济社会史》,上海人民出版社 2014 年版,第 124—125 页。

② 大多数行会的起源大家习惯于认为是在中世纪,但据基佐考据,在高卢的南方和尤其在意大利行会的历史可以上溯到古罗马时代。因而,中世纪大学出现在上述地区也就顺理成章。基佐:《法国文明史》第一卷,商务印书馆 2007 年版,第 48 页。

③ 西方诸多经典的中世纪大学史著作中,都曾论及大学与城市的关系。见 Hastings Rashdall, *The Universities of Europe in the Middle Ages*, Oxford, 1895, new ed.by Frederick Maurice Powicke & Alfred Brotherston Emden, 3 Vols., Oxford: Oxford University Press, 1936; Alan Cobban, *The Medieval Universities: Their Development and Organization*, London: Methuen, 1975; Charles Homer Haskins, *The Rise of Universities*, Ithaca & New York: Cornell University Press, 1923; Olaf Pedersen, *The First Universities: studium generale and the Origins of University Education in Europe*, trans.by Richard North, Cambridge: Cambridge University Press, 1997; Helene Wieruszowski, *The Medieval University: Masters, Students, Learning*, Princeton et al.: D.van Nostrand Company, 1966; Hilde de Ridder-Symoens ed., *A History of the University in Europe*, Vol.I, Universities in the Middle Ages, Cambridge: Cambridge University Press, 1992。

上述的一些西文著作已不乏汉语译本,如[英]梅斯汀·拉斯达尔:《中世纪的欧洲大学》三卷本,崔延强、邓磊译,重庆大学出版社 2011 年版,此书的中文译本虽然也分三卷,但只是拉斯达尔(Hastings Rashdall)原著 1936 年三卷版中第 I 卷和第 III 卷的节译,英文版的第 II 卷以及全书的附录并未译出,故此,本书引用该书以上举英文原著为主;[美]查尔斯·霍默·哈斯金斯:《大学的兴起》,王建妮译,上海人民出版社 2007 年版;[美]查尔斯·霍默·哈斯金斯:《大学的兴起》,梅义征译,上海三联书店 2007 年版;[美]查尔斯·霍默·哈斯金斯:《大学的兴起》,张堂会、朱涛译,北京出版社 2007 年版;[法]雅克·韦尔热:《中世纪大学》,王晓辉译,上海人民出版社 2007 年版;[比利时]希尔德·德·里德-西蒙斯主编:《中世纪大学》,张斌贤、程玉红等译,河北大学出版社 2008 年版。参见张弢:《西欧中世纪大学与城市之关系探微》,《古代文明》2013 年第 7 期。

以千计的城市。罗马帝国是由各个城市或城邦有机汇合而成的一个大联合。各个城市犹如人体的细胞,是最小的最有活力的有机体①。可是这些城市主要是作为罗马帝国的行政中心,并由政府官员来管理。古希腊城市与之相反,他们是自治的城邦。中世纪城市和古代城市完全不同,他们既不是行政中心,也不是自治的共和政体,而是介乎两种之间。

西罗马帝国于5世纪被日耳曼人所推翻,除了在南意大利以及威尼斯,由于拜占庭的贸易,城市活动继续存在,其他各处的城市活动都迅速消逝②。当然,"城市"还存在,不过是当地主教驻节的行政中心、宗教中心而不是经济中心。在战争期间,这些旧城市成为附近居民的避难所。被称为"堡"的避难所也在不断建立。在9—10世纪这一时期,西欧遍布着设防的城堡,都是由封建诸侯所建立。这些城堡和教会的城市一样,都是依靠土地为生,没有实际的城市生活。

不过商业的复兴,迅速完全改变原先"城市"的性质。"城市的兴起,论过程,是演进的,论结果,是革命的。"③其意义可能超过了新航路开辟、工业革命等,因为后面的一系列革命都是在城市兴起的基础上进行的。

那么中世纪城市是如何兴起的呢?亨利·皮朗将中世纪城市的兴起归因于商业的复兴④。中世纪的商业一开始就不是在地方贸易影响之下,而是在输入贸易的影响下发展起来的。在一个封闭的农村社会是不会产生职业商人的。最初的商业来自威尼斯和纳维亚的远程航运。这些地方幸免战争的摧毁,成为刺激欧洲文明复兴的最初动力源。因为在获取利润这点上与基督教

---

① [美]汤普逊:《中世纪经济社会史(上册)》,耿淡如译,商务印书馆1973年版,第54页。
② [比利时]亨利·皮朗:《中世纪欧洲经济社会史》,乐文译,上海人民出版社2014年版,第28页。
③ [美]汤普逊:《中世纪经济社会史(下册)》,耿淡如译,商务印书馆1997年版,第424页。
④ 亨利·皮朗:《中世纪欧洲经济社会史》,上海人民出版社2014年版。

的教义相左,中世纪商业遭到教会的歧视①。不过早期贸易主要满足贵族和大封建主对奢侈品——香料(来自阿拉伯、印度和中国的商品)——的需要,因此得到王权和大封建主的保护。各国国王都给予从事远程贸易的商人人身自由、迁徙自由和从商自由等特许权。在国王的保护下,商人在任何地方都不服从地方领主的审判权。中世纪早期商业贸易的特点以及商人和王权的从属关系,决定了商人要把其销售点、货栈设在王公贵族大主教居住的城堡和城镇附近。

随着商业的发展和繁荣,人越来越多,这样在王公贵族、大主教居住的城堡和城镇外面出现了一个新的城堡——"外堡"。在 10 世纪和 11 世纪,常用"商埠"一词来称呼这些居住地,十分确切地说明了他们的性质②。事实上它不是现代意义上的商埠,而是一个商业活动极其活跃的中转站。人们把居住在商埠的人称为"商埠人"或者"市民"。12 世纪初,在那些商业活动最为活跃的中心,新的城堡开始逐渐从四面八方将旧城堡包围起来,并且把旧城堡作为核心。这样原来附属的"外堡"变为城市的主干。从这意义上说,中世纪的城市以及现代城市起源于城市的外堡,或者城堡决定它的地位,这种说法是完全正确的③。

虽然城市的居民一直具有特殊的法律地位,但是他们的政治地位却很低。为了保护自己的自由身份和在商路上的安全,商人组成了汉斯(hanas)和基尔特(gild)这种商人行会。早期的汉斯和基尔特只是商人在商旅中结伴而行的

---

① 商人在中世纪的地位依然很低。但并不如人们所说的那样普遍为人所鄙视。人们为什么歧视商人? 对商人的指责,是因为他们的赢利意味着一种对时间的借贷。在 14 世纪初有一个辩论,当时的记载:"商人们可以因为同一个生意让无法立即付款者比立即付款者向自己支付更多钱吗? 有人反驳:不可以。因为这一以来他就会出售时间,并因为出售不属于自己的东西,而犯下放高利贷的罪过"。在基督教看来,时间是所有生灵共同的东西。出售时间必然对所有的万物造成伤害。如果石头会叫,它也会叫。时间是上帝的礼物,不可用来牟利。参见[法]雅克·勒高夫:《试谈另一个中世纪——西方的时间、劳动和文化》,商务印书馆 2014 年版,第 50 页。
② 亨利·皮朗:《中世纪欧洲经济社会史》,乐文译,上海人民出版社 2014 年版,第 30 页。
③ 亨利·皮朗:《中世纪欧洲经济社会史》,乐文译,上海人民出版社 2014 年版,第 31 页。

自我保护组织①。

亨利·皮朗将11—12世纪城市化运动归因于商业的复兴,这种解释忽视了以下事实:在那个时代,绝大多数城镇居民(大约80%)既是生产者也是商人,而且,他们主要来自手工业者②。

问题是这些手工业者是如何变成城镇居民的? 11—12世纪西欧城市化和当时农业革命密不可分。公元1000—1300年是中世纪欧洲农业发展最好的时期。据史料记载,大约公元800—1300年,欧洲的气候十分怡人。这一期间,欧洲的气温比之前和之后都要高几度,雨水也更少,这导致夏季更长一些。当时能种植葡萄的地方,比现在再往望北推300英里左右③。良好的自然气候条件,为农业发展提供了良好环境。耕作制度的革新、生产工具的改善,大幅度提高了农产品的产量④。在欧洲所有的地方,只要农业发展了,经济就开始发展。这一时期,人口稳定增长、人们生活水平逐步提高、商业风生水起,经济逐渐繁荣,被称为"农业革命"⑤。

这一时期所取得的每一项成就——日益繁华的城市生活、辉煌壮观的建筑、井然有序的政府组织、封建的骑士制度和新的高等教育组织"大学"——都取决于朝气勃勃的农业社会所提供的物质财富和人力资源。

农业革命最重要的成果之一,就是将那些具有半农性质的手工业者从农

---

① 王亚平:《权力之争:中世纪西欧的君权与教权》,东方出版社1995年版,第307页。

② 哈罗德·J.伯尔曼:《法律与革命:西方法律传统的形成》,法律出版社2008年版,第352页。

③ 朱迪斯·M.本内特、沃伦·霍利斯特:《欧洲中世纪史》(第十版),上海社会科学院出版社2014年版,第167页。

④ 这表现在耕地面积的增加,农业生产技术的改良(比如:新型的挽具和轭具和马蹄铁的使用,出现了新型的轮犁)和新的动力的出现(水磨和风车)。耕种制度也在不断改良。在"休耕田"和"在耕田"的"二轮耕"制度的基础上,出现了更有效率的"三轮耕""四轮耕"甚至"五轮耕"制度,种植效率大大提高。单位面积的产量也在大幅提高。在查理曼时代,1蒲式耳种子大约可以得到2蒲式耳的收成;到12世纪,通常可达到4蒲式耳。1:4的比例在今天看来几乎是不可想象的低,不过对中世纪的农民来说,已经是一个奇迹了。

⑤ 布莱恩·迪尔尼、西德尼·佩因特:《西欧中世纪史》(第六版),北京大学出版社2013年版,第182页。

业生产中解放出来,成为专业的手工业者,他们纷纷到城市谋生。这是一个向外、向上大规模流动的时代。大批农奴、自由农民和小贵族纷纷离开庄园,到城市寻求新的机遇。用洛佩斯的话:新的机遇接踵而至……从一个阶层跻身到另一个阶层……徒弟变成了师傅,成功的工匠变成了企业主,新人在高利贷中发财致富……持续不断的来自农村的移民也刺激这种扩张……城镇附近的村庄开始空心化①。

那些从庄园份地上逃出来的农奴,只要在城市里住满一年零一天,就获得了身份自由。这种自由,也包括了在城市经营工商业的自由。"自由人"(freeman)就是中世纪城市市民的正式称呼。"城市的空气使人自由。"因此,新兴的城市对农奴特别具有吸引力。故而马克思说,中世纪的城市是由逃亡农奴建立起来的。只不过这些逃亡农奴中,多是从份地上离析出来的农奴子弟。这些人在以土地为唯一生存基础的社会里,可以说是生活在社会的边缘。正因为不占有土地,他们才能更顺利地摆脱对庄园领主的人身依附,才有比较大的活动自由。与 1000 年前的古希腊、罗马帝国的城市以及中世纪西欧的农村相比,11、12 世纪及此后的北欧城市以及某些地中海城市几乎不存在奴隶制度,这一点实在意味深长②。西欧各主要国家的农奴制都在 13、14 世纪走向最后的瓦解。在意大利,13 世纪时农业基本掌握在自由农手中。法国的朗格多克,早在 12 世纪农奴制就已消失了。人口最密集的巴黎周围地区,13 世纪里出现了农奴解放趋势,"农奴逐个逐个地或至少是逐户逐户地,有时整个村庄地获得自由"。巴黎一带,14 世纪初农奴制就完全消失了。③

从农村手工业中分离出来的专业手工业者迁入城市后,也依照商人的样子,居住在同一个地点的同行业的手工业者结合起来组成 zunft(同业公会)。

---

① 哈罗德·J.伯尔曼:《法律与革命:西方法律传统的形成》,法律出版社 2008 年版,第 352 页。

② 哈罗德·J.伯尔曼:《法律与革命:西方法律传统的形成》,法律出版社 2008 年版,第 353 页。

③ 刘景华:《世纪西欧城市与城乡关系的转型》,《世界历史》2017 年第 6 期。

"不断流入城市的逃亡农奴的竞争,乡村反对城市的连年不断的战乱,以及由此产生的组织城市武装力量的必要性,共同占有某种手艺而形成的联系;在公共场所出卖自己的商品(当时的手工业者同时也是商人)和与此有关的禁止外人进入公共场所的规定;各手工业行业间的利益的对立;保护辛苦学来的手艺的必要;所有的一切都是各行业的手艺人联合为行会的原因①。"

上文已经提到,古罗马帝国初期,80%以上的人口在名义上具有自由人身份。不过从奴隶到真正的自由民身份的转化直到中世纪城市的兴起才有可能。而成立学者行会,自由身份是不可或缺的基本条件。

二、法律因素:西方法律传统为学者行会出现提供了法理基础

城市的繁荣,大量自由市民的出现并不是大学出现的充分条件。大学在11世纪晚期,12世纪时兴起在很大程度要归因于当时与教皇革命相关联的宗教和法律意识的转型②。

通过对比同时代的伊斯兰王朝和东方的大宋王朝,就可以理解法律因素在西欧城市和大学发展中的重要性。尽管,伊斯兰王朝有着相同或者类似的经济和政治因素,诸如:繁荣的商贸、小规模的手工业、一个比较稳定的中产阶级;尽管凭借许多罗马帝国城市提供的物质残留而先行一步,但其城市文化是贫弱的③。同时代的中国宋代(1100—1279),城市商业空前繁荣:行会组织有440个,全国10万人口以上的都市有46个,如成都、兴元(陕西汉中)、建康、杭州等,尤其是北宋都城开封,人口竟在百万以上④。但无论在经济上还是政

---

① 《马克思恩格斯全集》第1卷,人民出版社1995年版,第117页。
② 哈罗德·J.伯尔曼:《法律与革命:西方法律传统的形成》,法律出版社2008年版,第354页。
③ 哈罗德·J.伯尔曼:《法律与革命:西方法律传统的形成》,法律出版社2008年版,第355页。
④ 郭义贵:《讼师与律师:基于12至13世纪的中英两国之间的一种比较》,《中国法学》2010年第3期;伊永文:《行走在宋代的城市》,中华书局2005年版,第3页。

治上,伊斯兰和宋朝的城市都缺乏一种社团联合体(universitias/corporate uni-ty)。与中世纪的城市相比,伊斯兰和中国古代的城市从来也不是一个誓盟公社(Conjurationes,共谋集团),它们也不曾结成社团并获得规定权利的特许权①。中世纪城市的兴起和大学的出现,在相当程度上,可以说是古罗马法社团精神在中世纪的延续。

西罗马帝国灭亡,自公元 5—10 世纪这段时间,罗马法的权威完全失落。在往昔罗马帝国统治的核心地区,罗马法作为一种习惯仍得到当地人民的遵守②。中世纪早期蛮族的习惯法对罗马法的影响也保持一种开放态度。法律学习在中世纪早期的西欧虽然极度衰退,但并没有完全消失。用保罗·维诺格拉多夫(Paul Vinogrdoff)的话就是:有一道虽细微却涓涓不息的法律知识溪流,一直在中世纪最黑暗的那几百年流动着……③

在罗马帝国遗留给中世纪西欧社会的若干遗产中,学校对于罗马法学的传承起到了至关重要的作用。中世纪早期虽然已经不存在专门的法律学校,但却存在着为数不多的语法学校(Grammar School)。在这些学校中,拉丁语和所谓的“三艺”——语法、修辞和逻辑(辩证法)——是基本的教学内容,而法律训练则是教授拉丁语和以上三门学科的有效手段。法律学习正是以这样的辅助形式在中世纪的学校中延续着。虽然这种延续在总体上停留在一种低层次、低效率的简单重复之上,但它却保证了罗马法知识和罗马法人才的薪火相传,这恰恰是未来罗马法复兴的基本前提。罗马法学的中心最初在罗马,后因战争的缘故转至拉韦纳,最后才从拉韦纳转至博洛尼亚。

中世纪新兴的城市均是基于商业的世俗目的而建立的,代表的是一种商

---

① 哈罗德·J.伯尔曼:《法律与革命:西方法律传统的形成》,法律出版社 2008 年版,第 355 页。

② 李中原:《中世纪罗马法的变迁与共同法的形成》,《北大法律评论》2005 年第 1 期;李中原:《罗马法在中世纪的成长》,《环球法律评论》2006 年第 1 期。

③ [英]保罗·维诺格拉多夫:《中世纪欧洲的罗马法》,钟云龙译,中国政法大学出版社 2010 年版,封底。

业的、自治的、世俗化的和法治型的社会形态。在意大利城市的商业社会里，需要管理社会的实用知识，这一需要是以恢复研究久被忽略而尚未完全忘了的古罗马法律来满足①。罗马法伴随中世纪意大利城市的兴起"奇迹"般地复兴。

首先被系统教授和研究的不是现行法律，而是公元 534 年（距离发现时 5 个世纪之前）罗马皇帝查士丁尼统治下编纂的《学说汇纂》，这对于现代人，是比较难以理解的现象。中世纪的法学家们相信，罗马法具有一种普遍而永恒的性质，是一种在所有时代和所有地方都适用的法律。换句话说，他们将查士丁尼法律视为真理——好比将《圣经》、柏拉图和稍后的亚里士多德视为真理一样②。

在 11 世纪晚期和 12 世纪西方开始将法律作为一门独立的科学予以教授和研究。学生们聚集在一起，聘请一个教师讲授罗马法。采用的法律形式就是教授和学生的合伙人（罗马法称为 societas）。其中最著名的教师是伊尔内留斯（Irnerius）。大约在 1087 年起他就在博洛尼亚开始教学生涯。因其精湛的教学艺术，欧洲各地的学生成群结队前来博洛尼亚向他求教。作为外国人，学生们并不受当地法律的保护，这使得他们中的大部分处于很不安全的状态。例如，任何一个外国人都可能对他本国某个同胞所欠的债务负责。一个向某个伦敦商人提出赔偿要求的博洛尼亚商人，可能会强迫就近的英国法律学生支付赔偿金③。在中世纪 11 世纪晚期，在欧洲大陆就形成了一种为 compagnia 的合伙人组织形式。其最初是同一家庭成员组成的一种联合体，到后来就有外人参加，并成为一种商业实体，一种"公司"。每一个合伙人就公

---

① Hastings Rashdall. *The University of Europe in the Middle Ages*. Oxfordew：at the clarendon press.1936.

② 哈罗德·J.伯尔曼：《法律与革命：西方法律传统的形成》，法律出版社 2008 年版，第 117 页。

③ 哈罗德·J.伯尔曼：《法律与革命：西方法律传统的形成》，法律出版社 2008 年版，第 119、347 页。

司债务对第三方承担完全责任。在中世纪法律环境下,博洛尼亚商人将在意大利的英国法学学生视为伦敦的合伙人,并向其追讨债务,也就不难理解。

事实上这些学生并不是商人,更不是伦敦的合伙人。为了保护自己免于这类或其他类似的危险,为了保障自己的权利、利益和提供法律保护(因为许多学生和教师是外来者,没有当地居民的权利),为了赢得对教育事业的控制权,更广泛地说是为了促进不同学生团体相互之间的安宁①。学者们模仿当时行业中发展起来的行会组织,基于他们的民族、乡土观念组成了许多"同乡会"。每一个同乡会都以"universitas"的形式予以组织。

社团(universitias)一词来源于罗马法,许多关于社团的术语和规则也来源于罗马法②。许多私人联合,包括维持宗教礼拜的组织,丧葬团体,工匠或商人行会都设为社团。他们的权利范围取决于皇帝所授予的特权。当公元313年基督教成为罗马帝国的官方宗教,教会和修道院也被列为社团。这些社团有权通过法人代表从事法律行为。罗马的社团观念和法则通过教会引到了西欧的日耳曼各个社会共同体之中。集合于同一徽章下的人们被用 universiats 来指代,是罗马法在大学中作用的最重要的预兆③。巴黎大学、博洛尼亚大学从根本上讲是古罗马社团精神在中世纪的延续。

对此海斯丁·拉什达尔已经作出了经典阐述④:

> 事实上,大学像城市公社组织一样,是以共同誓约的道德关系和
> 法律关系为基础的学生公社。流行于意大利各共和国的公民观念,

---

① 戴维·林德伯格:《西方科学的起源》,中国对外翻译出版公司2001年版,第215页;Olaf Pedrsen.*The first Universities*:*Studium Generale and the Origns of University Education in Europe*.1997, p.102。

② Olaf Pedrsen.*The first Universities*:*Studium Generale and the Origns of University Education in Europe*.1997,p.101.

③ Olaf Pedrsen.*The first Universities*:*Studium Generale and the Origns of University Education in Europe*.1997,p.27.

④ Hastings Rashdall. *The University of Europe in the Middle Ages*, *Oxfordew*:*at the clarendon press*.1936,p.164.

比盛行于现代国家的公民观念距离希腊人的观念近得多。只是我们正式居住的一个衍生物的公民权,在古代雅典和中世纪的博洛尼亚,却是一种具有无上价值的世袭财产……因而,长期放逐在外,对于地位良好的年轻人来说,自然是一种不愿接受的惩罚。学生的大学代表了这类人的这么一种努力,即为自己缔造一种人为的公民权。并且,一个 Studium/universitias(大学)对它所在的城市的商业事务的极大重要性,可以解释自治的城市为什么最终乐于承认学生大学,尽管这种让步并不是没有经过斗争的。

尽管海斯丁·拉斯达尔在这里所提到的是博洛尼亚学生大学,不过在阿尔卑斯的另一侧,巴黎的学者和教师遇到的问题和博洛尼亚学人类似。就法团精神、学者自我公民身份的认同而言,海斯丁·拉斯达尔对博洛尼亚大学出现原因的历史解读,对巴黎大学的起源也有一定的解释力。巴黎大学和博洛尼亚大学之间最大的区别,一个是教师大学,一个是学生大学,一个是宗教色彩浓郁些,一个是世俗化程度高些。这两所中世纪顶尖大学,相互影响和模仿,他们的共同之处胜过差异。

三、宗教因素:中世纪教师行会兴起不可或缺的条件

马克思曾经指出:宗教是这个世界的总理论,是它的包罗万象的纲要。劳德·阿克顿也说过:宗教是历史的钥匙①。西方文化被称为"基督教文化",中世纪教师行会的起源和基督教关系密切。基督教对学者行会兴起的影响主要表现在三个方面:教会法、十字军东征、修道院学校。

(一)授职权战争——新教会法的影响

中世纪大学的兴起,与在中世纪基督教世界中起到非常重要的整合作用

①　克里斯托弗·道森:《宗教与西方文化的兴起》,四川人民出版社 1989 年版,第 4 页。

的新教会法(the New Canon Law)关系密切。新教会法的发展和教皇制度改革高重合,这是权力和司法集中于教皇和罗马教廷的基本条件①。

　　西欧中世纪和其他同时代的文明社会比如:伊斯兰文明、印度文明、东方文明相比较,其最大的特点就是它的"世俗——宗教"的对立。中世纪欧洲是一个四分五裂、高度分权的社会。在它的政治和意识中心,是基于教皇基拉西乌斯一世(Sanctus Gelasius Ⅰ 492—496)在五世纪提出的"双剑说"②,即一支

---

　　①　克里斯托弗·道森:《宗教与西方文化的兴起》,四川人民出版社1989年版,第215页。

　　②　当罗马教皇的权力向天主教各教区延伸的时候,以国王为首的世俗权力也要求对所在地区的教会行使权力,这样就产生了如何调整教会权与王权关系的问题。涉及这一问题的理论,首推教皇基拉西乌斯一世在公元5世纪提出的"双剑说",即一支剑象征着最高的宗教权力,由上帝交给教皇执掌;另一支剑象征着最高的世俗权力,由上帝交给皇帝执掌。双剑论问世的时候,正是拜占庭帝国把持教会权力的时代,此时的教皇从政治地位上只是皇帝统治下的臣民,还难以在教会事务中与皇帝抗衡。基督教自从在罗马帝国获得合法地位以后,在很长一段时期内是处于帝国皇帝的控制之下的。最明显的例证是,在基督教早期历史上,确立其基本教义的第一次至第七次宗教会议(325年的第一次尼西亚会议,381年的第一次君士坦丁堡会议,431年的以弗所会议,451年的卡尔西顿会议,553年的第二次君士坦丁堡会议,680—681年的第三次君士坦丁堡会议,787年的第二次尼西亚会议)是由罗马帝国皇帝召集各地主教举行的,会议确定的宗教教义皆得到了东西方教会的承认和执行。代表西方教会的罗马主教也仅仅是以主教身份亲自前往,或委派代理人出席。在这七次宗教会议中,451年召开的卡尔西顿宗教会议曾经形成决议:君士坦丁堡主教在东部教会享有首位,罗马主教在西部教会享有首位。这项决议使君士坦丁堡主教与罗马主教在教会事务上享有同等权力,初步形成了东西方教会分治的格局,此后勉强维持了双方教会之间的微弱联系。787年第七次宗教会议以后,东西方教会主教共同出席的代表整个基督教世界的宗教会议不复存在,此后罗马教皇的权力实际上仅局限于西部教会一隅。

　　751年以后,政治形势发生了变化,拜占庭皇帝失去了对中部意大利的控制。教皇斯蒂芬二世借机提出了接替拜占庭统治意大利的要求。为了替教皇的领土要求提供理论依据,罗马教会在8世纪晚期伪造了一份文件——"君士坦丁的赠礼"。文件的大体内容是:当君士坦丁皇帝迁都君士坦丁堡的时候,他曾经把帝国西部的统治权授予罗马教皇西尔维斯特一世执掌。从当时的政治形势看,罗马教会伪造这份文件的目的恐怕不仅仅是为了得到意大利中部的领土,而是为了得到对整个帝国西部的世俗统治权。

　　实际上,罗马教皇从来没有真正实现对帝国西部的直接统治,其世俗统治权大约也只能在教皇国行使。不过,中世纪的教皇从来没有忘记统治帝国西部的梦想,并且经常借为世俗君主加冕的方式实现着他的梦想。中世纪由罗马教皇主持的加冕礼有两次最为著名,一次是800年,教皇利奥三世为法兰克国王查理加冕并称他为"罗马人皇帝";另一次是962年,教皇约翰十二世为德意志国王奥托一世加冕,同样称他为"罗马人皇帝",在历史上存在800余年的"神圣罗马帝国"即滥觞于此。联系到先前的"双剑"理论以及"君士坦丁的赠礼",不难看出教皇借加冕礼以及加冕礼上赐赠的头衔所表现出来的意图,即教皇自认为代表上帝把统治帝国西部的权力转

剑象征着最高的宗教权力,由上帝交给教皇执掌;另一支剑象征着最高的世俗权力,由上帝交给皇帝执掌,从而形成了独具特色的中世纪二元社会。奥古斯丁在《上帝之城》——对于形成西方基督教世界思想作用最大的书籍之中,把所有历史都看成是上帝之城和巴比伦或者混乱之城之间在各个时代永无休止的冲突②。其中最有名的斗争是"叙爵之争",由于这一战争的核心是争夺对教职的授予权,史称"授职权战争"(investiture controversy)。在中世纪的授职权之争中,拉韦纳的法学者们站在世俗皇帝的一边。其代表学者彼得·格拉斯(Petrus Grassus)曾发表了著名的反对教皇格列高利七世的小册子,而书中大量的引证都来自罗马法③。而教皇派也从宗教会议和教规中寻找反对皇权的法律武器。格列高利七世④于 1075 年颁布了由 27 条主张组成的《教皇敕

赠给了世俗君主,实际上是扶持世俗君主作为西罗马帝国的皇帝。教皇为世俗君主加冕,一方面是对"君权神授"理论的实践,另一方面也将世俗君主置于教会的从属地位,尤其是置于教皇之下。10—11 世纪,格里高利一世在改革天主教会的同时,对"双剑"理论进行了修改。他提出,上帝曾经把宗教权力和世俗权力都授予了教皇,尔后教皇又把世俗权力委托给了世俗统治者;但是教皇保留了对世俗权力进行规范的权力,因而如世俗君主对权力使用不当,教皇有权罢免世俗君主。格里高利不仅从理论上阐释了教皇为世俗君主加冕的做法,更重要的是对教皇权与王权的关系作出了理论说明。按照格里高利的安排,教皇权凌驾于王权之上,教会组织也应凌驾于所有世俗组织之上,教皇的统治成了上帝君临社会的见证。格里高利的新理论代表了中世纪天主教会的社会理想——在尘世建立起一元化的神权统治,实际上是建立起教皇权的一元化统治。上述种种理论在论述教皇权、教皇权与王权关系的同时,也旁及到天主教会的"君主"观念。大体说来,天主教的君主观念包含两方面的内容:一方面认为世俗君主对世俗社会的统治权来自于上帝,也就是"君权神授";另一方面又认为世俗君主个人不具有"神圣"性,实际上是把世俗君主在教会内置于普通教徒的地位。按照天主教的"君主"观念推断,既然世俗君主的权力间接来自于上帝、直接来自于教皇,那么教皇就有权废黜世俗君主;既然世俗君主是人而不是神,教皇就可以像对待普通教徒那样,对世俗君主实行宗教惩治。在中世纪教权与王权的冲突中,教皇之所以采取开除教籍、废黜王位的办法来惩治国王,正是出自于这种"君主"观念。尽管有涉及教皇权的种种理论存在,然而教皇权力的存在和发展,主要还不是出自于理论上的阐述,而是社会实践的结果。有关教皇权的理论究竟在多大程度上可以实现,将取决于其他社会力量对教皇权的容纳程度。参见刘城:《中世纪欧洲的教皇权与英国王权》,《历史研究》1998 年第 1 期。

②　奥古斯丁:《上帝之城(上卷)》第一卷第 35 章,人民出版社 2001 年版,第 47 页。

③　李中原:《罗马法在中世纪的成长》,《环球法律评论》2006 年第 3 期,第 84 页。

④　格列高利七世(Gregory Ⅶ,约 1020—1085),克吕尼改革派教皇,1073—1085 年在位,历代教皇中最杰出的人物之一。为了实现天主教会统治世界的野心,他与神圣罗马帝国皇帝亨利四世进行了毕生的斗争。

令》,宣称只有教皇才可以废黜和恢复主教而且教皇可以废黜皇帝。1078年,格列高利七世又颁布一项命令,宣称任何一个僧侣都不应接受皇帝、国王或任何世俗男女所授予的主教职位、修道院职位或教会职位,否则他们将被开除教籍,直到作出适当的苦行赎罪为止。这样便直接导致了教皇同当时的神圣罗马帝国的皇帝亨利四世①之间的冲突,并因此爆发了长期的战争。

在这场"叙爵之争",双方为了证明自身的正统性,都从历史特别是从法律上寻找合法性根据。按照教会法学家的观点,教会是作为一个社团性法律实体才被授予对于单个教会官员(教皇、主教修道院院长等)的管辖权。社团(universitas/corpus/collegium)一词来源罗马法。不过罗马法的社团法和12世纪的社团法之间有着实质性的差别。首先,教会拒绝接受罗马法上这种观点,即除了公共社团(国库、城市、教会等),只有皇帝确认的社团,才享有社团的特权和自由。而根据教会法,任何具有必要的机构的人和目的的人的集团——例如,一所救济院、一所医院、一个学生组织或者一个主教管区等——都可以构成一个社团,无须一个更高权威的特别认可。其次,教会拒绝了罗马法的另一个观念,即只有公共社团才可以创制适用其成员的法律,或者对其成员行使司法"管辖权",与之相反,教会法规定任何一个社团对他的成员均有立法和司法权威②。简单地说,教会法在"结社自由"和"社团自治"这两个方面大大超越了罗马法。

欧洲城市在11世纪和12世纪的兴起和随之而来的大学的诞生,在相当程度要归因于当时的"叙爵之争"相关联的宗教和法律意识的转型。使得城市化和大学在当时而不是在此之前,在此地而不是在他处成为可能,是新的法

---

① 亨利四世(Heinrich IV)法兰克尼亚王朝(也叫萨利安王朝)的第三位罗马人民的国王(1056—1105年在位)和神圣罗马帝国皇帝(1084年加冕)。他与教皇格列高利七世之间围绕主教叙任权展开的激烈斗争,一直是历史学家们最感兴趣的话题之一。

② 哈罗德·J.伯尔曼:《法律与革命:西方法律传统的形成》,法律出版社2008年版,第119、214页。

律观念、制度和实践。如果没有一种新的法律意识,无法想象中世纪的公社和其他种类的兄弟会、集体誓约、社团资格、特许状是如何出现的①。其他社会要不政教合一,要不王权或者教权独大,不存在与国家相抗衡的群体或个人权利,因此没有孕育和发展横亘于国家与个人之间的中介组织力量②。因此可以说,大学是在王权和教权的夹缝中生长出来的,是中世纪这个既分权又分裂社会的特有产物。

"叙爵之争"间接地刺激了伟大的博洛尼亚大学的诞生,与此同时教会法也逐渐发展起来。对教会法作出重要贡献的第一人当属格拉蒂安(Gratian,11世纪末—约1150)。1140年他在《原理》(Decretum)中将所有现存的材料都按照法理学精神分类整理。直到这时,才出现科学的教会法。从此,博洛尼亚不仅是民法教育的中心而且也成为教会法教育的中心。中世纪最伟大的教皇之一亚历山大三世③就是格拉蒂安的学生和注释家。英诺森三世④也是12世纪后期曾任教于博洛尼亚的比萨的尤谷西奥(Uguccio of Pisa)。博洛尼亚大学的出现,也是导致巴黎大学出现的重要诱因。基督教必须拥有一所专门研究教会法的大学。

(二)十字军东征的影响

基督教内部的意识形态的发展,以及世俗权力和宗教权力之间关系的变化是十字军东征的历史背景。十字军东征本身和大学起源没有直接关系,不过其起因和影响都与大学的兴起间接相关。

基督教之所以发动十字军东征,一个很重要的原因就是将西欧大陆的战

---

① 哈罗德·J.伯尔曼:《法律与革命:西方法律传统的形成》,法律出版社2008年版,第119、355—356页。

② 马长山:《国家、市民社会与法治》,商务印书馆2001年版,第124页。

③ 亚历山大三世(Alexander Ⅲ,?—1181),罗马教皇(1159—1181年在位)。

④ 英诺森三世(Innocent Ⅲ,1160—1216),罗马教皇(1198—1216年在位),他在位时,罗马教廷势力达到鼎盛阶段。

争祸水引向穆斯林异教徒①。9世纪,法兰克(查理曼)帝国瓦解,西欧封建化过程加快。各级封建主篡夺了中央政府及其官吏的权力,出现所谓"公共权力私有化"现象。封建领主之间以及封建领主和其附庸之间战争不断,民不聊生,欧洲正经历史上最黑暗时期。世俗中央政府权力衰落,维持社会和平的任务就落到了西欧基督教会的身上。

基督教号召大家停止战争,不听从教会的命令,革除教籍。教会的呼吁,得到法国封建领主们的积极响应。这样慢慢就形成一种称作为"上帝的和平(Peace of God)"运动。此运动11世纪中叶在欧洲其他地方得到推广,变成了"上帝的休战(Truce of God)"运动。12世纪一个最显著的特征是"国王的和平"(peace of the king)继承了"上帝的和平"②。亨利四世在德意志签署的停战协定(Truce of Henry Ⅳ,1103),路易斯新帝(Louis the Young)在法兰西签署的苏瓦松和平协定(Soissons Peace,1155)是"国家"历史上的里程碑事件。国王不再仅仅是战争首领,他还是王国秩序的维护者③。起初,"国王的和平"完全是个人的行为,国王去世之后,王室和平也随之而去。不过慢慢地"维护和平"成为一种传统。

基督教提出的"上帝的和平"和"上帝的休战"并没有解决引起战争的根本原因——土地问题。基督教会和罗马教皇都认识到,仅仅依靠革除教籍等威胁手段并不能遏制骑士的暴力活动。最好的方法是在驯服骑士的同时,对这一力量加以利用。1054年在纳尔旁和平集会上,主教提出"禁止基督徒之间互相杀戮,因为这会使基督流血"④。这就意味着只有反对基督的敌人,才

---

① Olaf Pedrsen.*The first Universities*:*Studium Generale and the Origns of University Education in Europe*.1997,p.96.

② [英]爱德华·甄克斯:《中世纪的法律和政治》,中国政法大学出版社2010年版,第61页。

③ [英]爱德华·甄克斯:《中世纪的法律和政治》,中国政法大学出版社2010年版,第61页。

④ Olaf Pedrsen.*The first Universities*:*Studium Generale and the Origns of University Education in Europe*.1997,p.96.

能证明骑士职业的合法性①。1060 年,教皇亚历山大二世号召骑士到基督教世界的前线去与异教徒作战。从 11 世纪中期起,克吕尼修士和罗马教皇鼓励基督教骑士援助受穆斯林威胁的西班牙北部的基督教小王国。克吕尼修士宣扬说,在反对穆斯林的战斗中牺牲的骑士将得到"永恒的祝福"。骑士的身份从教士和穷人的保护者演变为"基督的战士",再演变为解放耶稣墓地而战的"圣战者"②。所以,1095 年教皇乌尔班二世(原克吕尼修道院长)发动的十字军东征,不过是 11 世纪中期以来教会宣扬的骑士战争理论和实践的延伸而已③。

　　1095—1296 年间持续了将近 200 年的十字军东征,为东西方社会带来了巨大的灾难,然而,它客观上为西欧城市化和随后出现的大学运动创造了一个相对稳定的和平环境。可以说,如果不是伊斯兰和欧洲的接触,欧洲最多是基础教育的繁荣,而不会出现高等教育,原因就是没有高等教育所需要的文化资源。这些文化资源都源于通过十字军东征与伊斯兰文化的接触。显然,这是十字军东征的"意外后果"④。

　　科学文化中心从阿拉伯世界转移到拉丁欧洲,与基督教重新征服西班牙是同步进行的。11 世纪,后伍麦叶王朝(a1—Umawiyyun,756—1031 年,中国

---

① Olaf Pedrsen.*The first Universities*:*Studium Generale and the Origns of University Education in Europe*.1997,p.96.
② 施诚:《论中古西欧"上帝的和平"运动》,《历史研究》2001 年第 1 期。
③ 施诚:《论中古西欧"上帝的和平"运动》,《历史研究》2001 年第 1 期。
④ 有意图的社会行动会导致出乎行动者意料的后果,这是人类活动的独有特点。长期以来,许多社会科学家从不同的侧面论及了这一现象。例如,亚当·斯密认为市场通过"看不见的手"的作用,使个人的自利行为促成社会整体利益增进的非个人意图的后果。马克思指出,资产阶级财富和工人阶级贫困的双重积累导致资本主义自掘坟墓的意外后果。从涂尔干对因果分析和功能分析的区分,到韦伯对新教伦理与资本主义之亲和关系的研究、帕累托对非逻辑行为的解释,从萨姆纳对风俗形成的论述、弗洛伊德对无意识行为的强调,到结构主义对"深层结构"的寻觅和哈耶克对"自发秩序"和人为秩序的后果的讨论等等,都或多或少地涉及这个论题,以至于有人认为社会科学的"最独特的任务,就体现在对行动的意外后果的研究中"。参见刘玉能、杨维灵:《社会行动的意外后果:一个理论简史》,《浙江大学学报(人文社会科学版)》2008 年第 3 期。

史籍称"白衣大食")解体之后,基督徒的征服事业扬帆起航。1085年信仰基督教的卡尔提斯王国(Castilla)攻陷托雷多(Toledo);1071年基督教信徒罗伯特·吉斯卡尔(Robert Guiscard,1025—1085)攻占西西里(Trinacria),这为欧洲人不断增长的求知热情提供了两条通道(第三条通道:君士坦丁堡这是十字军东征时开辟的)。欧洲各地的学者云集托雷多和西西里,使之成为欧洲最主要的翻译中心。从阿拉伯传入欧洲的科学与哲学知识,在一个世纪之内便从涓涓细流汇成了汹涌的急流。欧洲迎来了科学史上的第二次大翻译运动,这是知识领域内的一次重大革命。知识的革命继而导致学术建制的变革:大学的出现①。

(三)教会学校的影响

没有革命的理论,就没有革命的实践。基督教酝酿出一种全新的教育理念,教师行会即是这种观念的载体和表现形式。

在18至19世纪发展起来并广泛传播的刻板印象:基督教严重阻碍科学文化事业的发展,而且确实使得科学文化事业陷入历经千年之久的混乱状态。② 在很多人心目中,基督教践行一种彻底的反智主义。基督教只要信仰不要理性,宁愿无知也不愿接受教育,这是对基督教极大的歪曲。如果真的是这样,中世纪最为灿烂的文明之花——大学——就不可能有机会出现。

大学之所以在西欧中世纪出现,从根本上受益于基督教对理性思维的容忍。基督教形成了一种特殊的理性形式——宗教理性。西方的理性传统早在希腊就已经生成,他们不仅为后来所有的西方思想体系和制度框架奠定基础,而且几乎提出了两千年欧洲文明研究的所有问题和答案。③ 在人类历史上,

---

① Olaf Pedrsen.*The first Universities*:*Studium Generale and the Origns of University Education in Europe*.1997,p.122;C.H.Hskins.*Renaissance of the Twelfth century Cambridge*,U.S.A,1927,p.368.

② [美]戴维·林德伯格:《西方科学的起源》,张卜天译,中国对外翻译出版公司2001年版,第156页。

③ [美]弗兰克·梯利:《西方哲学史》,贾辰阳、解本远译,光明出版社2014年版,第3页。

希腊人第一次形成了独具特色的理性自然观,这是科学精神最基本的因素。①
世界上几乎所有的民族都产生过神话,几乎都有天地万物形成,人类起源等相
同问题的神话内容。这说明世界上各个民族都曾经历过大致相同的历史阶段
和从事过大体相似的实践活动。② 许多古老的民族,或者只有神话或者宗教
式的自然观,或者对自然缺乏系统的看法。自然界通常被认为是混乱、神秘、
变化无常,在自然面前,人只能听天由命,很少有民族能够超出神话阶段。人
类早期的自然观都是带有神话甚至迷信色彩,古希腊也不例外。不过希腊的
神话和其他民族的不同,蕴含着不同的思维方式和思维结构。希腊神话和其
他神话相比有两个特点:第一,"人神同构"。奥林波斯山的诸神与人类相似,
但不是人,他们像人一样有个性、有情欲、爱斗争。不过他们和人有严格的区
别,所有人都会死,而神不会死。人神同构导致希腊有机自然观念的生成。希
腊神话第二个突出特征是它的诸神谱系。任何一个神都有其来龙去脉,在神
谱中的位置非常清楚。希腊神话这种完备的诸神体系可以被看做自然逻辑构
造的原始象征。这种完备的神谱,弘扬了秩序、规则的观念,是希腊理性精神
的来源。人神相依同构和完备的诸神谱系,反映了希腊思想的对象性和逻辑
性,这是科学理性得以产生的基本前提。怀特海曾经指出:今天所存在的科学
思想的始祖,是古雅典的伟大悲剧家埃斯库罗斯、索福克勒斯和欧里庇得斯等
人。他们认为命运是冷酷无情的,驱使着悲剧性事件不可避免地发生。希腊
悲剧中的命运演变成为科学思想中的自然秩序。③ 希腊人首次将自然视为一
个独立于人而存在的东西,而且,希腊人还认为自然有其自身规律,而且这个
规律是可以把握的。

　　基督教从其诞生之日,就面临一个问题,如何向人们和普通教民解释世界
的起源,如何证明上帝的存在。对于世界的起源,几乎所有民族都探索过这个

---

① 　吴国盛:《科学的历程(第三版)》,北京大学出版社 2002 年版,第 60—61 页。
② 　张晓:《论苗族神话的内在结构与原始思维》,《贵州文史丛刊》1987 年第 4 期。
③ 　[英]怀特海:《科学与近代世界》,商务印书馆 1959 年版,第 10 页。

问题。在这些民族中,只有希腊人运用理性思维探究宇宙。比如将整个世界归结于某种物质,比如"水"或者"气"。基督教出现之后,它宣称,世界是上帝造的。在一个具有理性传统的社会,人们自然要发问,上帝是如何来的,如何证明上帝存在,上帝是如何创造这个世界的,在上帝创造这个世界之前,这个世界是什么样子,这些都是基督教必须回答的问题。

基督教会发现,信徒特别是教士,如果不学习《圣经》和履行宗教职责所要求的古典文化,就不能胜任传经布道工作。在教会看来,吸收古典文化、特别是语法和哲学可以促进对基督教的信仰,而且,传承《圣经》和其他神学著作、推广教义和宗教仪式,都需要神职人员掌握语法和修辞知识。文盲无法胜任神职。要理解《圣经》就必须对整个语言以及词语所表达的事情本身有一个透彻的理解。① 为了实现这种目的,基督教父把在希腊文明发展起来的形式逻辑作为其有力武器。基督教和伊斯兰教对待希腊哲学的态度是不相同的,主要原因是他们的传播方式以及他们所处的历史背景不同。基督教是罗马帝国众多宗教中的一种。基督教要想从众多宗教中获得胜利,就必须依靠理性传教,这就要利用古典文明。

基督教徒所生活的地中海和爱琴海地区已经拥有人类历史上极为优秀的文明成果。这些文明遗产来自像柏拉图、亚里士多德、西塞罗、昆体良等哲学家和修辞家。如何对待古典文化,基督教世界对此有三种观点:第一种,古典文化对基督教的影响是负面的,应当予以摧毁;第二种,把古典文化视为过去的遗产保留下来,但不包括在基督教教育体系中,以免教徒信仰产生混乱;第三种,古典文化不仅应当被保存下来而且还要加以利用,使之成为基督教教育体系中的组成部分。

第三种观点代表基督教官方对待异质文化的基本态度。基督教的宗教文化和古典的世俗文化在**价值观**上绝无兼容性,这主要表现为基督教对古典文

---

① [法]爱弥尔·涂尔干:《教育思想的演进》,李康译,上海人民出版社 2003 年版,第28 页。

学和艺术的极端敌视①。那些不与基督教相冲突、符合其风格和趣味的古典文化却被恰到好处地用于基督教的建设。

根据马歇尔·克莱杰特(Marshall Clagett)的科学定义②,希腊科学可分为两个部分:一部分是工具性学科,即以数学为基础的科目,包括几何、算术、天文学和音乐,合称"四科"。这些纯理性方法的内容很快被基督教纳入基础教育。另一部分是解释自然现象为主的科学,包括自然哲学和形而上学学说,其中有些观点和基督教教义不吻合,甚至矛盾。如何把古典的世俗文化融入基督教宗教文化,如何使雅典和耶路撒冷握手协作,就成为基督教神学家千年来最重要的历史课题。理性与信仰的关系是一个贯穿于整个中世纪基督教神学的基本理论问题。可以说,基督教的历史就是理性和信仰不断调和、不断建构的过程,即一种理性化的过程。

新柏拉图主义(Neoplatoism)在调和雅典和耶路撒冷关系时起到了极为重要的作用。利用古典哲学解释基督教教义是西方学术史上一个显著特点,比如:查士丁(Justin,约100—约165)、奥利金(Origen Adamantinus,185—254)等就常常把基督教看做哲学,并借助于柏拉图主义解读教义。利用古典哲学解释基督教教义的集大成者首推拉丁教父圣奥古斯丁(St. Augustine,354—430)。他第一个明确提出"哲学"是"神学"婢女的观点,其目的就是调和希腊科学与《圣经》中的创世内容。这是对文化教育事业的打击,还是对它持有限的欢迎态度,取决于人们对这个问题的看法。

虽然有些极左的教士依然坚持信仰是拯救的基础,知识会破坏信仰、玷污灵魂。但教会官方的态度是:要管控人们,就必须塑造和控制人们的灵魂,使

---

① 亚历山大里亚女数学家、哲学家希帕蒂亚(Hypatia,约370—415)因不愿放弃希腊理性主义被狂热的基督徒撕成碎片并烧毁;塞拉皮斯(Serapis)神庙所藏的30万种希腊手稿被付之一炬,大批写在羊皮纸上的希腊著作被基督徒洗刷一净。"雅典"对"耶路撒冷"的威胁是不言而喻的:面对希腊科学和哲学,基督教如何解释上帝在7天之内的创世行为。可以想象,最初的基督教对希腊哲学和科学怀着何等的恐惧、仇视与猜忌。

② Marshall Clagett:*Greek science in Antiquity*,London. Abelard—Schuman. Inc. 1957,p.4.

其朝正确的方向发展。信仰不能否定人类的理性。问题不在于有无学问,而在于真假学问。

在古希腊罗马,教育宗旨是培养公民。① 将一定数量的专门才艺传授给孩子。这些才艺或被认为具有某种益处,有利于提高个人的审美价值,比如雅典的自由教育;或从功利主义的角度出发,被认为是生活中所必需的工具,比如罗马的实用主义教育。在这两种情况下,都是将特定的知识内容和行为模式灌输给孩子,而这些是可以从彼此不同的教师那里获取,并没有什么不便之处。

到古罗马晚期,产生了一种全新的知识观和教育观。对于地道的基督教徒而言,只有一种知识才是真正的知识:那就是为上帝服务的知识。基督教教育理念和古希腊罗马也完全不同。基督教认为:孩子们从素不相识的不同的教师那里;学习一大堆知识和技能,学业完成,走人,这是培训机构干的活,不是学校的工作。学校不是培训机构,不是宾馆。学校应该是一个共同体,它有自身的道德生活、道德环境,渗透着特定的信念与情感,而这种环境也紧密围绕在教师周围,其程度不亚于学生。在基督教看来,人类文化的精髓,不在于获取某些特殊的心智能力或者习性,而是在于心智和意志的一种趋向;在于道德上存在的某种特定习性(habitus);在于用一种特定的眼光看待一切。② 知识来源于上帝,服务于上帝。教育就是造就真正的基督教徒,教育的宗旨就是拯救灵魂。③

要实现这种教育宗旨,就必须采取一种特定的全新的教育模式,使其能产

① 古希腊罗马意义的"公民"是基于共和主义理念的,现代意义上的"公民"是基于资产阶级革命的自由主义理念。共和主义和自由主义是公民产生的两大传统。参见冯建军:《公民正义感及其超越:公民教育的双重任务》,《教育学报》2014 年第 12 期;[美]约翰·S.布鲁贝克:《教育问题史》,单中惠、王强译,山东教育出版社 2012 年版,第 3—6 页。

② [法]爱弥尔·涂尔干:《教育思想的演进》,李康译,上海人民出版社 2003 年版,第 36 页。

③ [美]布鲁贝克:《教育问题史》,单中惠译,山东教育出版社 2012 年版,第 6—7 页;赵敦华:《中西大学传统和现代大学的理念》,DOI:10.13262/j.bjsshkxy.bjshkx.2002 年版,02.016;Max Scheler.*Philosophical Perspectives*,Boston:Beacon Press,1958,p.358。

生符合该目标要求的深刻而持久的效应。这种教育模式就是聚焦式的、封闭式的教学模式。这就是最早的寄宿学校(也就是会所)的独特之处。中世纪大学从教会学校分离之日起,就是一个学者团体,其精神内核是基督教,只不过借鉴其他行会的外在形式而已。这就很好理解,为什么中世纪学人不延续"智者"个体户式的办学模式,也没继承古希腊学园模式了,而是采取社团(universitas)的形式。一般认为,学者行会是模仿借鉴其他行会的形式组建而成。教育领域的变化始终落后于社会变化,是一个普遍的社会现象。显然,学者在组建行会时,肯定会受到其他行会的启发。不过学者行会的建立,只不过在形式上借鉴了其他行会,对学者行会起决定性影响的应是修道院。其他行会的建立在精神上也同样受到教会学校的影响。中世纪大学从教会学校分离之日起,就是一个学者团体,其精神内核是基督教,只不过借鉴其他行会的外在形式而已。从某种程度上讲,教会学校就是最早的学术共同体。很难想象在中世纪,没有组织不会受基督教的影响。中世纪所有的行会,不管其外在形式如何,其精神内核都是基督教的,这是中世纪行会不同于罗马行会最显著的特点。古罗马成立一个行会,只需要目的合法,三个以上的公民即可。到了中世纪,基督教在罗马行会的基础上注入一种特别的精神——基督教精神。在基督教看来,一个没有共同信仰的团体,不过是一帮乌合之众。一旦这个团体的目标达成或者遇到困难就可能如鸟兽散。

　　古代的确有教师,但没有真正的学校。最早出现的真正学校是中世纪早期的修道院学校①。也只有出现学校之后,也就是出现学术共同体之后,才可能出现"执教资格"问题,也就是说谁有资格加入这个学术共同体。在此之前,比如在古希腊罗马,一个人能否当教师,只要市场认可就行。可能官方对教师的执教资格有些规定,不过将执教资格作为一项制度,是基督教产生之后才逐渐发展起来的。基督教产生之后,对教育极为重视。任何人当教师必须

---

　　①　[法]爱弥尔·涂尔干:《教育思想的演进》,李康译,上海人民出版社2003年版,第39页。

得到教会的同意。教会认为:保持人的忠诚,必须控制其灵魂。教师是灵魂的工程师,因此关键是掌控教师。① 所以,很早基督教就把教师视为培养教徒的事工,那就需要对教师的道德和能力进行考核,使其能承担起基督教化的使命,执教资格的观念就自然而然出现了。促使这种观念演变为一种制度,则需要相当长的时间酝酿和一定条件。

---

① [美]S.E.佛罗斯特:《西方教育的历史和哲学基础》,吴元训译,华夏出版社1987年版,第161页。

第二章　执教资格授予权博弈

　　"执教资格授予权"是一种认定审核执教申请者是否具备从事教学资质的权力。起初这种权力由大学所在城市的大教堂主教或修道院院长所垄断，彰显教会是正统教义的维护者。[①] 执教礼(inceptio)是教师行会新成员的入职仪式，标志着教师行会对从业人员的认可和控制。"执教礼"可以被视为是教师行会的执教授予权。中世纪执教资格实行双元管理机制，一个人要想成为大学教师，既要获得教会的批准，又要得到教师行会的认可。地方主教、托钵修会、罗马教廷、教师行会等利益相关者围绕"执教授予权"展开搏斗，在这一过程中，中世纪执教资格制度逐步建立和完善。

第一节　教师行会 VS 主教

一、执教资格发生的背景

　　随着西罗马帝国的衰亡，由世俗权力兴办的"公立"学校、城市学校在西

---

　　① ［美］约翰·S.布鲁贝克:《教育问题史》,单中惠、王强译,山东教育出版社 2012 年版,第 459、502 页。

欧逐渐消失①。罗马帝国的崩溃留下了一个任何蛮族或酋长都不能弥补的巨大空隙,迫切需要一个"世界宗教"来充当帝国的思想支柱。这个空隙就由被称为"新兴民族的导师和法律制定者的教会"来填补。② 基督教会在事实上承担起原本属于政府的职能,而教育就是教会最基本的职能之一。修道院在世俗学校兴起之前,在教育领域扮演中流砥柱的角色。

12 世纪初,城市学校随处可见,西欧大陆掀起了一场被称为"文艺复兴"和"教育革命"的运动③。大约 1117 年,诺让的吉贝尔④(Guibert de Nogent, 1055—1124)在一封信中曾这样描述:昔日,甚至在我的童年,教师的数量极少,小镇几乎没有他们的身影,只能在城市里遇到他们。这些老师学识非常浅薄,甚至无法和今日流浪的小教士相比⑤。我们从这段经常引用的文字,可以窥视 12—13 世纪教育领域的变革。12 世纪出现了不少质量上乘的学校。比如法国的拉昂(Laon)、兰斯(Reims)、奥尔良(Orleans)、巴黎、沙特尔(Chartres)和英伦的温彻斯特(Winchester)、伦敦、约克(York)、林肯(Lincol),至少是在哲学、文学和神学领域,成为欧洲最先进的教育机构。

巴黎的学校,很快从中脱颖而出。起初,巴黎与欧洲乃至法国其他地方的

---

① 只有罗马、拉文纳(Ravenna)、博洛尼亚、帕维亚(Pavia)等地还零星存在一些城市学校。在远离阿拉伯世界的萨勒诺(Salerno,又译萨莱诺),10 世纪存在一所医学校。它们为 11—14 世纪的文艺复兴提供了火种。

② [英]克里斯托弗·道森:《宗教与西方文化的兴起》,长川某译,四川人民出版社 1989 年版,第 18 页。

③ 关于这一时期的"文化复兴"和"教育革命",参见查尔斯·霍默·哈斯金斯:《12 世纪文艺复兴》,张澜、刘疆译,上海三联书店 2008 年版;James Bowen. *A History of Western Education Volume Two Civilization of Europe sixth to sixteenth century*, London:Methuen Co Ltd New FetterLane London EC4.1975.

④ 诺让的吉贝尔(Guibert de Nogent, 1055–1124)历史学家,神学家。他的自传 monodiae(孤独的歌,通常被称为他的回忆录),写在 1115,为我们提供了 11、12 世纪有关教育方面的很多资料。资料来源:http://en.wikipedia.org/wiki/Guibert_of_Nogent。

⑤ 雅克·韦尔热:《中世纪大学》,王晓辉译,世纪出版集团、上海人民出版社 2007 年版,第 18 页。

学校相比,并无特别之处。但自从卡佩王朝①将巴黎定为首都,巴黎学校的优势就慢慢凸显出来。这部分归功于其优越的地理位置,部分归功于政治因素。对于年轻学子而言,位于首都巴黎的学校(巴黎差不多是整个西欧的首都),显然比国内其他学校和其他邻国的学校更具有吸引力。

巴黎的繁华吸引了大量毕业生和肄业生,这些人部分以教学谋生。早在11世纪就出现一类新教师,他们脱胎于教会学校,以学费为生。他们从一个学校游荡到另一个学校,从一个城市流浪到另一个城市,自称逍遥学派,以"智者"自居,显示他们和古希腊智者的渊源关系②。

这些智者(比如,阿贝拉尔③)教学生动,思想活跃,对社会敏感问题提出独到的见解,很受社会欢迎,也因此被传统教师视为异端和眼中钉。12世纪中叶,学校的增加和教师之间的竞争,使得巴黎成为基督教世界的"教师之城"④。为了维护正常社会秩序和教学秩序,监控教育质量和思想意识形态,教会开始实施执教资格审批制度⑤。

---

① 卡佩王朝(Capetian Dynasty,987—1328)因创建者雨果·卡佩(987—996在位)的姓而得名。雨果·卡佩在路易五世去世后被选为西法兰克国王,从而开创了卡佩王朝。卡佩王朝的历代国王通过扩大和巩固王权,为法兰西民族国家奠定了基础。参见李兴业编著:《巴黎大学》,湖南教育出版社1988年版。

② David Knowles. *The Evolution of Medieval Thought*, Longman Group UK limited, 1988, pp. 78-79.

③ 阿贝拉尔(Pierre Abelard,1079-1142)法国哲学家,神学家。人称高卢的苏格拉底,一个可以和亚里士多德齐名的伟人。其重要的贡献就是创造性运用辩证法解释共相问题。他和爱洛漪丝(Heloise,1101-1164)之间的浪漫爱情,广为流传。写了《是与否》《基督教神学》《神学导论》等著作。他的教学工作对巴黎大学的兴起起到一定的作用。关于阿贝拉尔的更多的资料,参见 Will Durant. *A History of Medieval Civilization Christian, Islamic, and Judaic from Constantine to Dante: A.D.325-1300*. World Library, Inc.1994. Chapter XXXXV. 雅克·勒戈夫:《中世纪的知识分子》,张弘译,商务印书馆1996年版,第1—44页。

④ Hastings Rashdall. *The University of Europe in the Middle Ages(I)*, Oxfordew: clarendon press. 1936, p.289.

⑤ 自罗马帝国灭亡以来,法国的学校教育几乎完全集中在修道院和教堂学校。教学工作可能由一名教士兼任,也可能是从外面雇佣一名流浪学者。在一个教堂一般只拥有不超过一位教师的年代,是不会出现执教资格的。执教资格认定是在一个教育事业比较发达,从教人数比较多的情况下,才可能出现。

二、主教 VS.教师行会

教育大发展,客观上要求有专门的教育行政官员,教育管理工作开始职业化和专门化。自 11、12 世纪开始,巴黎教会学校的管理工作更多的是由一名叫学校督察员(ecciesiastical school—inspectors, *scholastici*)的教师专门负责。大概在 1125—1150 年,学校督察员的工作被执事长(chancellor)所取代。执事长从巴黎圣母院的教士中选举产生,其最主要职责就是任命教师、管理学校。换句话,执事长开始拥有执教资格授予权(简称:执教授予权),谁想开办学校或谋取教职必须得到他的许可。

中世纪何时开始实施执教资格,不是很清楚。可能在阿贝拉尔时代或者亚历山大三世(Alexander Ⅲ,1159—1181)之前就已开始。按照习俗,一个人要成为教师,首先必须在某个权威教师指导下,度过一段足够长的学徒生涯(一般是 7 年,不同行业学徒时间不同)。没有导师的认可和批准,任何人都不可以当教师。在中世纪,可能不晚于 12 世纪,一个人要成为教师,不仅要导师同意,还要得到教会的批准。在巴黎要得到执事长的许可。

据考查,早在 1139、1169 年巴黎执事长的执教授予权就得到教皇亚历山大三世的正式认可[1]。从那时起,执事长垄断了执教授予权[2]。垄断导致腐败,绝对的权力导致绝对的腐败。学者在申请执教资格时,必须向执事长缴纳一笔税费(precium)。中世纪神职人员的所有服务都是收费的。从浸礼、忏悔

① Hastings Rashdall.*The University of Europe in the Middle Ages*(Ⅰ).Oxfordew:clarendon press,1936,p.281;Alan E.Bernstein."Magisterium and License:Corporate autonomy agaist Papal authority in the medieval university of Paris".*Viator*,1978(9),p.292.

② 当然不是所有的教育事业都归主教的管辖,有些修道院从罗马教廷获得特权,并不受当地主教的司法管辖,比如位于巴黎的圣热内维耶夫(Sainte-Geneviève)就是一个例外。就是这个例外,为大学诞生起到不少推动作用。Astrikl Gabriel.*Studies in the History of the Mediaval University*.the mediaeval institute university of Noter Dame,Indiana.1969,p.51;Hastings Rashdall.*The University of Europe in the Middle Ages*(Ⅰ).Oxfordew:the clarendon press.1936,p.281;Alan E. Bernstein."Magisterium and License:Corporate autonomy agaist Papal authority in the medieval university of Paris".*Viator*,1978(9),p.292.

礼、婚礼、葬礼等都要收取数额不等的税费,以至于圣·伯纳德(St.Bernard)说,教会中没有不敲诈教徒金钱的教士①。执事长以权谋私的行径,构成教会法的买卖圣职罪(simonia)。教会一直主张,知识是上帝的礼物,不可用来牟利。利用知识谋取钱财,将会导致穷人无法接受上帝的恩惠,从而阻碍基督教的进步②。1138 年伦敦宗教会议明确禁止买卖执教资格③。1179 年的第三次拉特兰会议(the Third Council of Lateran)关于执教资格的教令(decretum)得到细化。教令中第18 条对教育原则、教师薪俸、执教资格等事项都作出较为明确的规定④:

> 皆因神之教会如慈母般尽责照顾身体与灵魂之需要,故此,每处主教座堂均应向教师(magister)提供充盈的教会俸享(beneficium)一份。此教师既应培养本座堂之教士,也应无偿教授贫穷之士,以免那些其父母不能提供资助的贫穷之士被剥夺求学与上进之机会。由此,教师之需得偿,求知之路得畅。余之教堂以及修道院若已有此俸享之先例,均应恢复。严禁任何人再续弊习,以颁发执教资格(licentia docendi)为由向教师收取任何钱物,抑或拒绝合格教师获取资格之请求。任何违反此法令者,必将失去其教会俸禄。凡出卖执教资格以满足贪恋之人,切勿使其在神之教会中享有收益,唯此乃正当之举措。

尽管罗马教廷一再强调“教学无偿”原则,不断颁发相关法令打击买卖执教资格的贪腐行径,但教育领域的收费乱象屡禁不绝。地方教会收取税费的

---

① 何炳松:《中古欧洲史》,岳麓书社 2013 年版,第 156 页。

② Stephen C. Ferruolo. *The Origins of the University:the Schools of Paris and Their Critics, 1100-1215.*Stanford University Press,1985,p.292.

③ Gordon Leff.*Paxis and Oxford universities in the thirteenth and fourteenth centuries An institutional and intellectual history.*New York:Robert E.Krieger Publishing Company,1975,p.20.

④ Helene wieruszowski.*The Medieval University:Masters,Student,Learning.*Princeton:Van Nostrand Press,1966,pp.136-137.此处“引文”采纳张弢博士的译文(稍做修改)。参见张弢:《欧洲中世纪执教资格的产生与演进》,《世界历史》2013 年第 9 期。

理由:学者申请执教资格,其目的乃招生收费,是一种商业行为,因此可以向他们征收税费。事实也是如此,尽管学者对执事长的敲诈勒索心存怨气,不过他们最关心的是早些拿到执教资格证,早些开张授徒。因此学者和执事长的矛盾并不在收费问题。

在1212年之前,没有资料表明,巴黎教师质疑执事长执教授予权的合法性和权威性。他们之间的关系不像人们通常想象的那么紧张。必须清楚一个事实,巴黎主教和执事长绝大多数都有巴黎学习或教学经历,他们依然和巴黎教师保持良好的关系①。这种校友和前同事关系,的确有助于教师行会的孕育和成长。当其他教区限制私人学校的发展,巴黎的教育官员则支持鼓励学校教育。比如,主教莫里斯·许里(Maurice de Sully)②允许教师在巴黎任何一个地方教学,而不仅仅局限在巴黎圣母院附近③。就是这看似不起眼的政策,却极大促进了巴黎教育的发展。只有教师和学生脱离大教堂,大学才有诞生和发展的可能。

执事长如果说和巴黎的教师们关系不错,其主要原因是巴黎教师还没有成为一个行会组织,还没有自我意识。教师行会的体制化是和反对执事长的殖民统治联系在一起。

1208年,教师们匿名选举了8个代表,并授权他们制定一套章程。章程的主要内容:在教学时,教师必须身穿"黑色圆斗篷,当衣服尚新时,至少要长及脚跟";必须遵从"课堂与辩论期间的习惯秩序";所有人员都要"参加教师

---

① 斯宾塞·E.杨(Spencer E.Young)为我们提供了一份1215—1250年巴黎大学神学家的资料。巴黎主教和执事长很多都是巴黎大学的校友,其中不少都拥有神学学位。Spencer E. Young.*Queen of the Faculties Theology and Theologian at the University of Paris*, *c. 1215 - 1250*. University of Wisconsin-madison 2009,pp.222-241.

② 莫里斯·许里(Maurice de Sully, c.1120-1196),巴黎大主教(1160—1196)。巴黎圣母院大教堂(Cathédrale Notre Dame de Paris)就是在他推动下建立的,也正是这个大教堂孕育了中世纪大学。

③ Stephen C. Ferruolo. *The Origins of the University*:*the Schools of Paris and Their Critics*, *1100-1215*.Stanford University Press,1985,p.296.

的葬礼"①。一个名叫 G 的教师拒绝发誓遵守上述章程内容,按照规定,他被开除了。

1208 年在教师行会史上具有十分重要意义。就是这一年,教师开始有了自己的正式组织,更为重要的是这个组织的独立自主意识被唤醒。教师行会开始在选拔和遴选行会成员时要求拥有话语权和话事权。执事长在认定执教资格时,应和教师行会协商并要得到教师行会的认可②。尽管,招募成员和管理成员是行会组织最古老的特权之一,但教师行会的要求却遭到主教和执事长的反对。他们将这一要求视为对其权力的觊觎。教师行会采取"非暴力不合作"的方式予以反击:拒绝接纳那些未经教师行会同意就获得执教资格的人,不参加他们的"执教礼",不把他们当做同事看待,通过各种途径架空他们的学术权力和其他权利③。

执事长一直将巴黎的教师当做其下属,将教师的私人学校视为教会附属学校或者下属机构。教师行会的"非暴力不合作"运动,在执事长眼中就是造反。执事长要求教师行会接纳那些拥有执教资格的老师,抵制者将被吊销执教资格证并开除教籍。这遭到巴黎教师的集体抵制。执事长宣布教师行会为对抗主教的非法组织,吊销整个教师行会的执教资格并开除所有教师的教籍④。

1210—1212 年,教师行会的代理人向教皇法庭(Papal Chancery)提交了

---

① Hastings Rashdall. *The University of Europe in the Middle Ages*. Oxfordew: clarendon press. 1936, p.300; Kibre, Pearl. *Scholarly privileges in the Middle Ages: the Rights, Privileges, and Immunities of Scholars and Universities at Bologna, Padua, Paris, and Oxford*. Cambridge Mass.: Mediaeval Academy of America, 1962, pp.89–90.

② Gaines Post. "Parisian Masters as Corporation, 1200–1246". *Speculum*, 1934, Vol.9. No.4, pp. 421–445. Gordon Leff. *Paxis and Oxford universities in the thirteenth and fourteenth centuries An institutional and intellectual history*. New York: Robert E.Krieger Publishing Company, 1975, pp.22–27.

③ Alan E.Bernstein. "Magisterium and License: Corporate autonomy agaist Papal authority in the medieval university of Paris". *Viator*, 1978(9), p.297.

④ Gaines Post. "Parisian Masters as Corporation, 1200–1246". *Speculum*, Vol.9. No.4. 1934, pp. 421–445.

请愿书,其主要内容是对巴黎执事长(Jean de Candellis)的控诉:违背教皇教令,在授予执教资格时敲诈勒索;强迫申请人对其发誓效忠;随意将对其不服从的人投进监狱①。英诺森三世(Innocent Ⅲ,1198—1216年在位)对执事长的行径极为不满。在一封信里,他这样表达自己愤怒的情绪:"我在巴黎学习的时候,从来没有学者被如此粗鲁的对待。"②教皇法庭以请愿书为基础草拟了一份诏书,该诏书被带回巴黎。在教皇的强大压力之下,巴黎主教必须出面解决这个棘手问题。在特鲁瓦主教的主持调停下,巴黎教师和执事长各自选出3个仲裁人(arbitrators)成立一个调停小组,处理双方的纠纷③。直到1213年8月,巴黎主教才宣布"一个经过精心讨论才出台的解决问题的方案"④:

> 执事长不再要求申请人宣誓效忠或其他强加到申请人的义务;执事长只有在教师和学生犯罪证据明显的前提下,才可以实施禁闭的惩罚,而且要尽快释放学者;在处理学者斗殴事件,执事长不能对当事人罚款,即使斗殴的一方是执事长本人,也不能对当事人罚款。关于执教授予权的规定:巴黎的教师们拥有考核推荐权。申请人只要被神学院、法学院(巴黎大学罗马法在1219年被禁止)或医学院大多数教师认可,执事长就必须授予其执教资格;艺学院的学生需要通过考试获得执教资格。考务工作由考试委员会负责组织实施。考委会由6名艺学院教师组成,其中3位教师由教师行会抽签决定,另外的3位教师由执事长指定。考生只要获得考委会成员微弱多数选

---

① Gaines Post. "Parisian Masters as Corporation, 1200-1246". *Speculum*, Vol. 9, No. 4, 1934, p.435.

② Stephen C. Ferruolo. *The Origins of the University: the Schools of Paris and Their Critics, 1100-1215*. Stanford University Press, 1985, p.298.

③ Gaines Post. "Parisian Masters as Corporation, 1200-1246". *Speculum*, Vol. 9, No. 4, 1934, p.435.

④ Stephen C. Ferruolo. *The Origins of the University: the Schools of Paris and Their Critics, 1100-1215*. Stanford University Press, 1985, p.298.

票,就可获得执教资格。考试委员会成员每 6 个月更换一次。考核通过的学者,如执事长滥用职权(如刁难申请人),可径直向主教申请执教资格证。

上述方案 1213 年 8 月得到了教皇的批准,并在同年 11 月公布于世①。教师行会在这次斗争中取得初步胜利,主要成果:执事长执教授予权的垄断地位被打破,教师行会获得了执教资格的考核推荐权。教师行会之所以取得胜利,主要原因如下。

1. 执教授予权就其本质而言是一种学术权力,而且是一种很关键的学术权力。尽管执事长在传统上拥有举办、管理教育的权力。但随着教师行会的出现,作为一种新兴力量,代表新的教育发展方向。伴随教师职业化、专业化进程的发展,教师行会自我认知水平的提升和学术权力意识的增强,要求在执教资格认定中拥有话语权,势在必行。谁有资格当教师,最有话语权的无疑是教师社团。也只有教师群体才有能力决定谁能获得执教资格,谁能够有资格成为他们的同事。自主招募成员是教师行会不可让渡的最为关键的学术权力。教师行会和执事长之间的权力之争,是学术权力和行政权力的博弈。教师行会拥有执教授予权符合学术逻辑、顺应历史潮流。

2. 教师行会的胜利也和当时社会大背景相关。12—16 世纪被称为"行会世纪"。行会组织拥有很大自治权,自主招募行会成员是行会的特权。一个人是否有能力做老师,最有资格评价的就是教师群体,这本是学者行会的"家务事",不容置喙。这种自治观念在当时被广泛接受。

3. 教皇在其中所起的作用同样不可忽视。教皇支持教师行会有其自身利

---

① Gordon Leff.*Paxis and Oxford universities in the thirteenth and fourteenth centuries An institutional and intellectual history*. New York: Robert E. Krieger Publishing Company, 1975, p.25. Alan E. Bernstein. "Magisterium and License: Corporate autonomy agaist Papal authority in the medieval university of Paris". *Viator*, 1978(9), p.297.

益的考量。他在拉拢教师行会的同时孤立了王权,而且也趁机削弱了巴黎主教的权力。教皇不想让远离罗马的巴黎主教独揽执教授予权。教皇之所以支持巴黎大学还有一个原因就是扶持巴黎大学与意大利的博洛尼亚大学抗衡。通过赋予教师行会的"考核推荐权",较好实现了教皇对地方封建势力限制的意图。

教师行会"考核推荐权"的出现具有重要的意义,这不仅意味着教师行会的专业性权威逐步赢得社会的认可,而且也表明人们开始朦胧意识到学术权力和行政权力是两种不同性质的权力。权力之争有时候是权力之间的界限模糊所导致。对于教师行会和教会的关系,下面一句话说得很形象:教师掌控打开知识大门的钥匙,分配钥匙的权力却在教皇手里①。

第二节　托钵修会 VS 教师行会

中世纪是一个二元社会,在教育领域体现为世俗教师和修士教师之间的矛盾和斗争。巴黎大学和执事长围绕执教资格的斗争刚告一段落,马上就投入另一场战争,那就是和托钵修会的战争。他们之间的矛盾也是围绕执教资格展开的。

一、托钵修会及其教育理念

在 12 世纪末至 13 世纪初期,当时法国南部以图卢兹为中心流行着阿尔比教派(Albigenser),又称"卡塔尔派"和"纯洁派"。卡塔尔派的基本教义:在这个世界上,有两个神,一个是上帝创造的"光明之神",另一个是撒旦创造的"黑暗之神"。基督教会的使命就是将人的灵魂从黑暗之神中解放出来。要

---

① Astrikl Gabriel.*Studies in the History of the Mediaval University*.the mediaeval institute university of Noter Dame,Indiana.1969,p.53.

做到这点,教会必须放弃世俗的权利和财富,洁身自好①。随着城市化的兴起,教会的腐败更加严重。托钵修会就是在此背景下产生的。起初的隐修士以努西亚的圣本笃(St.Benedict of Nursia,约480—543)为代表,都选择远离尘嚣之地建立隐修院。托钵修会与此不同,他们把城市作为活动中心。城市不仅是商品的集散地,也是思想最为活跃的地方,同时也是新思想(包括异端)的发祥地。托钵修士的目标不仅是为了拯救自己灵魂,而且要用教学和布道拯救整个世界,因此他们也被视为罗马教廷的思想骑士②。托钵修会以教学和布道闻名于世,并且在这一点成为耶稣会(Jesuits)的先导③。

第一个托钵修会是方济各会(the Franciscans),其创始者是法兰西斯。他本是富家子弟,在一场大病之后,幡然醒悟,决心补赎以前的罪孽。他严格遵守上帝的嘱托,不带钱袋、赤脚四处传经布道传道,将那些误入歧途的羔羊重新拉回上帝的怀抱。因为这类修士远离金钱,过着极端禁欲的生活,将乞讨作为一种修行方式,因此被称为托钵僧,这类团体就被称为托钵修会④。

托钵修会之所以能得到罗马教廷的垂青,这和当时局势有关。此时罗马教廷正在军事上打击"纯洁派"这个异端。纯洁派之所以能在图卢兹广为流行,一个很重要的原因就是他们提倡过一种禁欲生活,以此表达对当时教会腐败的不满。要从根本上打击以"纯洁派"为代表的异端,罗马教廷就必须占据道德高地。因此特别需要一批对教皇忠诚不二,在道德、行为和思想学识都超

---

①　王亚平:《修道院的变迁》,东方出版社1998年版,第129—130页。

②　[德]弗里德里希·保尔生:《德国大学与大学学习》,张弛等译,人民教育出版社2009年版,第13页。

③　关于耶稣会的内容,参见爱弥尔·涂尔干:《教育思想的演进》,李康译,上海人民出版社2003年版。

④　《马太福音》第十章及《路加福音》第十章。托钵修会的修行方式对后代产生极其深远的影响。这里谨举两例以资参考。诺贝尔和平奖获得者特蕾莎修女就是当时托钵修会的真实写照。特蕾莎修女曾经这样说:如果这个世界上还有人光脚,我怎能忍心穿鞋?! 爱因斯坦也曾说过:我为过多的占有同胞的劳动成果而时时感到羞愧。

过异端的新一代基督徒和传教士。托钵修会应运而生,正好满足罗马教廷的政治需要。因此,托钵修会被罗马教廷视为其嫡系部队。这是为什么,在下面的斗争中,教皇支持修会教师的主要原因。

大学刚刚出现不久,托钵修士就尾随而来。在教皇诺留斯三世(Honorius Ⅲ)的支持下,多明我会和方济各会早在1217、1220年就在巴黎建立分会①。这些分会不久就成为欧洲最著名的神学教育机构②。中世纪多数知名学者都来自这两派,比如:亚伯特·马格努(Albertus Magnus,1193-1280,德国哲学家)、托马斯·阿奎那(Thomas Aquinas 1225?-1274,意大利神学家)和艾克哈特(Eckhart,1260?-1327,德国哲学家)等都是多明我会会员;波纳文图拉(Bonaventura,1221-1274,意大利神学家)、邓斯·斯科特斯(Duns Scotus,1265?-1308,英格兰哲学家)、罗杰·培根(Roger Bacon,1214-1296,英国哲学家),威廉·奥克姆(William of Occam,1285?-1349?英国哲学家)均是方济各会的会员。

多明我会成立的主要目的就是要同异端学说做斗争,宣扬正统教义。从其成立之日起,它就热衷学术研究。它最早的章程规定:每一所修道院都应该有自己的教师,并要求这些教师必须拥有四年神学学习的经历③。此条法令

① Gordon Leff.*Paxis and Oxford universities in the thirteenth and fourteenth centuries An institutional and intellectual history*.New York:Robert E.Krieger Publishing Company,1975,p.36;Peter R.Mckeon."The Status of The University of Paris as Parens Scientiarum:An Episode in the Development of Its Autmy".*Speculum*.Vol.39,No.4(Oct.,1964),p.654.

② 多名我会(the Dominicans):1215年由圣多明我创立。1217年多明我将分别位于巴黎大学和博洛尼亚大学的附近的房产奉献出来创办神学院。方济各会(the Franciscans):13世纪由圣方济各创立,当时该会会员遍及欧洲各地。1220年,设在巴黎和牛津等大学城的修士住所被改造为神学院。Peter R.Mckeon."The Status of The University of Paris as Parens Scientiarum:An Episode in the Development of Its Autmy".*Speculum*.Vol.39,No.4(Oct.1964),p.654.[法]爱弥尔·涂尔干:《教育思想的演进》,李康译,上海人民出版社2003年版,第140页。

③ Pedersen,Olaf,*The First Universities:Studium genetale and the origins of university education in Europe*.Cambridge:Cambridge University Press,1997,p.175;Hilde de Ridder-Symoens.*A History of the University in Europe.vol.I,Universities in the Middle Ages*.Cambridge:Cambridge University Press,1992,pp.414-415.

把每一个修道院都变成一所神学院。在修道院学校之外,他们还设立教区学校。最为重要的是他们拥有自己"大学馆"(studium generale),辖区内最聪明最有资质的修士将被选派到托钵修会自己的"大学馆"学习神学。这样,多明我会建立一个包括教区学校、修道院学校和大学馆的教育系统。方济各会起初对教育并不热衷,认为学问和名利地位一样,都是浮华虚荣。但这种反智主义没有持续多久,方济各会也开始逐渐建立自己的学校体系。修会学校的教学内容是"七艺"和"神学","七艺"是作为"神学"仆人存在①。修士只能在修会学校学习文学和哲学,不过学习神学他们有选择的权力,可以在修士的"大学馆"学习,也可以到巴黎、牛津等大学学习。修会学校起初只对自己的修会成员开放,他的老师和学生都是修士,后来也对世俗人士开放②。这是大学和修会产生矛盾的关键之处。修士教师破坏了一个传统:即上帝的事情归上帝,凯撒的事情归凯撒。中世纪在《沃尔姆斯条约》之后正式出现两类教育:世俗教育和神学教育。以巴黎大学为代表世俗教师从事世俗教育,以修士为代表的从事神学教育。

基于和神学教师相同的宗教性格和使命,托钵修会一来到巴黎,就很自然要和巴黎神学部的教师取得联系。在英诺森三世的引荐下,多明我会得到了巴黎神学教师巴拉斯特(John of Barastre)的支持。在他的帮助下,多明我会

---

① 最早自由之艺(liberal arts,拉丁文 artes liberales)是拉丁时代形成的说法,指自由民应接受的基本教育,先是有三艺(Trivium)即语法、修辞和逻辑,后又有四艺(Quadrivium)即算术、几何、音乐、天文,合称七艺(seven liberal arts)。"七艺"在古希腊就初具雏形。在柏拉图的《理想国》的第 2 篇、第 3 篇和第 7 篇以及亚里士多德的《政治学》的第 7 篇、第 8 篇都描述了一种基本的教育,它包括初步的文法、文学、音乐和算术的基本训练,并为数学,最终为哲学王的培养服务。在中世纪,奥古斯丁将其加以改造成研习神学的基础。到 12—13 世纪,中世纪大学的出现,神学,已经与法学医学一样和跟实用的目的联系在一起。Hilde de Ridder-Symoens.*A History of the University in Europe.vol.I,Universities in the Middle Ages.*Cambridge:Cambridge University Press,1992,pp.307-308.

② Hilde de Ridder-Symoens.*A History of the University in Europe.vol.I,Universities in the Middle Ages.*Cambridge:Cambridge University Press,1992,p.218.414-416;Ian P.Wei.*Intellectual Culture in Medieval Paris:Theologians and the University c.1100-1300.*Cambridge University Press.2012,p.115.

在圣雅克(rue St-Jacque)弄到一个安身之所。它成为多明我会在巴黎的第一所学校,巴拉斯特在此学校给托钵修会开设讲座①②,此举得到了教皇诺留斯三世(Honorius Ⅲ)的赞赏③。方济各会介入大学生活没有多明我会快,不久,它也参与到大学神学教育中来,而且,得到了菲利普(Philip)和奥弗尼(William of Auvergne)两任执事长的支持④。

刚刚提到,托钵修会有自己的学校和教育体系,那它们为什么还要到巴黎研究和学习?首先要清楚的是,修士来巴黎大学是研习神学的。对托钵修会而言,到巴黎大学学习神学是手段,其真正的目的是传播福音,发展信徒。巴黎大学是他们招募会员的重要目标。在修士眼里,巴黎大学的世俗教师就是异端。学费问题或者说劳动问题是世俗教师和修士教师矛盾的症结。世俗教师认为,一个人应该以自己的劳动养家糊口,学费就是教师劳动的报酬。而托钵修会则认为,知识是上帝的礼物,不可买卖。

早在古希腊罗马,就有一种观念,凡是用来牟利的行为都不能称之为教育⑤。知识是美德,这是苏格拉底很有名的观点。所以,在当时,那些收取学费的教师被称为"智者",他们被誉为智慧的娼妓⑥。到中世纪,知识被神化为

---

① M.Michele Mulchahey,"*First the Bow is Bent in Study*":*Dominican Education Before 1350*. Toronto.1998,p.27.

② Peter R.Mckeon."The Status of The University of Paris as Parens Scientiarum:An Episode in the Development of Its Autormy".*Speculum*.Vol.39,No.4(Oct.,1964),p.654.Ian P.Wei.Intellectual Culture in Medieval Paris:Theologians and the University c.1100-1300[M].Cambridge University Press. 2012,p.115.

③ Peter R.Mckeon."The Status of The University of Paris as Parens Scientiarum:An Episode in the Development of Its Autormy".*Speculum*.Vol.39,No.4(Oct.,1964),p.654.

[法]雅克·勒戈夫:《中世纪的知识分子》,张弘译,商务印书馆1996年版,第89页。

④ Bert Roest.*A History of Franciscan Education C.1210-1517*.Leiden,2000,p.13.

⑤ [英]弗里曼·K.J.:《希腊的学校》,朱镜人译,山东教育出版社2009年版,第31页。

⑥ "智者"是一个甚至在希腊文中都模糊不清的词,完全不能翻译任何一种欧洲现代语言的一个词。在当时和后来,智者受到了大量的批评和辱骂。其中无疑一些是对的,但是,当我们想到苏格拉底被他的许多同时代的人认为也属于这一类人,修昔底德和欧里庇德也是这些新教师的早期弟子,以及最伟大的历史教育家之一的伊索克拉底也是个杰出的(par excellence)智者,我们也许对他们的做出一个笼统的评价会迟疑不决。

上帝的礼物,不可用来牟利。"所有知识归根到底来自上帝,为了上帝。"①在修士教师看来,大学教师就是古代智者的化身。因为托钵修会的教师在教学中并不收费,还可以向贫穷的学生提供资助,而且托钵修会的教师普遍学识高深,观点新颖,教学热情高涨,因而成功地吸引了大量学者进入修会学校②。一旦巴黎教师社团意识到,托钵修会可能就是传说中的特洛伊木马"Greek gift"。③ 他们的关系很快就冷却下来。托钵修士极端禁欲的宗教文化和巴黎教师的世俗文化之间的冲突不可避免。

二、托钵修会 VS.教师行会

事实上,大学和修士的矛盾始于 1229—1231 年的大撤退(Great disper-sion)④。1229 年,巴黎大学几个学生在喝酒时和老板争吵起来。在中世纪,学者和市民之间这样的纠纷,司空见惯。不过这次纠纷发展到后来成为一系列悲剧的开始,许多无辜的学生被暴民和士兵杀死。巴黎大学罢课抗议⑤。

---

① 赵敦华:《中西大学传统和现代大学的理念》,DOI:10.13262/j.bjsshkxy.bjshkx.2002.02.016;Max Scheler, *Philosophical Perspectives*, Beacon Press, Boston, 1958, p.358.

② [法]雅克·勒戈夫:《中世纪的知识分子》,张弘译,商务印书馆 1996 年版,第 92 页。

③ 希腊联军围困特洛伊久攻不下,于是假装撤退,留下一具巨大的中空木马。特洛伊守军不知是计,把木马运进城中作为战利品。夜深人静之际,木马腹中躲藏的希腊士兵打开城门,特洛伊沦陷。后人常用"特洛伊木马"这一典故,用来比喻在敌方营垒里埋下伏兵里应外合的活动。特洛伊木马也是著名电脑木马程序的名字。另有特洛伊木马"Greek gift"一词意为"害人的礼物",就来源于这场著名的"特洛伊战争"。

④ Pedersen, Olaf, *The First Universities: Studium genetale and the origins of university education in Europe. Cambridge: Cambridge University Press*, 1997, p.172. Ian P.Wei.*Intellectual Culture in Medieval Paris: Theologians and the University c.1100−1300.* Cambridge University Press.2012, pp.101−102. Hastings Rashdall.*The University of Europe in the Middle Ages.* Vol.1.Oxfordew: at the clarendon press.1936, pp.334−338.

⑤ 中世纪大学最有效的权利之一是罢教权,就是中止上课,进行罢工。大学的罢教权在 1231 年得到教皇格里高利四世(Gregory Ⅸ)的正式肯定:"如果你们受到某种不公正的待遇,除非对方在 15 天之内,给你们一个满意的答复,你们可以停止上课直到问题满意解决;如果你们当中的任何人受到非法逮捕,除非因接受你们的警告而停止对你们的迫害,你们可以立刻中止授课,如果你们断定他们是出于私利的话"。罢教权在巴黎一直适用到 1499 年举行的最后一次罢教为止。参见 E.P.克伯雷:《外国教育史料》,华中师范大学出版社 1991 年版,第 179 页。罢课在

当罢课没有效果,巴黎大学宣布将大学解散 6 年①。事实上,这次罢课只持续了两年。

在大学解散期间,托钵修士不仅没有和大学共进退,而是乘机扩张势力范围,许多学生被修士招募旗下。修士的第一份执教资格证也是在这段混乱期间获得。巴黎主教威廉·奥弗涅(William of Auvergne)越过执事长直接授予多明我会修士罗兰·格雷蒙那(Roland of Cremona)执教资格证。格雷蒙那(在教皇的支持下)也因此获得巴黎大学第一个神学教席②。罗兰·格雷蒙那的执教礼(inceptio)是在世俗教师圣吉尔斯(John of St.Giles)主持下进行的。不过很难说,罗兰·格雷蒙那的教师身份得到巴黎教师行会的承认,因为此时巴黎大学的多数教师四处散开③。可能圣吉尔斯本人也觉得在巴黎大学最危难的时候,为修士举行执教礼很不妥当,于是在 1230 年的一场布道活动中加入多明我会④。第二年,亚历山大·黑尔斯(Alexander of Hales)也皈依方济各会。方济各会是通过策反的方式,获得巴黎大学第一个神学教席⑤。到 1231

今年看来即使不是一种违法行为,也是一种不得不的行为。在中世纪罢课是一种很普遍的行为。只要大学受到一点点委屈,就可求助罢课。由于,在巴黎广泛布满巴黎大学的校友,这些校友因为在学校就已经发誓忠诚大学,因此,只要大学宣布罢课,不仅大学停止上课,而且教会的,世俗政府的工作人员都要参与罢课,这样就意味整个巴黎陷入困境。

① Spencer E.Young.*Queen of the Faculties Theology and Theologian at the University of Paris*,*c. 1215-1250*.University of Wisconsin-madison 2009,p.81.

② Hilde de Ridder-Symoens,*A History of the University in Europe.vol.I*,*Universities in the Middle Ages*.Cambridge:Cambridge University Press, 1992, p.416; Peter R. Mckeon. "The Status of The University of Paris as Parens Scientiarum:An Episode in the Development of Its Aut my".*Speculum*.Vol. 39,No.4(Oct.,1964),p.654.

③ Hastings Rashdall.*The University of Europe in the Middle Ages*(*1*).Oxfordew:clarendon Press. 1936,p.373; Alan E."Bernstein:Magisterium and License:Corporate autonomy agaist Papal authority in the medieval university of Paris".*Viator*,1978(9),p.301.

④ Hilde de Ridder-Symoens,*A History of the University in Europe.vol.I*,*Universities in the Middle Ages*.Cambridge:Cambridge University Press,1992,p.416.

⑤ Alan E.Bernstein:"Magisterium and License:Corporate autonomy agaist Papal authority in the medieval university of Paris".*Viator*,1978(9),p.301.Ian P.Wei.*Intellectual Culture in Medieval Paris: Theologians and the University c.1100-1300*.Cambridge University Press.2012,p.115.

年,巴黎大学的 12 个神学教席中,3 个由托钵修会把持。也就是这 3 个神学教席成为托钵修会和大学此后发生一连串斗争的根源。托钵修会这种类似的不当行为,在巴黎大学大撤退之后的 20 年一直都存在。可以想象,修士教师和世俗教师在行政官员选举、大学集会、教学及学位授予等方面摩擦不断。不过没有证据显示,在 1253 年之前,巴黎世俗教师采取了任何正式的行动反对修会教师。

随着更多的修士在巴黎讲学,主教也开始履行其管理教学的职责。巴黎主教艾默里克·维雷(Aimeric of Veire)要求所有的人包括修士,在教学之前必须获得其颁发的执教资格,否则就是非法教学。巴黎主教希望借此限制或者排挤修士。这里我们要注意,巴黎主教和托钵修会尽管都属于教会人士,但他们分别属于不同的系统。托钵修会到巴黎布道,就政治而言,侵蚀了主教布道的管辖权,就经济而言,减少了主教的收入。不过托钵修会的布道得到了教皇的特许,巴黎主教只好将怨恨隐含在心。直到 1250 年,这两个托钵修会都没有意愿到主教申请神学执教资格。其原因很有可能,他们有自己的执教资格标准。当然执事长也不会主动颁发执教资格给他们①。1250 年 5 月 30 日,教皇英诺森四世要求执事长不管修士是否向其申请,都应该授予修士执教资格,只要这个修士符合从教的资质②。英诺森三世在他的《对话录》中这样表述:每一个有才智的人都应该教学,因为通过教学,可以把那些背离真理或道德的人引回正道。也就是说教师是上帝的引路人③。

我们知道,到 1250 年为止,巴黎教师行会通过入学宣誓从而控制学生,进

① Gordon Leff.*Paxis and Oxford universities in the thirteenth and fourteenth centuries An institutional and intellectual history*.New York:Robert E.Krieger Publishing Company,1975,p.39.

② Gordon Leff.*Paxis and Oxford universities in the thirteenth and fourteenth centuries An institutional and intellectual history*.New York:Robert E.Krieger Publishing Company,1975,p.39;Hastings Rashdall.*The University of Europe in the Middle Ages(I)*.Oxfordew:clarendon press.1936,p.376;Peter R.Mckeon."The Status of The University of Paris as Parens Scientiarum:An Episode in the Development of ItsAutomy".*Speculum*.Vol.39,No.4(Oct.1964),p.655.

③ 杜威:《我的教育信条》;《西方现代教育论著选》,王承绪、赵祥麟译,人民教育出版社 2003 年版,第 5、15 页。

而控制了所有学院的执教授予权。一个人要当神学教师,必须得到教师行会的推荐。不过当修士出现,特别是教皇英诺森四世要求执事长给予修士执教权,这就预示巴黎世俗教师即将失去对神学院执教资格的垄断。这就预示着世俗教师和修士教师的斗争不可避免。巴黎大学随即对英诺森三世的决定作出回应。1252年教师行会通过一项决议,其矛头直指修士教师。决议的主要内容①如下:

> 执教资格申请人必须是巴黎大学某个学院的学生,也就是说,某个修士想到大学学习,其所在的修会必须在巴黎拥有一个学院;学生要在大学认可的学院举行讲座;每一个学院只能拥有一个神学教席;学生在申请执教资格(证)之前。必须得到导师的准许并通过该学院举行的考试;不遵守上述法令者,驱逐出教师行会。

这样,所有申请神学执教资格的学者,都必须通过巴黎大学这一关。章程通过控制神学教席的数量,以阻止托钵修士教师大量涌入,从而保证世俗教师对神学院的掌控。显然这个法令是针对多明我会的,因为此时的多明我会拥有两个神学教席。尽管遭到多明我会的反对,这个决议还是在巴黎大学全体大会通过了。托钵修会教师和世俗教师之间的矛盾再次加深。

巴黎大学控制神学教席的数量,是有其历史渊源的。早在1207年英诺森三世(Innocent Ⅲ,1160—1216)应教师要求将巴黎大学的神学教席的数量限制在8个②。其目的是维护大学教师特别是神学教师的尊严,防止大学(神

---

① Gordon Leff.*Paxis and Oxford universities in the thirteenth and fourteenth centuries An institutional and intellectual history*.New York:Robert E.Krieger Publishing Company,1975,pp.39-40.Ian P.Wei.*Intellectual Culture in Medieval Paris:Theologians and the University c.1100-1300*.Cambridge University Press.2012,p.116.

② Lynn Thorndike.*University Records and Life in the Middle Ages*,Columbia University Press.New York.1944.Doc.13,pp.25-26.Hastings Rashdall.*The University of Europe in the Middle Ages*.Oxfordew:at the clarendon press.1936,p.446;Pedersen,Olaf,The First Universities:Studium genetale and the origins of university education in Europe.Cambridge:Cambridge University Press,1997,p.165."The Status of The University of Paris as Parens Scientiarum:An Episode in the Development of Its Autumy".*Speculum*.Vol.39,No.4(Oct.,1964),p.652.

学)教师沦陷为下层阶级。

　　修士教师和世俗教师最激烈的冲突是在 1253—1259 年。1253 年 9 月 2 日,巴黎大学的一个学生在街头斗殴中被杀死,几个受了重伤的学者也被巴黎市政当局逮捕收监,这成为大学和巴黎市政又一次斗争的导火索。依照法律和传统,巴黎市政无权逮捕学生①。对此巴黎大学集体罢课以示抗议②。多明我会报复世俗教师的机会来了。两名多明我会教师联合另一名方济各会教师,向大学提出,如果大学不恢复多明我会的另一个神学教席,三位修士教师将拒绝罢课③。1253 年的骚乱事情,再次昭示了修士教师既想享受大学的特权又不愿意承担大学成员义务的企图。在和市政达成和解之后,巴黎教师行会不得不下决心解决它和修士之间的积怨。到 1253 年为止,巴黎大学的神学博士,有 3/4 来自修会教士④。更为重要的是,托钵修会向艺学院学生传教,

---

　　①　巴黎大学的绝大部分教师和学生,至少在理论上被视为教士,因此他们适用于教会法 (Canon law)。巴黎大学早在 1200 年,就从法王菲利普(King Philip Augustus)那里获得了司法豁免权。法王规定:巴黎治安官(Provost)不准逮捕或拘禁学生;即使在特别紧急的情况下,临时拘留学生,也要应尽快将其移交到大学当局或者主教。法王还特别规定:负责治安的行政长官在履职时必须向大学发誓遵循上述法令。该法令成为 1215 年巴黎大学章程的一部分。Kibre, Pearl. *Scholarly privileges in the Middle Ages:the Rights,Privileges,and Immunities of Scholars and Universities at Bologna,Padua,Paris,and Oxford.*Cambridge,Mass.:Mediaeval Academy of America,1962, pp.86—87.

　　②　巴黎大学的罢课权,在 1231 年 4 月 13 日格里高利九世(Gregory Ⅸ)颁发的科学之父 (Parens scientiarum)中得到认可,于 1462 年和 1499 年分别被法王和教皇取消。Kibre,Pearl. *Scholarly privileges in the Middle Ages:the rights,privileges,and immunities of scholars and universities at Bologna,Padua,*Paris,and Oxford.Cambridge,Mass.:Mediaeval Academy of America,1962,pp.86, 95,225.

　　③　Hastings Rashdall.*The University of Europe in the Middle Ages*(1).Oxfordew:at the clarendon press.1936,p.378.Peter R.Mckeon. "The Status of The University of Paris as Parens Scientiarum:An Episode in the Development of Its Automy".*Speculum*.Vol.39,No.4(Oct.,1964),p.655.

　　④　由于神学学生稀缺,世俗教师根本无法收到足够的学费,甚至无法维持正常的上课规模。而修会的神学博士,并不依靠学费生活,他们的收入来自源源不断的捐款。因此修士神学博士比在俗神学博士拥有明显的优势。Hastings Rashdall.*The University of Europe in the Middle Ages.* Oxfordew:at the clarendon press.1936,p.382.Gordon Leff.*Paxis and Oxford universities in the thirteenth and fourteenth centuries An institutional and intellectual history.*New York:Robert E.Krieger Publishing Company,1975,p.41.

诱惑他们加入修会。托钵修会最大的爱好就是向罗马教廷炫耀,又捕获了多少多少世俗学子。艺学院的学生一般也就 14—21 岁之间,很容易受到托钵修会的诱骗。事实上,当时很多学生、学士和执教资格候选人都是修会成员,大量的世俗教师也皈依托钵修会。这样发展下去,巴黎大学可能很快就会沦为修会的神学院。巴黎大学在失去大量学生的同时,也就失去了大量的学费。这是一场事关世俗教师生存的危机①。

1253 年 4 月,巴黎大学通过一项法令:任何加入教师行会或成为行会成员的学者,都必须在全体大会或者至少在本学院特别指派的 3 位教师面前,宣誓遵守大学章程;行使教皇授予的特权;保守大学秘密;遵守大学特定时间的罢课命令等②。因为世俗教师都是从艺学院获得学位的,在入学时就已在自己的导师和校长面前宣誓过。而修士是在修道院接受教育,没有艺学院的学历,因此也就没有对大学宣誓过。可以说这次大学通过的章程再次专门针对修士。在随后的几个月,方济各会同意服从大学章程③。而多明我会的两名教师布里托(Bonushomo Brito)和 Elis Brnueti 拒绝宣誓,因此被逐出教师行会并开除教籍④。

首先必须澄清,巴黎大学的世俗教师没有人否认修士从主教手中获得的执教资格及其教授神学的权利。大学所坚持的只是他们一直所拥有的,不可辩驳的权利——依照大学章程管理成员的权利。大学有权将那些不遵守章

---

① Peter R.Mckeon."The Status of The University of Paris as Parens Scientiarum:An Episode in the Development of Its Automy".*Speculum*.Vol.39,No.4(Oct.,1964),p.655.

② Hastings Rashdall.*The University of Europe in the Middle Ages*.Oxfordew:at the clarendon press.1936,p.378.Gordon Leff.*Paxis and Oxford universities in the thirteenth and fourteenth centuries An institutional and intellectual history*,New York:Robert E.Krieger Publishing Company,1975,pp.39-40. Alan E.Bernstein:"Magisterium and License:Corporate autonomy agaist Papal authority in the medieval university of Paris".*Viator*,1978(9),p.302.

③ Peter R.Mckeon."The Status of The University of Paris as Parens Scientiarum:An Episode in the Development of Its Automy".*Speculum*.Vol.39,No.4(Oct.,1964),p.656.

④ Alan E.Bernstein."Magisterium and License:Corporate autonomy agaist Papal authority in the medieval university of Paris".*Viator*,1978(9),p.302.

程、行规和传统的成员驱逐出去。这其实就是大学自治的问题。由于已经接受国王和教皇赐予的大量特权,大学已经不能说是一个纯粹的私人俱乐部。

修会即刻向教宗英诺森四世(Innocent IV,1243—1254 年在位)上诉。与此同时,巴黎大学也派出代表前往罗马说明事情原委。很自然,托钵修会得到罗马教廷大力支持。在英诺森四世的干预之下,上述两名多明我会修士教师的教籍得以恢复。教皇 1253 年 5 月、7 月和 8 月再三催促巴黎教师行会重新接纳上述两位修士教师①,这个要求被拒绝。为什么大学拒绝接纳修士教师?1254 年,巴黎教师行会在一封致基督教世界高级教士的公开信,讲述了双方的矛盾所在。②

　　在信中,大学世俗教师抱怨长期以来遭到托钵修会教师的欺压,这是修士逐步侵蚀世俗教师的权力才导致今天的后果。信中强调 1252 年大学章程限制修士教师和学校数量的必要性。据信中所记载,当时巴黎大学共有 15 名神学博士,其中 3 名根据古老的主教座堂特权,无须大学认定的巴黎圣母院教士,余下的 12 位神学博士,有 9 位来自修会教士。

这样发展下去,巴黎教师很有可能失去对大学神学院的控制。巴黎教师的这封公开信,得到英诺森四世的同情和理解。在 1254 年的 7 月、8 月的信中,英诺森四世强调,大学章程应当得到遵守。同年 11 月 21 日,英诺森四世对托钵修会的布道,弥撒和临终安抚等特权作了限制③。看来问题似乎得到

---

①　Gordon Leff.*Paxis and Oxford universities in the thirteenth and fourteenth centuries An institutional and intellectual history.*New York:Robert E.Krieger Publishing Company,1975,p.40.

②　由于神学学生稀缺,世俗教师根本无法收到足够的学费,甚至无法维持正常的上课规模。而修会的神学博士,并不依靠学费生活,他们的收入来自源源不断的捐款。因此修士神学博士比在俗神学博士拥有明显的优势。Hastings Rashdall.*The University of Europe in the Middle Ages*.Oxfordew:at the clarendon press.1936,p.382.Gordon Leff.*Paxis and Oxford universities in the thirteenth and fourteenth centuries An institutional and intellectual history.*New York:Robert E.Krieger Publishing Company,1975,p.41.

③　Peter R.Mckeon."The Status of The University of Paris as Parens Scientiarum:An Episode in the Development of Its Automy".*Speculum*.Vol.39,No.4(Oct.,1964),p.657.注释 39.

解决。不过在英诺森四世去世后,亚历山大四世(Alexander IV,1254—1261年在位)上台,剧情逆转。

巴黎大学和罗马教廷长达半个世纪的同盟关系,到了亚历山大四世,开始破裂。1254年12月,亚历山大四世重新恢复托钵修士被限制的特权,并要求教师行会重新接纳2位修会教师,并终止所有针对修会的不友好举动①。而且,亚历山大四世对教师行会一直拥有的"执教礼",这种事实上的执教授予权提出质疑。教皇使节甚至在某个周日早上的弥撒期间,宣布暂停学者的特权②。所有这些举措都不能迫使大学臣服。

1255年4月,亚历山大四世在著名的《新的光明之源》(Quasi lignum vitae)中提出一个方案:大学集体停课的决议必须由其所在系科2/3的教师投票通过才有效③。这个方案遭到巴黎教师的强烈反对。巴黎教师宣称教皇的教令为"死亡之源[cross of death(Quasi lignum mortis)]而不是"新光明之源"[cross of life(Quasi lignum vitae)]。因为神学部如果不包括托钵修士和教会修士,投票不可能超过2/3多数④。也意味着,大学的罢课权力——他们唯一

---

① 1254年十月份,新学期开始,大学向所有师生通报,上述三位修士教师已被开除,任何人不得参与他们的学术活动和社会活动。Gordon Leff.*Paxis and Oxford universities in the thirteenth and fourteenth centuries An institutional and intellectual history*.New York:Robert E.Krieger Publishing Company,1975,pp.41-42.Peter R.Mckeon."The Status of The University of Paris as Parens Scientiarum:An Episode in the Development of Its Autitomy".*Speculum*.Vol.39,No.4(Oct.,1964),p.658.

② Hastings Rashdall.*The University of Europe in the Middle Ages*.Oxfordew:at the clarendon press.1936,pp.380-382.Gordon Leff.*Paxis and Oxford universities in the thirteenth and fourteenth centuries An institutional and intellectual history*.New York:Robert E.Krieger Publishing Company,1975,p.42.

③ Peter R.Mckeon."The Status of The University of Paris as Parens Scientiarum:An Episode in the Development of Its Autitomy".*Speculum*.Vol.39,No.4(Oct.,1964),p.658;Hastings Rashdall.*The University of Europe in the Middle Ages*.Oxfordew:at the clarendon press.1936,pp.382-383.Gordon Leff.*Paxis and Oxford universities in the thirteenth and fourteenth centuries An institutional and intellectual history*.New York:Robert E.Krieger Publishing Company,1975,p.42.

④ Hastings Rashdall.*The University of Europe in the Middle Ages*.Oxfordew:at the clarendon press.1936,pp.382-383.Gordon Leff.*Paxis and Oxford universities in the thirteenth and fourteenth centuries An institutional and intellectual history*.New York:Robert E.Krieger Publishing Company,1975,p.42.

的抵抗武器——将失去威力。罗马教宗发布诏书,要求大学在15天之内恢复
两位多明会教师完整的大学成员身份,如敢违抗,所有教师行会成员都将被逐
出教会①。这项教令由奥尔良(Orlean)和奥塞尔(Auxerre)主教负责实施。巴
黎师生并没有在规定时间内遵从亚历山大四世的命令。奥尔良和奥塞尔主教
在诏书颁发的20天后,对所有巴黎师生处以绝罚。此时正值暑假,直到开学,
巴黎大学才对此作出回应。1255年10月2日,教师行会在写给教宗的一封
信中抱怨:他们不是在强力压迫下组建的社团,而是一个基于友好而组成的社
团,没有什么力量可以强迫他们和不喜欢的人在一起②。

罗马教廷对大学的态度,可以从教宗特使后来任教宗的博尼法佐八世
(Boniface Ⅷ)发表的一段训话管中窥豹③:

> 我希望:这里的所有巴黎教师都能看清楚,你们在这个城市里所
> 干的蠢事。你们愚蠢放肆,胆大妄为、滥用特权。难道你们不知道,
> 罗马教廷并非像泥足巨人那样虚弱,而是像铅足巨人一样坚强? 所
> 有这些教师都自以为作为学者在基督教会享有巨大荣耀;恰恰相反,

---

① Hastings Rashdall. *The University of Europe in the Middle Ages*. Oxfordew: at the clarendon press.1936,p.383.Peter R.Mckeon. "The Status of The University of Paris as Parens Scientiarum: An Episode in the Development of Its Automy".*Speculum*.Vol.39,No.4(Oct.,1964),p.663.

② Hastings Rashdall.*The University of Europe in the Middle Ages*(1).Oxfordew:at the clarendon press.1936, pp.384 – 385.; Peter R. Mckeon. "The Status of The University of Paris as Parens Scientiarum:An Episode in the Development of Its Automy".*Speculum*.Vol.39, No.4(Oct.,1964),p. 663;Kibre,Pearl.*Scholarly privileges in the Middle Ages:the rights,privileges,and immunities of scholars and universities at Bologna*, Padua, Paris, and Oxford. Cambridge, Mass.: Mediaeval Academy of America,1962,pp.86,108;Gordon Leff.*Paxis and Oxford universities in the thirteenth and fourteenth centuries An institutional and intellectual history*.New York:Robert E.Krieger Publishing Company,1975, p.43.

③ Mary Martin McLaughlin.*Intellectual Freedom and Its Limitation in the University of Paris in the thirteenth and Fourteenth Centuries*.New York:Arno Press A New York Times Company,1997,p. 247;R.W.Southern. "The Changing Role of Universities in Medieval Europe".*Universities in Medieval Europe*,June 1987,Vol.LX No.142;William J.Courtenay."Inquiry and Inquisition:Academic Freedom in Medieval Universities".*Church History*/Volume58/Issue02/June1989,p168.中文参照[法]雅克·勒戈夫:《中世纪的知识分子》,张弘译,商务印书馆1996年版,第94页。

我们认为你们愚蠢至极。你们的学问不仅毒害了自己,也毒害了整个世界……绝不允许教师们咬文嚼字破坏罗马教廷的权威。

巴黎的教师们,你们已经把全部科学与学识弄得荒谬可笑,你们还在继续这样做……由于我们担负着基督教世界的责任,我们没有必要讨你们的欢心,相反,我们需要考虑是整个宇宙的利益。你们或许认为在我们这里(你们)享有崇高的声望,但我们把你们的虚名视为愚昧无知和过眼烟云……为此,禁止所有的教师今后公开或者私下对神职人员(这里指托钵修会修士)的特权,说三道四或作出限制。违抗者其职位和薪俸将被取消。罗马教廷与其宣布巴黎大学的特权无效,不如将其砸烂。上帝委任我们,并不是为了让我们掌握科学或在他人面前炫耀自己的学识,而是为了拯救灵魂。由于托钵修会兄弟们的工作拯救了无数灵魂,他们将一直拥有应得的特权。

1256年,亚历山大四世甚至直接干涉巴黎教师的内部事务。他命令两个大主教为一个西多会(Cistercian)修士举行考试,并授予其神学执教资格,拥有和巴黎大学一样的特权,并命令巴黎的教师接纳这位修士教师。巴黎教师抵制了教皇的命令①。对于那些反对甚至攻击托钵修会教师(会员)的大学学者,教皇要求地方教会予以打击,暂时取消其执教资格和教俸(benefices)。教宗指示巴黎圣母院和圣热内维耶夫的执事长,任何不遵循《新光明之源》的教师,他们的执教资格证将被收回②。

在打击那些顽固不化的世俗教师的同时,罗马教廷鼓励修会教师申请执教资格。1256年,托马斯·阿奎那(Thomas Aquinas 1225?—1274,意大利神学家)和方济各修会的波纳文图拉(Bonaventura,1221—1274,意大利神学家)

---

① Gordon Leff.*Paxis and Oxford universities in the thirteenth and fourteenth centuries An institutional and intellectual history*.New York:Robert E.Krieger Publishing Company,1975,p.44.

② Gordon Leff.*Paxis and Oxford universities in the thirteenth and fourteenth centuries An institutional and intellectual history*.New York:Robert E.Krieger Publishing Company,1975,p.44.

经过四年学习之后,在举行执教礼时,遭到巴黎师生的强烈抵制。以至于亚历山大四世派武装人员维护秩序。① 这使人不由想起美国的"民权运动"。② 巴黎教师行会抵制托马斯·阿奎那的执教礼,令人同情。不过这件事情,也着实反映了教师行会的封闭、狭隘。

在罗马教廷的强力打击下,巴黎教师开始寻找新的同盟军,它就是法国国王和主教。圣阿莫尔·威廉(Wliiiam of Saint Amour),也就是当时巴黎大学派遣到罗马的代理人指出:③

> 我们教师行会不希望和主教或者教皇有任何纠纷。不过,不管是依据教会法还是罗马法,教会中的各级职权都有清晰的界限。一个教区只能有一个主教。每个教区的主教负责其辖区的布道和其他宗教活动。如果教皇授权其他人(这里暗指托钵修士)可以到某个教区布道。只能理解,他们是受邀请而来。同时,主教也不能干涉其他教区的事情,除非他也是被邀请的。在经过这一铺垫之后,圣阿莫尔·威廉继续说,强迫大学接受其不愿意接受的人,干涉大学内部事务,这是教皇越权的表现。如果默认教皇可以对大学横加干涉,那就等于承认教皇可以将权力的触角延伸到法国任何一个教区。

圣阿莫尔·威廉以地方自治或者社团自治的理念为武器,反对教宗自称的普世权力,从法理上论证教皇干预教师行会的非法性;而且将他们的利益和

① Gordon Leff.*Paxis and Oxford universities in the thirteenth and fourteenth centuries An institutional and intellectual history*.New York:Robert E.Krieger Publishing Company,1975,p.45.
② 1957年,阿肯色州州长福布斯,动用国民警卫队阻止黑人学生入学,并鼓动白人家长到现场协助抗议和阻挠。艾森豪威尔总统直接动用陆军101空降师护送黑人学生入学,并将该州国民警卫队指挥权收归联邦。1963年类似的场面重演:就任之初便宣称要永远维护种族隔离制度的亚拉马州州长华莱士,亲自在大学校门阻挡两名黑人学生入学。肯尼迪总统再次派兵控制局势,将其制止。这些都成为美国"民权运动"史上的标志性事件。
③ Alan E.Bernstein."Magisterium and License:Corporate autonomy agaist Papal authority in the medieval university of Paris".*Viator*,1978(9),p.303.

各教区利益捆绑在一起,从而为教师行会赢得更多的同盟者。从此之后,在法国逐渐形成一股抵制教皇的运动,即高卢主义(Gallicanism)。[①]

尽管巴黎大学的成立得到罗马教廷的批准,拥有王室和罗马教廷授予的章程和特权,但巴黎大学就其本质而言是一个志愿社团(voluntary society)。正是因为这种社团性质(当时这个社团几乎没有任何公共财产的羁绊),为了避免巴黎大学被逐出教会,1255年10月,巴黎教师宣布自我解散[②]。大学采取宁愿解散也不愿接纳修士这种策略,其目的是什么?很难说大学就是仅仅拒绝重新接纳修士。就算这套策略成功,修士的问题依然没有得到解决,而大学也失去了特权。从根本上说,这是两种不同文化的冲突。

虽然在罗马教宗的支持下,修士教师在与巴黎世俗教师的战争取得了最终的但也仅仅是名义上的胜利。修会教师已经被大学接纳,但艺学院不承认修会教师及其学生的成员资格。艺学院对所有修士的抵制,成为该学部鲜明的特征。任何宗教社团只能有一个博士承担学部的管理工作(多明我会可以拥有两个)或者参加巴黎大学的全体大会(全体大会是巴黎大学最高权力机构)。据教会法和大学章程,世俗学生有权参加修士教师的学术讲座。不过

---

① 高卢主义(Gallicanisme / Gallicanism)要而言之,是指法国教会和国王对教宗介入法国宗教事务的抵制,因此有宗教和政治两个方面的内容。在法国主教方面,其抵制的内涵包括要求积极参与教会事务的决策以及认为大公会议具有高于教宗的权威。而在国王那里,高卢主义往往意味着国家力图维护和扩大自己在圣职任命和教会财产问题上的种种特权。国王倾向于认为,在纯粹的教义问题之外,国家对本国的宗教事务拥有广泛的干预权力。但是高卢主义就其本质和历史来看,从来没有变成国家对法国主教的绝对控制,始终意味着二者之间的互动,意味着双方对各自传统权利的维护;从来没有演变成裂教,法国教会始终是公教会的组成部分。学者通常认为,由于高卢主义的基础是法国国王之深度介入教会事务,它主要是中世纪和近代早期的现象,以1682年的《高卢教士宣言》为典型表述。高卢主义在大革命以后就进入衰落阶段,并经由19世纪的起落,在1905年政教分离法通过以后彻底结束。第一次梵蒂冈会议(1870)对教宗宗教权力的绝对肯定在很大程度上打击了各个天主教国家内部的高卢主义倾向。彭小瑜:《19世纪高卢主义滞留和衰落的启示——以1801年政教协约为个案》,《史学集刊》2013年第1期。

② 据研究,当时巴黎大学没有解散,这和拉斯达尔所描述的不一致。Astrikl Gabriel. *Studies in the History of the Mediaval University*. Indiana: the Mediaeval Institute University of Noter Dame, 1969, p.51.

事实上,参加修士教师讲座的学生,很有可能基本上是各自修会自己的成员。大学将修士的影响限制在神学和教会法这一狭小范围,不允许教士涉足医学和艺学等学科的教学。① 教师行会在绝大多数领域内确保了传统的延续性。在现实中,宗教教育和世俗教育不免互相混杂和渗透,但在最实质的考试环节仍然是截然二分的。巴黎大学要求教师们发誓:不让任何宗教性成分介入任何考试(Nullum religiosum cujuscumque fuerit professionis recipietis in aliqua examinatione)。② 学生只能在世俗学者门下获得学位,从而保证了教师行会对执教授予权的垄断。

第三节 教师行会 VS 罗马教廷

执教资格的拉丁文是"docendi licentia",其中"docendi"是动词"docere"的动名词,其意为"讲课、教学",也包含"能力"之意。"licentia"的基本词义为"权利","docendi licentia"中的"licentia"也内含"能力"之意。

起初没有官方的执教资格。学人的执教资格主要由其老师决定,就像徒弟能否出山,由其师傅裁断一样。大概从 12 世纪开始,西欧中世纪开始出现了官方的执教资格证③。最初的执教资格证由当地主教或修道院院长颁发,

---

① Hastings Rashdall.*The University of Europe in the Middle Ages*(1).Oxfordew:at the clarendon press.1936,p.392;[法]爱弥尔·涂尔干:《教育思想的演进》,李康译,上海人民出版社 2003 年版,第 131 页。

② [法]爱弥尔·涂尔干:《教育思想的演进》,李康译,上海人民出版社 2003 年版,第 131 页。

③ 拉什塔尔(Hastings Rashdall)为我们复制了一份 1710 年的执教资格证书,它和中世纪的执教资格证很类似,读者可以试着和现代的执业证书做一比较。将其内容抄录如下:因为你已经向我提出了民法和宗教法的考试申请,并取得最著名最优秀的神学博士符合惯例的同意。你以渊博的知识,出众的才华通过这场艰苦、严格的考试。最优秀的考务官对您的表现,没有任何异议。这就证明你配得上这种荣誉。因此,我代表主教,授予你某某学科的(即前面通过的某个学科的考试)执教资格。你因此获得讲学、辩论、编写文稿、注释等等各种学术权利。这个执教资格(证)在全世界通用。你要为上帝和圣母玛利亚的荣光工作,相信这将提升你的声望和学校的荣誉(对原译文稍做修改)。E.P.克伯雷:《外国教育史料》,华中师范大学教育系等译,华东师范大学出版社 1991 年版,第 182 页。

其法律效力也只限于本教区。所谓执教资格证,就是经主教或修道院允许,学人可以在主教管辖区范围内从事教学的凭证。教师行会出现之后,学者即使从教会获得执教资格,也不是事实上的教师;要想成为名副其实的教师,必须得到教师行会的认可。自主招募成员和开除不合格成员,是一个行会最基本的权力。这一权力早在古罗马时代就得到法律的认可①。执教资格证在各个地区和各大学之间互不承认,是当时封建割据在教育领域的反映,这很不利于教师的流动,同时也影响文化和教育的交流与合作。

一、通用执教资格的出现

显然这种各自为政的执教资格政策不利于文化的交流和发展,也有违基督教精神。为了打击这种执教资格地方主义,教皇发明了一种新的执教资格证:通行执教资格(licentia ubique docendi),其中"ubique"是副词,有"各处""到处"的意思②。获得这种执教资格证的学人,拥有一种学术特权:可以在任何一所大学(包括其母校),甚至于在整个基督教世界的其他教育机构或者场所讲授他所学的科目,而无须再经过任何形式的考核,至少在理论上如此。后来皇帝效仿教宗也颁发这种具有通用性质的执教资格证。教宗和皇帝往往通过特许状(bulla 或者 privilegium)的形式确认这种权力。显然不是每个大学都拥有这个特权。

不过,巴黎主教颁发的执教资格一开始就具有"通用执教资格"的性质和功能。这并不是巴黎主教的身份有什么特别,而是巴黎、博洛尼亚等大学,因其学术卓越,才使得他们主教颁发的执教资格拥有了与学术声望一样的显赫名声和普遍效力。

---

① 彼德罗·彭梵得:《罗马法教科书》,黄风译,中国政法大学出版社 2005 年版,第 35—36 页。

② 谢大任主编:《拉丁语汉语词典》,商务印书馆 1988 年版,第 555 页。参照张弨:《欧洲中世纪执教资格的产生与演进》,《世界历史》2013 年第 3 期。

1292 年,尼古拉斯四世(Nicholas IV),授予巴黎教师在无须任何附加测试的情况下,可以在全世界其他任何学校任教之特权的时候,只不过是对既有事实的追认和锦上添花①。从此之后,巴黎执事长在颁发执教资格证时,不再以巴黎主教之名,而是以罗马教廷之名。

我们现在的"大学"(university)用中世纪拉丁文来表示,还有一个比较恰当的词是"studium generale"(另一个是"universitas")。"Studium"是拉丁语"studere"的动名词,有热心、热情、努力等含义。② 因为"Studium"有积极进取的意思,在中世纪早期,它开始拥有学习、学业和研究的含义。③ 12 世纪之后,"Studium"进而被引申为学校、教育机构或教学场所,进而演变学者社团,即教师和学者(masters and scholars)为研习科学(los saberes)而组建的社团(association)。④ "Studium"这种社团有两种形式:"studium general"和"studium partculare"。⑤ "studium general"这个名词出现得比"Universitas"和"studium"晚些。此词据考证最早不迟于 1235 年。该年的一份文献将维切利大学称为"studium generale Vercellis"。⑥ "studium generale"中的"generale"是一个很容易让人产生误解的词,而现代大学"university"这个词又加重了这种误会。很多人将大学的教学和研究的范围臆想为普遍、万有、广博、无所不包、一体化、世界主义等。大学就其本意而言和所拥有学科的数量无关。中世纪大学在学科建制上只有四个学科:神学、法学、医学和艺学。大多数中世纪大学只拥有

---

① Astrikl Gabriel. *Studies in the History of the Mediaval University*. Indiana: the Mediaeval Institute University of Noter Dame,1969,p.81.

② 谢大任主编:《拉丁语汉语词典》,商务印书馆 1988 年版,第 520 页。

③ 张弢:《大学之名的中世纪起源与考释》,《清华大学学报(哲学社会科学版)》2014 年第 4 期。

④ Helene Wieruszowski.*The Medieval University*:*Masters*,*Student*,*Learning*.Princeton:Van Nostrand Press,1966,p.184.

⑤ Helene Wieruszowski.*The Medieval University*:*Masters*,*Student*,*Learning*.Princeton:Van Nostrand Press,1966,p.184.

⑥ A.B.Cobban.*The Medieval Universities*:*Their Development and Organization*.London and New York:Methuen Co Ltd.1975,p.23.

上述学科中的两个到三个,就连最有名的巴黎大学也不拥有全部学科。追求学科齐全实在不是中世纪大学的本意。

"studium generale"中的"generale"更准确的意思是"publica",即对所有人开放(were open to all),①这主要是相对于教会学校而言。教会学校主要培养教士,有空余学位,再对世俗人士开放。"studium publica"是比"studium generale"更能明确表达大学的内涵。中世纪大学一开始就对所有人开放。中世纪大学(studium publica)中的"publica"不是公立的意思,恰恰相反是私立的、民办的意思。这好比英国的公学中"publica"其实是私学一样。我们可以对大学做个粗糙的分类,将传统的教会学校视为公办学校,将学者行会性质的大学(studium generale)视为私立学校。

"studium general"最为人所熟知是拥有通用执教资格(jus ubique docendi)的权力。这种特权就最初的巴黎大学、博洛尼亚大学来说,是一种自发的,约定俗成的对事实的认可,后来演变为承认一所新大学最重要的法律特征。颁发通用执教资格的权力归属教皇、皇帝或者国王。

为什么会出现通用执教资格? 这是大学自然发展的产物。到中世纪末期,西欧大陆现存将近60余所大学(参见图1)②。中世纪大学的诞生有以下几种类型:第一种自生自发型(ex consuetudine),比如:巴黎大学、博洛尼亚大学和蒙彼利埃大学(Montpellier,约1220年)是由当地传统的学校发展而来;第二种分裂型(ex secessione),从母校分离出来的大学,比如:剑桥大学(Cambridge,1209年)从牛津大学迁徙而来的;帕多瓦大学(Padua,1222年)从博洛尼亚大学分离。第三种类型最普遍,由皇权或者教权敕建(ex privilegio),如皇帝腓特烈二世(Frederick Ⅱ,1194—1250)组建的那不勒斯大学(Napoli,

---

① Gabriel Compayre. Abelard, *the Origin and Early History of Universities*. New York: Charles Scribner's Sons,1910,p.32.

② 孙益:《西欧的知识传统与中世纪大学的起源》,北京师范大学出版集团、北京师范大学出版社2012年版,第75页。

1224 年),教宗诺留斯三世和格里高利九世发起组建的图卢兹大学(Toulouse,
1229 年)等。大学的增多就存在一个相互交流的问题,最主要的问题是执教
资格证适用范围和效力。

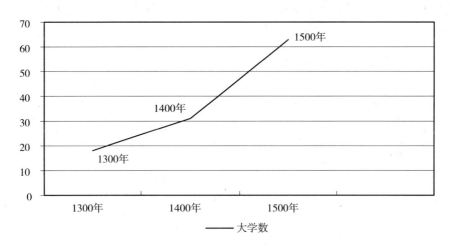

图 1　中世纪大学数量增长

　　教师行会和其他行会没有什么本质的不同,都具有行会的封闭性。这主
要体现在对执教资格的掌控。起初的执教资格证是由不同的教区主教颁发,
这些执教资格证是不能相互通用的。一个人即使获得教会颁发的执教资格证
也要经过教师行会的重新考核,才可能被纳入教师队伍。教师行会从事的又
是精神生产,这必然导致其拥有世界主义气质。随着大学的增多,知识分子的
自由流动,需要在不同大学之间建立一个通用执教资格。什么叫通用执教资
格,就是一个人获得通用执教资格,无需再经过考试,就可以在基督教世界任
何一所学校教学。

　　第一个从教廷获得通行执教资格特权的是 1229 年组建的图卢兹大学。
图卢兹大学为什么可以获得通行执教资格? 这必须从图卢兹大学建立的历史
背景说起。在 12 世纪末至 13 世纪初期,法国南部以图卢兹为中心流行着阿
尔比教派。阿尔比教派有自己的教会组织、教义,自己选举主教,拒不服从罗

马教廷。阿尔比教派因为得到当地贵族的支持,发展很迅速。在该地区"神甫不被尊重,基督不被信仰,圣地不再圣洁"①。罗马教皇派使节到阿尔比规劝他们,未果。1208 年甚至发生教皇使节被杀害的事件。1209 年,教宗英诺森三世派遣十字军讨伐阿尔比教派。除了军事打击,教廷还从信仰领域打击阿尔比教派。1217 年,教皇诺留斯三世号召当时以神学研究和教学著称的巴黎大学的教师们,前往图卢兹传经布道、讨伐异端。为了彻底控制阿尔比的精神领域,就有必要建立一所大学。建立大学所需要的资金,由支持阿尔比教派的图卢兹伯爵雷蒙七世(Raymond Ⅶ,1197—1249)提供。雷蒙七世在这次战争中失败,罗马教廷对他的惩罚之一就是连续 10 年资助 14 个教席,其中神学教席 4 个,教会法教席 2 个,文法教席 2 个,艺学教席 6 个②。1229 年的图卢兹大学就是在此基础上组建而成的③。阿尔比城刚刚经过战乱蹂躏,又是异端盛行之地,图卢兹作为新大学没有任何知名度,这些都是建校的不利因素。为了扶持图卢兹大学,也是对前来教学和求学师生的嘉奖,教宗格里高利九世于 1233 年颁布特许状(bulla),认可新组建的图卢兹大学;准许它享有同巴黎大学一样的各种特许权;同时还特别规定"凡自该(图卢兹)大学任一学科内通过考试并获得执教资格之学人,即享有于各地(ubique)执教(regendi)之自由权利(liberam potestatem)而无须再行任何考试"④。罗马教廷之所有给予图卢兹大学这等特权,有一个用意就是打破巴黎大学对神学教育的垄断。从此,在图卢兹大学完成学业,获得执教资格的学者,可以自由在整个基督教世界内从事教学工作。

---

① [美]G.F.穆尔:《基督教简史》,郭舜平等译,商务印书馆 2010 年版,第 201 页。

② Gaines Post."Master'Salaries and Student-fees in the Medieval Universities".*Speculum*.1932. Vol.7.No.2.

③ Gaines Post."Master'Salaries and Student-fees in the Medieval Universities".*Speculum*.1932. Vol.7.No.2.Will Durant.*A History of Medieval Civilization Christian,Islamic,and Judaic from Constantine to Dante;A.D.325-1300*.World Library,Inc.1994.043453.

④ A.B.Cobban.*The Medieval Universities;Their Development and Organization*.London and New York;Methuen Co Ltd.1975,pp.28-29.

新设大学得到教皇或者皇帝的特许,就可以和巴黎大学和博洛尼亚大学等一流大学比肩而立,其颁发的执教资格也具有普遍效力。教皇的特许状可以提高新大学吸引国内外师生的筹码,对于落后地区的大学而言,取得罗马教廷的特许状(bulla)具有特别的意义。对于教皇特许状的意义也不能过于夸大。一个理想的大学体系是各大学之间,资源、人员可以无障碍流动,也就是学生可以自由转学,教师可以自由任教。但是这一学术世界主义的理想,即使现在也很难实现。

二、纸面上的权力

"通用执教资格"的起源,最早可以追溯到巴黎执事长对执教授予权的垄断。最早的执教资格的适用范围仅仅局限在主教的管辖区内。巴黎大学、博洛尼亚大学和牛津大学等欧洲最古老的学府,是在较长时段内由学人自发组建、逐渐发展形成的。由于它们悠久的学统和远播的声誉,其执教资格虽开始未被法律所承认(de jure),却享有事实上(de facto)的通行执教资格。相反,从其他大学获得通行执教资格的学人却难以自动成为巴黎大学和博洛尼亚大学的教师。

尽管很多中世纪大学拥有通行执教资格的特权,这种通行执教资格的普遍性在很多时候仅停留在字面上。对来自其他大学的毕业生,必须通过所应聘学校举行的考试,再获得执教资格,在中世纪大学是一个普遍现象。1233年,教宗格里高利九世授予图卢兹大学享有巴黎大学所拥有的一切特权,包括通行执教资格,就遭到巴黎大学的激烈反对。罗马教廷一再保证图卢兹大学的建立不会威胁到巴黎大学的特权。图卢兹大学的毕业生要进入巴黎大学必须重新考试。尽管后来教皇和皇帝建立了许多大学,即便它们是其所在地域的学术中心,仍不能与巴黎大学和博洛尼亚大学相提并论。巴黎大学和博洛尼亚大学因其卓越的学术水平和强大的政治影响力,受到教皇的特别优待。教宗亚历山大四世(Alexander Ⅳ,1254—1261)在1255年颁发特许状中规定:

凡通过萨拉曼卡大学①任一学科考试的教师,有权不再经过考试,到任意一所大学执教,巴黎大学与博洛尼亚大学不在此列②。

这种大学之间彼此不买账的情形,不仅存在老牌大学和新大学之间,老牌大学之间也彼此不买账。一个很典型的例子就是巴黎大学和牛津大学,他们之间的学位互不通用,任何一方加入另一方都要重新考试③。在中世纪大学,大学之间就执教资格彼此设卡的现象比比皆是。比如:昂热大学④就明确规定:任何从其他大学来的教师都必须参加学校安排的考试⑤。蒙彼利埃大学⑥、奥尔良大学⑦等也作出相类似的规定⑧。

如果拥有通用执教资格仅仅是一种纸面上的权力,那么它就没有存在的基础。事实上,自 13 世纪中期开始,新组建的大学在建校之初,都无一例外地向教宗申请通行执教资格这项特许权。教宗一般以特许状的形式对请求给予确认⑨。在 1233 年之后,任何一所大学的创立,必须得到教宗或者皇帝的同意,已经成为一种惯例。就连最古老的最有声誉的巴黎大学、博洛尼亚大学也

---

① 萨拉曼卡大学创建于 1218 年,是西班牙最古老的大学,也是世界上历史最悠久的几所高等学府之一。从建校起到 16 世纪末,它一直是欧洲的重要学术中心之一,与巴黎大学、牛津大学和波伦亚大学(意大利)齐名。

② A.B.Cobban.*The Medieval Universities:Their Development and Organization*.London and New York:Methuen Co Ltd.1975,p.28.

③ A.B.Cobban.*The Medieval Universities:Their Development and Organization*.London and New-York:Methuen Co Ltd.1975,p.31.

④ 法国昂热大学是法国老牌国立综合性大学,创立于 1080 年,1356 年定现名,是全法国乃至全欧洲最古老的大学之一。

⑤ Hastings Rashdall.*The University of Europe in the Middle Age(I)*.Oxfordew:at the clarendon press.1936,p.14.Note.3.

⑥ 蒙彼利埃大学成立于 1289 年,是世界上最古老的大学之一,1970 年大学一分为三,均为欧洲顶尖大学联盟科英布拉集团成员。

⑦ 法国国立奥尔良大学 1306 年创立,是全法国乃至全欧洲最古老的大学之一。

⑧ A.B.Cobban.*The Medieval Universities:Their Development and Organization*.London and New York:Methuen Co Ltd.1975,p.31.

⑨ 关于中世纪大学的设置和认可的更多论述参照张磊:《欧洲中世纪大学》,商务印书馆 2010 年版,第 114—115 页。

不得不向教皇补领特许状。博洛尼亚大学与巴黎大学①分别于 1291 年和 1292 年从教皇尼古拉四世(Nicolaus IV,1288—1292)手中领取了特许状,从而正式拥有通行执教资格的特许权。剑桥大学也于 1318 年从教皇约翰二十二世那里领取特许状,获得了颁发通行执教资格证的特许权。教宗为这些老牌大学颁发特许状不过是走过场,对于这些大学的地位和声望并无实质性影响。特许状只是将其早已享有的特许权落实到教宗亲笔签发的文本上,使这些大学的特许权在形式上更加完备。②　由此,这些古老的大学也更加名正言顺地称为 studium generale。教宗的特许状有两个重要的功能:其一,教廷作为当时最高权威对新大学的认可;其二,使新大学与已经存在的老大学一样,共享通行执教资格的特许权。中世纪大学借此才能称为 studium generale,而大学中的学人在此特许权的庇护下,可以在不同大学之间自由流动。从此,欧洲各地的大学结成一个在原则上拥有平等社会地位、享有同等学术权利的大学联盟。特别是对于后起的新大学来说,正是有赖于吸纳从老大学获得通行执教资格的学人前来执教,由此补充了师资而得以成功组建。中世纪大学的学人则可以依据这项特许权,或在大学之间平行流动,或游历于欧洲各地谋取教职。这对于中世纪晚期组建新大学,对于欧洲各地教育和文化的发展交流起到积极的推动作用。

　　新大学谋求通用执教资格的特权,可以理解。为什么像巴黎大学、博洛尼亚大学等这些古老的大学也要争取教皇的特许状? 牛津大学谋求特许状的过程和结局,或许为我们理解拥有颁发通用执教资格权的必要性。牛津大学曾

---

　　①　这里抄录 1292 年罗马教皇授予巴黎大学通用执教资格特权的训令:我们希望鼓励巴黎城内学术界的学生为获得硕士学位而努力,无论他们来自何方,都可以在他们获得学位系科担任教师。我们命令,在巴黎的任何学者,只要通过考试,获得从事神学、民法学、医学和文学等学部的执教资格证书,就可以在巴黎以外的其他地方教学,无须在此考核。不论他是否从事有关系科的教学,都享受博士的待遇。E.P.克伯雷,选编:《外国教育史料(第 1 版)》,华中师范大学教育系等译,华中师范大学出版社 1991 年版,第 181—182 页。
　　②　张弢:《欧洲中世纪执教资格的产生与演进》,《世界历史》2013 年第 9 期。

于 13 世纪末 14 世纪初,三次恳求罗马教廷给它颁发特许状。第一次是 1296 年。林肯(Lincoln)主教和卡莱尔(Carlisle)主教协助牛津大学致信教皇波尼法斯八世(Boniface Ⅷ,1294—1303)请求赐予通行执教资格特权,没有回音。第二次是 1307 年。英王爱德华一世(Edward Ⅰ,1239—1307)代表牛津大学向教皇克莱门特五世(Clement Ⅴ,1305—1314)提出申请,爱德华一世死后,未果。第三次是 1317 年。英王爱德华二世(Edward Ⅱ,1284—1327)致信教皇约翰二十二世为牛津大学游说,铩羽而归①。罗马教廷为何拒绝向牛津大学颁发特许状,其真实动机,不得而知。总之,牛津大学的通用执教资格授予权从未得到罗马教廷的官方认可。由于牛津大学作为最古老的大学之一,这点缺憾丝毫没有影响到它的特殊身份和在大学界的地位。牛津大学的毕业生一直享有事实上的通行执教资格。牛津大学多次谋取教皇的特许状而不得,恰恰反映了拥有通行执教资格对中世纪大学是何等重要。中世纪大学对教廷给予的通行执教资格特权是何等渴望。一所新成立的大学如果拥有通行执教授予权,意味其学术水平得到社会的认可。在 1233 年之后,新创办的大学要得到教皇的认可,必须符合相关要求,比如要有一个艺学部和不少于 1 个高级学部,拥有一定数量的教师和设备,要有一定的财力等。只有满足教皇的要求,才可能批准。就是这种通行执教资格将本来散于欧洲各地的大学联络成为一个学术共同体,使得这些大学有了统一的学术标准。这种标准不仅是输出标准(通行执教资格),也包括创办大学的标准。

　　中世纪大学渴望拥有通行执教资格授予权,也是受到经济和政治的影响。在中世纪大学,神学是整个学术圈的王冠,不过法学、医学等学科更具有前途。因为学习神学和教会法学需要花大量的时间,因此学习的人很少。为了扶持神学和教会法,从 12 世纪开始,教会就开始派遣神职人员带薪到大学学习。1209 年洪诺留三世颁发诏书,禁止在巴黎讲授民法,同时规定神职人员可以

---

　　① George L.Haskins."The University of Oxford and the Ius ubique docendi".*English Historical Review*.第 56 卷 1941 年;多封致教廷申请通行执教资格的信件刊于该文第 288—292 页。

有 5 年带薪研究学习神学的机会①。这些被资助的神职人员,必须在教皇规定的大学进修。不仅如此,罗马教廷还向大学提供奖学金。在 14 世纪,中世纪发展出一种教会奖学金制度(rotuli nominandorum)。大学向教皇呈递一份需要资助的学生名单。在推荐奖学金候选人时,既要考虑学生的品行能力,也考虑他们的经济状况。一般来说以拥有学位者优先,拥有学位而授课者更优先②。申获国家奖学金,成为那些有意到高级学部一展身手的莘莘学子们最大的动力。每年申获罗马教廷奖学金的人数和金额,成为各中世纪大学比拼的目标。这种竞争类似于我们今天的一年一度的社科基金竞争? 拥有通用执教授予权,不仅意味着自己成为大学共同体网络中的一个节点,而且还可能得到教会的资助,也为学生进入更高层次的政治领域提供机会。

通用执教授予权制度的建立不单满足中世纪大学和学人的需要,它在事实上也增强了罗马教廷对大学的控制。起初,执教授予权由地方教会掌控。然而,只有在罗马教廷向大学颁发特许状之后,大学才能拥有通用执教授予权。从根本上讲,是教宗控制着执教授予权。罗马教廷也由此间接地掌握着大学的命脉,没有教宗的特许状,新大学是难以组建的。中世纪大学虽然不是隶属于教会的社会组织,但就其所享有的学术特权而言,对教会有很强的依赖性。通用执教资格制度的建立,使得执教授予权的掌控从地方转移到了罗马,从而巩固了罗马教廷的权威和地位。

不单如此,教宗还留有特殊的手段,可以将饱富学识但没有通行执教资格的学人直接擢引为大学教师。其形式也是颁发特许状,这样的学人被称为"奉令教师(doctores bullati)"③。不同的教宗擢任大学教师的意图不同,有的

① A.B.Cobban.*The Medieval Universities*:*Their Development and Organization*.London and New York:Methuen Co Ltd.1975,p.26.

② D.E.R.Watt."University clerks and Rolls of Petitions for Benefices".*Speculum*.34(1959),pp.213-229.

③ 张弢:《欧洲中世纪执教资格的产生与演进》,《世界历史》2013 年第 9 期。

是安插亲信;有的是给新大学补充足够的师资,使新大学得以顺利组建;有的是帮助濒临关闭的大学尽快渡过难关;有的是打破教师行会对学位的垄断,比如罗马教廷直接干预托马斯·阿奎那的执教礼,就是最后一种情形。从 13 世纪初至中世纪末,教宗利用其权势不断地行使着这项特殊的权力。这是罗马教廷为打破封闭狭隘的教师行会的条条框框,为选拔人才开辟绿色通道? 还是置大学章程不顾,直接干预大学事务,可能要具体情况具体分析。

三、教师行会的封闭特质 VS 罗马教廷的开放性质

为什么通行执教资格在理论上可以适用于整个基督教世界,事实上却行不通? 主要有以下原因。

第一,教师行会的封闭性。

不管哪种性质的大学,教师行会作为一个集体都试图把持招募行会成员的权力。这种同行评价的权力其内在法理是一种知识霸权。教师行会对任何企图侵犯、侵蚀其学术权力的行径都保存高度警觉。罗马教皇授予某个新大学通用执教资格,在现有大学看来就是对其招募成员权的侵犯。对于罗马教廷看来,教师行会把持招募成员的权力,尽管很合理,不过在另一方面教师行会的封闭性也对学术的发展产生不利影响。对于大学而言,作为精神生产的载体,无疑天生就具有世界主义胸襟。这就需要在不同大学设立一种桥梁,教师之间,学生之间可以自由流动。所以通用执教资格满足了教师追求学术自由的内在需求。不过在另一方面,承担学术工作的教师行会也具有行会天生的弱点:封闭、保守、自利。教师行会是一个集世界主义和地方主义于一身的教育教学机构。我们会很奇怪,这两种完全不同的气质居然可以统一在一个机构身上。认识大学这种特质,对于我们非常重要。教师行会一方面希望自己的学位在全世界通行无阻,另一方面狐疑来自其他大学的学位,就是大学这种特质的体现。

第二,不存在通用的考试标准。

中世纪大学不存在我们今天的笔试制度。在中世纪要获得学位,需要学

习一系列课程和通过一系列口头考试。口试在西方教育一直占有很重要的地位，今天的论文答辩就是来源于中世纪大学。在古希腊罗马，实行的自由教育，也就是自由人的教育。自由人参加政治，就必须要善于演说和辩论，所以很重视口头表达能力。在古希腊罗马，很多著作都是通过对话的形式表述的。苏格拉底通过和人对话，训练人的逻辑。这种喜好辩论的传统在西方历史源远流长。我国尽管在春秋战国也一度出现辩论之风，比如公孙龙的"白马非马"就是经典辩题。但因为儒家思想在我国占统治地位，儒家不提倡辩论。在孔子看来，君子敏于行，讷于言。中国也比较早发明造纸术和印刷术，所以中国主要是书面文字教育。所谓状元是三篇文章考出来的。中世纪的西欧，学位的获得是辩论出来的。这一方面是传统的力量，另一方面也归因于当时西欧还没有出现造纸术和印刷术。文字都是靠人力刻印到羊皮纸上，书的成本相当昂贵[①]。并不是每个学生都能拥有自己的书本。在这种情况之下，只有依靠口头教学和考试。中世纪大学分布于欧洲各地，限于当时通讯条件，大学相互之间缺乏了解和信任也属平常；辩论这种口头考试方式导致各校学位标准更难以统一；况且大学之间的教学和学术水平也的确存在差异。教皇所推行的"通用执教资格"，至少在理论上强制推行的一个统一的标准，在现实中并无操作的可能。就是今天，依然如此。

第三，经济利益的阻止。

中世纪大学的执教资格，在事实上流通受阻，可能和经济利益也有一定的关系。我们知道在中世纪大学，不管在私立大学（比如巴黎大学）还是公立大学（比如：上面提到的图卢兹大学），学费都是教师收入的重要来源之一。中

---

① 直至 12 世纪，书籍一直都是在修道院制造的。制造书籍的材料是非常昂贵的羊皮纸。在整个中世纪，抄写本身是一种专业。当时的图书制作极为艰难和缓慢，通常是几个人轮班地抄写一本书。复制一本《圣经》需要花一年时间，而一个牧师的一年收入才可以购买一部《圣经》。因此除修道院之外，很少有机构或者个人拥有《圣经》。直到 1470 年，巴黎才有印刷术。Wistiall Durant.*A history of Medieval Civilization Christian, Islamic, and Judaic from Constantine to Dante; A.D.325-1300*.World Library, Inc.1994.043412.

世纪大学的学费主要分为注册费、课时费和考试费,其中考试费是学费中最为主要的部分①。14 世纪随着大学的增多,大学之间不断爆发一种类似考试收费的冲突。任何学校的毕业生文凭(学位和执教资格证书)都不被其他学校所承认,除非参加了该学校为其举行的考试。从经济的角度,教师也会对来自其他大学的毕业生重新考试,尽管其已经获得执教资格证。

13 世纪在意大利出现的薪酬讲座制度,很快被北欧其他一些大学所效仿。这一制度对"通用执教资格"制度产生很大的影响。薪酬讲座制度是由市政府设立的,教席由政府出资赞助。我们知道最早在博洛尼亚大学,教师的薪水是由学生负担的。博洛尼亚因为拥有大量的学生和教师,经济越发繁荣。其邻近地区也试图通过建立大学发展经济,开出很高的优惠条件,吸引博洛尼亚大学的师生。为了留住这些师生,博洛尼亚大学就设立教席,对教师提供很优惠的待遇。有些教师在这类职位上一待就很长时间,而且这类教席越来越被少数大学毕业生所霸占,甚至被某些家族所垄断,从而出现一些所谓的"教师世家"。

对外来教师考试也是为了保持学校自身内部稳定的需要。1321 年奥尔良大学的态度可以为此做一注释:外国博士不受限制进入一所大学,会造成学校的不稳定;对那些在职教师,以及对没有自己的学生或者学生很少的教师,也是不公平的②。所以现任教师,总是想方设法提高入职门槛,以维护自己的利益。

和同时期一样,学徒—帮工—师傅,这条晋升道路越来越窄一样,在教育领域,学生—学士(助教)—教师这条上升通道也越发陡峭。对于许多人来说,获得硕士学位或者博士学位,拥有"通用执教资格"文凭,仅仅是一种有名无实的荣誉。事实上,大学的出现,在某种程度上讲,是阻碍而不是促进教师的流动。在大学出现之前,比如古希腊的智者,想到哪里教学就到哪里教学。

---

① "Gaines Post Master' Salaries and Student-fees in the Medieval Universities".*Speculum*.1932. Vol.7.No.2;黄旭华:《中世纪大学学费政策》,《高教探索》2014 年第 1 期。

② A.B.Cobban.*The Medieval Universities:Their Development and Organization*.London and New York:Methuen Co Ltd.1975,p.31.

在阿贝拉尔时代,一个教师就是一所学校。一旦大学制度化、体制化,教师自由流动的时代结束了。一个到处游历的教师群体并不受大学当局鼓励。个别学者为了一定的目的可以从一所大学流动到另一所大学。但是一群人不停地到处寻找教职和求学,会导致整个大学体系的混乱无序,对于大学而言是不可承受之重。大学的出现就是超越先前的那种无序混沌的状态。实际上,自由任教的观念和实践对于大学历史而言是有些偏离主题的①。中世纪大学本身所具有的行会特质以及地方主义,必然化解教廷诱迫大学遵从教会所倡导的世界主义。在很长时间,中世纪大学这种特立独行的个性并没有为当时人们所熟知。这也是大学和教会、市政摩擦不断的根本原因之一。

中世纪大学对待"通用执教资格"的矛盾心理和行为,就其消极面而言,对学人和学术的自由流动产生一定的阻碍;就积极面而言,体现了中世纪大学捍卫学术自主权的独立精神。不管如何评价,建立一个统一的、平等的、自由交往的学人共和国,依旧是学人的理想。

第四节 教师行会内部执教授予权争夺

一、同乡会内部执教授予权争夺

中世纪大学有 4 个学院(Faculty)②:艺学院(the Faculty of Arts)、法学院

---

① A.B.Cobban.*The Medieval Universities*:*Their Development and Organization*.London and New York:Methuen Co Ltd.1975,p.32.

② "Faculty"一词最初的含义表示知识(Knowledge),也学习某种特殊知识的意思,后来泛指任何专业的学习,再后来为被用于指称大学的某一组成部分,也就是以教授和学习相同知识为目的而聚集在一起一群人。早在 12 世纪末期,法国的艺学、神学、罗马法、教会法和医学的教育就已经相当发达,其中巴黎还发展为神学教育的中心,一个名叫亚历山大 Neckham 的英国人,就曾经在一首诗里面提起,中世纪大学的四个学院也渊源与此。Laurie,S.S.*The rise and early constitution of universities*:*with a survey of mediaeval education*.New York:D.Appleton and Company,1891,p.203;Olaf Pedrsen.*The first Universities*:*Studium Generale and the Origns of University Education in Europe*.1997,p.190."Faculty"也被翻译为学部,如中世纪大学的四个学院,也被翻译为艺学部、法学部、医学部和神学部。本书还是遵从通常的翻译。

(the Faculty of Law)、医学院(the Faculty of Medical)和神学院(the Faculty of Theology)。其中艺学院是中世纪大学的基础学院,相当于我们现在的本科学院。其他三个高级学院相当于我们现在的研究生院。尽管艺学部是基础学院,但在中世纪大学却处于领导地位。这表现在:1. 艺学部拥有大学 7 个选票中的 4 个①,而其他 3 个学院各拥有 1 个选票;2. 巴黎大学的校长由艺学院的院长兼任。大学校长由艺学院垄断,虽然不时受到高级学院特别是神学院的质疑乃至挑战,但从未被撼动。3. 所有学者必须向校长宣誓:不管将来身处何处,都要遵循艺学院和大学的章程。最初宣誓仅仅局限在入学或者学士考试时才需要。1280 年大学章程规定,誓言适用于将来的任何情况②。艺学院通过宣誓这一环节,牢牢控制整个大学。

为什么艺学部可以扮演领导角色?

1. 艺学部的成员最多。艺学部的学生不仅包括艺学部本身的师生,而且还包括高级学部的学生。高级学部的学生只有在获得博士学位之后,才能加入高级学部。这样艺学部的规模远远大于其他三个学部。这里有一组数据③,可以帮我们理解各个学部的规模。

表 1

年份	神学教师	法学教师	医学教师	文学教师	合计
1348	32	18	46	514	610
1362	25	11	25	441	502

① 艺学部为什么拥有七个选票中的四个呢? 这是因为艺学部有四个同乡会。其他高级学部有同乡会吗? 没有。为什么艺学部有四个同乡会? 对于这个问题,Kibre, P. 也没有给出明确的解释。或者这就是一种巧合,要不是一种天意,四个同乡会加上三个高级学部就成为 7,而"7"这个数字就是很神秘的数字了,比如七艺、上帝七天创世纪等。

② Olaf Pedrsen. *The first Universities: Studium Generale and the Origns of University Education in Europe*.1997,p.201;Astrikl L.Gabriel.*Studies in the History of the Mediaval University*.the mediaeval institute university of Noter Dame,Indiana.1969,pp.171-172.

③ Pedrsen,O.*The first Universities: Studium Generale and the Origns of University Education, in Europe*,New York:Cambridge University Press,1997,p.197.

2.艺学部的体制化比其他三个学部要早很多。早在 12 世纪晚期,就出现
了同乡会。同乡会这种组织在古希腊罗马就存在。Nation 的拉丁文 natio,有
"出生"的意思。在罗马时代"natio"是一个贬义词,指来自罗马之外的人。这
些人没有公民权,政治地位低下。古希腊雅典是当时的国际教育中心和留学
中心。世界各地的人们,比如:埃及、中东、欧洲各地的很多有钱人都送子女到
雅典留学。这些外地人就按照籍贯组建成一个个同乡会①。同乡会其实就是
某种社团,具有互助、娱乐和宗教的职能。中世纪大学早期同乡会和古希腊罗
马的同乡会之间是否存在渊源关系,不得而知。不过我想其精神和功能应是
一致的。最早的中世纪同乡会可能是 1191 年成立的伦巴底同乡会
(Lombards)。博洛尼亚大学有四个同乡会,分别是伦巴底(Lombards)、山外
(Ultramontanes)、托斯卡纳(Tuscans)和罗马(Romes),这些同乡会又细分为更
小的团体(consiliariae)。在巴黎大学,同乡会组织出现在最大的学部——艺
学部。巴黎大学的同乡会和意大利的同乡会不同之处,在于它不是严格按照
学生的籍贯或者地域来划分的,这也是同乡会之间经常闹矛盾的原因之一②。
巴黎大学艺学部也有四个同乡会:法兰西同乡会(French nation)、诺曼同乡会
(Norman nation)、皮卡底同乡会(Picard nation)和英—德同乡会(English-
German nation)。其中法兰西同乡会包括:法兰西岛(le de france)、巴黎、法国
南部(southern France)、意大利、西班牙和东方(the east),法兰西同乡会人最
多。诺曼同乡会成员来自鲁昂(Rouen)和布里塔尼(Brittany?)。皮卡底同乡
会包括所有的低地国家(Low Countries)和法国北部(norther France)。英—德
同乡会可能是四个同乡会中最复杂的一个,包括英国全境、诺曼底、荷兰的佛

① 从中世纪的"同乡会"看来,"籍贯"并不是中国的特色。对故乡、祖国的热爱是一种普
遍价值。费孝通认为,在一个乡土社会,普遍存在一种"血源性的地缘",他又将"籍贯"视为"血
缘的空间投影"。参照费孝通:《乡土社会·血缘和地缘》,转引自李乔:《扪虱堂回想录》,《同舟
共进》2015 年第 12 期。

② Gordon Leff.*Paxis and Oxford universities in the thirteenth and fourteenth centuries An institu-
tional and intellectual history*,New York:Robert E.Krieger Publishing Company,1975,p.53.

兰德斯(Flanders)的一部分、德国、斯堪的纳维亚、芬兰、匈牙利(Hungary)和斯拉夫地区(Slavic lands)。

每个同乡会有自己的行政官员、议事机构、章程、财产等。艺学部体制化比较早的原因,可能和艺学部的学生比较年轻有关。艺学部的学生大多在14—21岁之间,正是荷尔蒙分泌最旺盛的时期。在教师行会与执事长和托钵修会的斗争中,主要是艺学部的师生冲锋陷阵。和市民闹纠纷的往往也是艺学部的学生。就是这些斗争,加速了艺学部体制化,而且这种体制化既符合教师行会的利益,也符合社会的利益。就社会管理而言,一个有组织的群体好过一群乌合之众。反而,高级学部的教师人数很少,而且其成员都比较成熟,体制化的步伐反而慢半拍,比如神学部体制直到13世纪在和托钵修会的斗争中才逐步完善。

不管是学生型大学还是教师型大学,同乡会始终是大学最为核心的部分。对于巴黎大学的学生而言,同乡会构成他们学习和生活的基本组织,就好像现在大学生以学院为学习和生活的基本组织一样。

1213年,教师行会和执事长达成一个协议,艺学部的学生要通过考试才能获得执教资格。巴黎大学艺学院的学生可以到巴黎执事长或者热内维耶夫执事长申请执教资格,不过后来大多数学者都到热内维耶夫执事长申请。因此,这里以热内维耶夫为例讨论执教资格。到内维耶夫执事长申请执教资格,也要通过考试。考试委员会由教师行会选出四个委员加上内维耶夫执事长(终身主考官)组成,考试委员会每届任期一个月[1]。执事长仅主持考试,可以对考生提问,但不参与投票,考察学生主要是四个委员。

如何选举这四个考委会委员或者考务官,就成为四个同乡会争执不休的话题。起初四个同乡会各选一个教师担任考务官。四个同乡会遴选考务官的方式不同。比如,英格兰同乡会的考务官在会长提名两个中产生;法兰西和皮

---

① Kibre, P. *The Nations in the Medieval Universities*, *Mediaeval Academy of America*, Cambridge Mass., 1948, p.101.

卡底同乡会是在不同的省份轮值;而诺曼底同乡会提名和考生同一地区的教师(考生来自诺曼底同乡会的那个地区,就选举那个地区的教师当考务官)。对考委会成员的要求一般都要德才兼备。考委会成员不仅要向各自会长发誓,同时也要面对整个艺学部发誓忠于职守,校长也要发誓惩罚所有违规者①。

　　起初每个同乡会无论大小都各自一票,在当时也是很正常的。就是选举校长,制定修改章程等重大事情,每个同乡会都是平等的。中世纪这种平等民主的思想是深受亚里士多德的影响。亚里士多德认为,不能将所有的权力集中在一个人或者少数人手中。每个职务的任期的时间要尽量短,让每个人都有机会轮流做统治者和被统治者。亚里士多德还首次提出法治的概念。这位古希腊哲人在其著作《政治学》中提出法治优于一人之治(The rule of law is therefore preferable to that of a single citizen)②。西方国家的分权制衡思想最早应追溯到古希腊。

　　亚里士多德的著作在中世纪地位如同《圣经》,因此,教师行会治理遵循其理念也是正常的。比如在中世纪大学的校长任期就是由四个同乡会选举产生,校长任期起初只有一个月,最后规定为三个月。其他职位也遵循同样的原则。

　　尽管亚里士多德分权思想在当时占统治地位,但也不是没有挑战,就如同《圣经》同时也有信仰和理性之争一样。对考试委员会委员遴选方式最为不满的是法兰西同乡会。法兰西同乡会因为地理位置优势,人数最多。法兰西同乡会认为,这种不分大小,每个同乡会一票的方式不合理。法兰西同乡会规模大,应该在考委会拥有两个以上的席位。1266 年在与其他三个同乡会的纠纷中,法兰西同乡会宣称他们要拥有四个席位中的三个③。这种要求被当时

---

　　① Kibre, P. *The Nations in the Medieval Universities*, *Mediaeval Academy of America*, Cambridge Mass., 1948, p.100.

　　② [古希腊]亚里士多德:《政治学》,吴寿彭译,商务印书馆 1983 年版,第 167 页。

　　③ Kibre, P. *The Nations in the Medieval Universities*, *Mediaeval Academy of America*, Cambridge Mass., 1948, p.101.

的教皇特使,后来的教皇马丁四世①拒绝。教皇特使主张,所有的同乡会一律平等,不管大小。这种类似的纠纷在当时经常发生。1338年艺学部改革考试委员会。考试委员会的席位由原先的4位,增加到16位,其中,法兰西同乡会6个,诺曼底和皮卡特同乡会各4个,英伦同乡会2个;考委会成员分成两组,每组8个人,每一组的人员资质由另一组审查。这次改革,法兰西同乡会在考委会的权重增加了。但因为考委会席位的徒增,各同乡会纷争不减反增。1370年,英伦同乡会和法兰西同乡会又一次为执教资格考试闹起来。英伦同乡会抱怨执事长在考试过程中偏袒法兰西同乡会。这次纠纷最后上诉到巴黎议会(Parlement of Paris)。1382年巴黎议会对此裁决偏袒了法兰西同乡会②。1452年四个同乡会再次对考委会成员的资格作出统一规定:考委会委员必须由道德高尚,经验丰富的正式教师担任;学士不能再担任考试委员;执教资格必须授予那些值得拥有并能给教会带来荣耀的人③。

从同乡会对考委会委员遴选的争夺,可以看出,即使在教师行会内部,也没有一个同乡会可以完全掌控执教资格的考试。同乡会之间的斗争,使得执教资格制度朝向民主、科学的方向演进。

二、异地申请学位:学生对执教授予权的制衡

根据利益相关者管理理论④,一个有效的制度必须要考虑和平衡利益相关者的诉求。在讨论中世纪大学执教资格授予权时,有一个重要利益相关者

---

① 马丁四世(Simon de Brie)(1210? —1285年),1281—1285年在位,法国人。

② Kibre,P.*The Nations in the Medieval Universities*,*Mediaeval Academy of America*,Cambridge Mass.,1948,p.101.

③ Kibre,P.*The Nations in the Medieval Universities*,*Mediaeval Academy of America*,Cambridge Mass.,1948,p.102.

④ 利益相关者管理理论是指企业的经营管理者为综合平衡各个利益相关者的利益要求而进行的管理活动。该理论是1984年弗里曼(Freeman)在《战略管理:利益相关者管理的分析方法》一书中提出。该理论起初应用经济学,后被广泛应用与其他学科领域。

即作为大学重要组成部分的学生的利益是不能被忽视的。执教权含金量的高低直接决定教学水平优劣,从而影响学生的利益。学生对于执教资格授予权没有发言权①,不过学生还是有选择的自由,也就是说,学生可以选择在不同大学申请学位间接影响执教资格授予权。

直到 17 世纪,中世纪所有大学的课程和学位都基本相同,并且都以拉丁文教学②。欧洲的游学(academic pilgrimage)具有悠久的传统③。通常有相当一部分学生,先在家乡的大学学习一段时间。然后再前往巴黎大学;当然也有在巴黎学习,到其他大学申请学位的情况。这样就产生了两种类型的大学:学习课程的大学和取得学位的大学。④

在 1425—1497 年期间,英德同乡会共有 1535 名学士,其中有 147 人在来巴黎大学之前,就曾拥有在其他学校学习的经历⑤。有一个名叫 Mathias Krimer 的学生,先后在巴黎(1485 年)、科隆(1485)、英格尔施塔特(1488)、海德堡(1490)和布鲁萨尔(1490)五所大学游学⑥。当然,在中世纪,巴黎大学是所有师生心目中的麦加。大量的学生前往巴黎留学,比如:来自 Cologne 大学的有 42 人,来自 Louvain 有 34 人;海德堡 25 人;同时巴黎大学也有毕业生前往其他的大学学习或者教学。

中世纪大学,学生流动几乎不存在体制上的障碍。学生要提交一个类似

---

① 就是在以博洛尼亚大学为代表的学生大学,教师行会在考试、学位授予方面也拥有同样的垄断权力。

② *A History of the University in Europe.vol.I Universities in the Middle Ages*, *edited by Hilde de Ridder-Symoens*, Oxfordew:at the clarendon press.1936,pp.307−308.

③ 中世纪的欧洲人喜欢旅行,尤其是朝圣者。他们成千上万,虔诚地到耶路撒冷、罗马或者家乡附近的圣地朝拜。自十二世纪起,另一种类型的朝圣者或者说旅行者也是欧洲道路上一道常见的风景。他们是大学师生。他们朝圣的目的点不是基督教的圣地而是大学城。

④ *A History of the University in Europe.vol.I Universities in the Middle Ages*,edited by Hilde de Ridder-Symoens,Cambridge:Cambridge University Press,1992,p.434.

⑤ Astrikl L.Gabriel.*Studies in the History of the Mediaval University*.the mediaeval institute university of Noter Dame,Indiana.1969,p.188.

⑥ Astrikl L.Gabriel.*Studies in the History of the Mediaval University*.the mediaeval institute university of Noter Dame,Indiana.1969,p.188.

档案的材料,通常是任课教师对学生成绩品行的鉴定书。如果学生转学的话,则在一份由大学校长密封的、正式的学习证书中加以说明①。巴黎英德同乡会通常会要求转学生提供一个推荐信(litteras credenticales),最后得到英德同乡会老师的推荐。对于其他大学(必须拥有六个摄政教师 regent teacher)的学时,巴黎大学对折,即两个学年折合为巴黎大学一个学年②。很多学生在家里附近的学校取得学士学位,再来巴黎学习,规避巴黎大学学士学位考试。主要原因是巴黎大学的学士学位太贵,但他们必须实习一个学期(Winter semester)(Quadragesimas)。任何在其他学校毕业的学生,在没有被承认为(baccalareus receptus)之前,不允许在巴黎开设讲座③。

中世纪大学的学位相当昂贵。通常,医学博士学位要花费三千到五千里弗(相当于一个熟练工匠十年的收入)④。在不同国家和地区,学位花费有所不同。经常出现这样的情况,学生在一个比较好的大学读书,到另一所比较实惠的大学申请学位。比如:一个叫奥格斯堡的乔治·瓦格纳的学生曾经在帕多瓦学习法律,但帕多瓦的博士学位需要 50 斯库,锡耶纳 34 斯库,费拉拉 28 斯库。经过权衡他选择了锡耶纳,其原因是帕多瓦太贵,费拉拉学术名声不佳⑤。

在整个中世纪,大学都在为如何管理这些四处游荡的学生而苦恼。中世纪的学生对学校和教师的依附比我们想象要小得多。学生在选择学校、住处、

---

① Hilde de Ridder-Symoens, *A History of the University in Europe.vol.I*, *Universities in the Middle Ages*.Cambridge:Cambridge University Press,1992,p.235.

② Hastings Rashdall. *The University of Europe in the Middle Ages*.Oxfordew:at the clarendon press.1936,p.463.

③ Astrikl L.Gabriel.*Studies in the History of the Mediaval University*.the mediaeval institute university of Noter Dame,Indiana.1969,p.188.

④ *A History of the University in Europe.vol.I Universities in the Middle Ages*,edited by Hilde de Ridder-Symoens,Cambridge:Cambridge University Press,1992,p.434.

⑤ *A History of the University in Europe.vol.I Universities in the Middle Ages*,edited by Hilde de Ridder-Symoens,Cambridge:Cambridge University Press,1992,p.435.

教师、课程和学位等方面享有相当大的自由①。直到 1469 年巴黎大学才明确要求学生住校,这差不多到了中世纪大学的晚期②。这样在不同大学流动的"少数幸福人",他们行使用脚投票的权力,对执教资格授予权施加间接影响。学生自由流动是中世纪大学生机勃勃的重要原因之一。

---

① 在中世纪,孩子们一经断奶就进入成年人的社会。大约七岁以后(有关年龄难以精确),他们就可以学习,结婚以至坐牢或被绞死。中世纪大学的学生享有和成年人同样的权利。参见奥尔德里奇:《简明英国教育史》,人民教育出版社 1987 年版,第 30 页。

② Hastings Rashdall. *The University of Europe in the Middle Ages*. Oxfordew: at the clarendon press.1936,pp.577-579.

第三章　执教资格制度

　　为了方便研究,本书将中世纪执教资格(证)分为狭义和广义两种。狭义的执教资格(证)(licentia ubique docendi)指的是地方主教或修道院长代表教会颁发的教学行政许可(证)。广义的执教资格,包括:学士学位——执教资格(狭义的)——执教礼(incepto)/硕士学位。中世纪大学执教资格的获取,一方面要得到教会在程序上的形式认可,另一方面要得到教师行会在知识、能力方面的实质性认可。① 在研究中世纪执教资格制度之前,必须先对大学的入学政策,学费,课程和教学做一个基本的研究。这有助我们更加理解执教资格制度,从更广泛的意义上讲,它们也是执教资格制度的有机组成部分。在中世纪要想成为一名真正的大学教师,就必须到大学学习一系列的课程、经过一系列的辩论,通过一系列的考试,才能获得执教资格,最后通过教师行会举行的执教礼,才能真正成为教师行会的成员。

第一节　中世纪大学入学政策

一、对学生身份的要求

　　11、12 世纪的西欧社会可以分为三个阶层或者等级,用拉昂的阿达尔贝

---

① 黄旭华:《中世纪欧洲大学教师资格制度及启示》,《清华大学教育研究》2013 年第 2 期。

隆话,可以分为教士(oratores)、武士(bellatores)和劳动者(laboratores)。中世纪社会分为两类人即教士和俗人,其中俗人又分为"好战的武士"和"勤劳的劳动者",这是对中世纪社会三等级社会结构的表达。教士是传统的阶层,主要从事祈祷工作,他们体现宗教价值了;武士在等级结构中的出现对应着一个新的贵族,即骑士阶层的崛起,体现军事价值;第三等级是劳动者。这里的劳动者,通常认为是社会的其他成员,实际上指的是农民大众。在这里专门指农业劳动者中精英阶层,他们体现基督教社会中经济价值。①

　　基于基督教众生平等的观念②,在理论上,中世纪大学面向所有人开放,似乎没有正式的入学要求③。欧洲中世纪的大学生来自社会的各个阶层,既有富家子弟和贵族学生,也有来自中产阶级家庭的学生,包括下层贵族、富裕农民、城市居民,还有贫困家庭的孩子,体现出多样性的特质。④ 不过,大多数学生属于第三等级。"对于许多学生来说,来到大学不仅应当同知识使命相适应,还寄托着社会晋升的希望。大学学位可以使贫困的下层贵族在王室机构中效劳,可以使木匠的儿子成为医生,可以使农夫的儿子成为司铎或主教。虽然托马斯·阿奎那出身于西西里王国的一个大家族,而罗贝尔·格罗斯泰斯特(Robert Grosseteste)则是萨福克(Suffolk)的农民之子。"⑤当时,"大学接收每一位希望成为一名从属或成员的人,无论出身或等级。无论居住远近,无

---

　　① 雅克·勒高夫:《试谈另一个中世纪——西方的时间、劳动和文化》,周莽译,商务印书馆 2014 年版,第 95—107 页。

　　② "上帝自己常说,他对人毫无偏袒,所以如果我们允许一部分人的智性受到培植,而去排斥另外的一部分人,我们就不仅伤害了那些与我们自己具有同一天性的人,而且也伤害了上帝本身,因为上帝愿意被印有他自己形象的一切人所认知,所喜爱,所赞美。"夸美纽斯:《大教学论》,傅任敢译,人民教育出版社 1984 年版,第 52 页。

　　③ A.B.Cobban.*The Medieval Universities*:*Their Development and Organization*.London and New York:Methuen Co Ltd.1975,p.225.

　　④ [法]雅克·韦尔热:《中世纪大学》,王晓辉译,世纪出版集团、上海人民出版社 2007 年版,第 54—55 页。

　　⑤ [法]雅克·韦尔热:《中世纪大学》,王晓辉译,世纪出版集团、上海人民出版社 2007 年版,第 55 页。

论身体健康还是身体残疾都不会影响入学"。① 如来自布拉班特的尼克修斯德沃尔达在两岁的时候就双目失明,但还是在鲁汶大学获得了文科硕士学位和神学教学特许证,后来还在科隆大学学习并取得了博士学位。

在欧洲中世纪,成为一名大学生是相对容易的事情。中世纪大学早期还没有现代意义上的"注册"和"学籍"等限定性,大学甚至没有固定的开学或是注册的日期。他们是依据自己的需要和兴趣,到处云游求学。中世纪大学并没有明确的入学要求,只有一些仪式和达到基本入学的年龄及入学水平就可以了。各大学入学的年龄要求并不一致,学生的年纪不大,一般规定是在14周岁左右。或许能称为入学标准的似乎是道德品质。

中世纪上大学也要政审,首先必须是基督教徒。这对于绝大多数人都不成问题。就好像现代国家所有的人都是国家公民一样,在中世纪,在理论上所有的人都是基督徒,但并不意味这条是可有可无的。一个典型的例子,犹太人无权上大学,也无权加入任何行会,只好经商②。其次,卑贱职业者,比如屠夫、妓女等人的儿子是不能上大学。基督教主张众生平等,仅是一种理念,在现实中,等级、歧视普遍存在。这里提一下,中世纪大学没有女大学生。这可能是基督教对女人的一种歧视。亚当就是因为被夏娃蛊惑才犯罪的。因此大学里不能有女生,以免学生分心。不过更现实的原因可能是,一种是传统的惯性,除了一些少数行业。比如纺织、洗涤以女工为主,大多数行业是以男性为主的。而且在当时的社会比较混乱,女孩子出门求学更相当危险。尽管女孩没有机会上大学,并不意味她们没有机会接受教育,她们主要在女修院接受教育。

尽管大学对学生有出身和品行的要求,但这要求基本上是每个人都能达

---

① Hilde de Ridder-Symoens. *A History of the University in Europe. vol. I, Universities in the Middle Ages*. Cambridge: Cambridge University Press, 1992, p.172.

② 雅克·勒高夫:《中世纪的合法职业和非法职业》,《试谈另一个中世纪——西方的时间、劳动和文化》,周莽译,商务印书馆2014年版,第108—128页。

到,包括合法出生的证明。实际上只需要一个人相信自己是合法出生的就可以了。这类证明也只有在希望获得学位时才是必需的。在某些大学或是文学院中,只有在授予文学硕士学位时才需要。①

二、掌握拉丁文是入学的基本条件

对于那些上大学的男人来说,除掉经济负担之外,最大的挑战,可能就是语言。拉丁语是中世纪大学的学术语言,大学所有的课程都是用拉丁语传授,考试也是拉丁语辩论。掌握拉丁语是上大学的必要条件。

拉丁语原本是意大利中部拉提姆地区(Latium)的方言,后来则因为发源于此地的罗马帝国势力扩张而将拉丁语广泛流传于帝国境内,并定为官方语言。拉丁语也在不断发展变化,像我们的文言文一样。古典的文言文是从先秦时期的口语基础上转化成的一种书面语言,后来脱离了口语,演变成了一种纯粹的书面语,拉丁语也同样如此。罗马帝国时期使用的拉丁语称为"古典拉丁语"(Classic Latin)。古典拉丁语的地位差不多等同于我们的文言文,与日后的口语脱节。2—6世纪民众所使用的白话文则称为"通俗拉丁语"(Vulgar Latin)。6—9世纪期间,通俗拉丁语逐渐跟当地民族的语言相融合,演化成种类繁多的"罗曼语族"(Romance),比如:法语(French)、意大利语(Italian)、西班牙语(Spanish)、葡萄牙语(Portuguese)、罗马尼亚语(Romanian)等。到11世纪,拉丁文对所有的欧洲人来说已经成为事实上的一门外国语言(foreign language)。市民特别是艺术家、工匠和商人无一例外都使用方言,在13—14世纪的修道院和教堂的规章制度也是用方言而不是拉丁文书写②。整个中世纪的拉丁文也称为教会拉丁文。这是因为在中世纪,只有少数教士才

---

① Hilde de Ridder-Symoens.*A History of the University in Europe.vol.I*,*Universities in the Middle Ages*.Cambridge:Cambridge University Press,1992,p.171.

② James Bowen,*A History of Western Education Volume Two Civilization of Europe sixth to sixteenth century*.Methuen Co Ltd New FetterLane London EC4.1975,pp.166-167.

懂拉丁文。拉丁文只在教会、学术和外交领域这个极为狭小的范围内使用。

欧洲中世纪大学里,拉丁语是教学用语,且往往也被规定为日常交流用语。在 13 世纪之前,懂得拉丁语与受过教育是一回事,"文盲"就是不懂拉丁语的人。虽然随着欧洲各国本土语言的发展,拉丁语的地位被削弱,但是拉丁语对大学的影响却一直持续到 18 世纪。因此,对于一个即将进入大学的新生来说,掌握拉丁语是必不可少的。

因此,如果一个人要想上大学,就必须学习拉丁文。大学对拉丁语是个什么要求呢,关于这一方面拉斯塔尔提供了一些资料:大学新生必须会说拉丁文,最好会写。巴黎大学规定:新生向校长注册和宣誓时必须用拉丁文,不能夹杂方言。这里有一个例子可以作证。当时有一个小教堂赞助了两个学生。资助人说:"如果这两个学生中的一人能够用拉丁文阅读和写作",就送他到大学学习①。我们在学生进入牛津大学的一些学院比如:默顿学院也看到类似的要求②。一般要经过 7 年的刻苦学习,才能达到上述要求。至于学生的语言能力到底能达到怎样的程度,是很难确定的。

三、必须有自己的导师

在中世纪,任何一个想当师傅的人都必须经过学徒制度的培训。满师的学徒经过一定的仪式就能当师傅,在行会制度规定的条件下,他还可以开店(通常是在行会有缺额的情况之下)。正如恩格斯所说:"行会的学徒和帮工与其说是为了吃饭挣钱劳动,不如说是为了自己学成手艺当师傅劳动。"③在西欧,12—16 世纪是一个行会盛行的世纪。行会制度的实质是为了防止同业的分化而严格限制竞争的发生,使得工商业保持与农业社会经济相适应的规

---

① Will Durant.*A History of Medieval Civilization Christian, Islamic, and Judaic from Constantine to Dante: A.D.325-1300*.World Library, Inc.1994.043460.

② J.I.Catto.*the History of University of Oxford (Volume I) The early Oxford Schools*.Clarendon Press, Oxford, 1984, pp.372-373.

③《马克思恩格斯选集》第 3 卷,人民出版社 1995 年版,第 310 页。

模。只要有行会制度存在,就会有与之相适应的学徒制度,也就有学徒这一特殊的社会阶层。在行会制度下,没有学徒经历的人,就没有工商营工的资格。

同样,在中世纪,如果一个人想成为一名教师,也要到教师行会经历比较长的学徒培训。他必须先要找到一个指导教师。学生一般在到达后 15 天内,就要确定自己的导师。按照当时的规定,每个学生必须要有自己的导师。而且必须在一定的时间内就要确定。为什么学生一定要有自己的导师呢。这是因为学生到了异国他乡要找一个庇护人,老师就是学生的庇护人,正如师傅是徒弟的庇护人一般。还有一个原因就是中世纪大学的学生身份享有特权。现在的学生也有一定的特权,比如乘火车,门票有一定的优惠。在中世纪,学生身份的含金量比现在大多了,主要优惠就是免税、免兵役,最为重要的特权是司法豁免权,学生遇到民事纠纷或者刑事纠纷,受教会法管辖。所以学生身份的认证就显得很有必要。当时,有些人,冒充学生。为了加强对学生的管理,教会规定,每个学生必须有自己的导师。为了防止那些人滥竽充数,又进一步规定,只有那些每周上三次课的人,才是真正的学生。

刚刚进入大学的年轻人,首先要做的就是给自己找一位教师。1215 年出台的教皇特使库尔松的文件中已对此加以强调。他指出,在巴黎,如果没有一个特定教师的话,任何人都不能成为巴黎大学的学生。整个中世纪,任何一所遵循巴黎大学模式的欧洲中世纪大学都没有偏离这条原则。对于这一规定的原因在 1231 年教皇格列高利九世的敕令中能找到。他指出一些人装作学生,却不上课,也没有教师,他们就不能享有学生的特权①。在学生找到教师后,与其沟通,如果教师满意并将其注册后,他就是一名真正的学生了。之后,教师会带他去见校长,以得到后者的认同。接下去他还要去自己所属的同乡会。在那里,他要与其他的老生认识一下,尤其要跟同乡会会长认识,因为后者负责对其行政上的管理,这对其日后的学位晋级意义重大。

---

① Olaf Pedersen.*The First Universities:Studium Generale and the Origins of Uinversity Education in Europe.*Cambridge University Press,1997,pp.242-243.

四、入学宣誓是不可或缺仪式

要成为中世纪大学的学生,就必须宣誓。宣誓是中世纪大学新生入学注册要求的全部法律依据的象征。如果学生不宣誓,校长就会马上拒绝办理他的入学注册手续。在特定的历史环境中,正是由于宣誓,师生关系才超越了家庭的关系,也确定了自愿选择个人与大学之间的法律关系。学生们向他们自己的大学宣誓如同一个市民向他的城市宣誓、商人向他们的行会宣誓一样。大学是学者行会,学生则是向他自己的行会宣誓。

入学宣誓是一件庄严而又神圣的事情,宣誓意味着一种效忠关系的建立、一种契约关系的产生。一方面,学生要坚守承诺;另一方面,学生在宣誓履行职责的同时,也要享受相应的权利,即被保护的权利。教师、校长和学校要履行他们的职责,尽力保护每一位学生。

中世纪大学对宣誓年龄是有一定要求的,即宣誓者要达到某个最低年龄,否则其宣誓不具有法律效力。不同的大学对宣誓年龄有不同的要求,一般规定是年满 14 周岁。图卢兹大学的最低要求曾经是 10 岁,莱比锡大学是 13 岁,13 世纪的巴黎大学艺学院要求年满 14 岁,牛津大学则是 16 岁。[1] 那些未达到规定年龄的学生不能进行宣誓,但他们很多人却能进入那些没有最低入学年龄要求的大学。等这些学生达到合格的年龄时,组织再安排宣誓。如在罗斯托克大学,这样的学生有时占到了注册学生的 1/3。在西班牙、意大利和法国的法律大学中,这样的学生也极为常见。由于显而易见的法律原因,学生不可能免于宣誓,大学的章程也没有这类豁免的条款。因此,校长在得到未成年人作出的承诺——即是一旦成年就要进行宣誓之后,可以同意延缓未成年人的宣誓在守法、诚实与服从校长与章程的补充条款中,保留了一些变通的可能性。极少数特殊身份者可以免于宣誓或是限制宣誓。

---

① Hilde de Ridder-Symoens.*A History of the University in Europe.vol.I*,*Universities in the Middle Ages*.Cambridge:Cambridge University Press,1992,p.183.

第二节　中世纪大学的学费①

传统的教会学校是公立学校,其办学经费来自教会的资助。中世纪教师行会是一种新兴的具有独立法人资格的私立学校。中世纪欧洲大学一直为资金缺乏与囊中羞涩所困扰,而不断想方设法解决这一问题就成为了其所面临的重要课题。② 为了维持自身的运转,大学需要筹措相关经费。中世纪大学收入来自于内部和外部两个方面:内部收入来自于学费、恩惠(graces)和租金收入等;外部收入基本上来源于教会的捐赠,国王、公爵或者市民所付的薪水、捐赠和助学金。③ 这里只讨论中世纪大学的学费问题。

一、中世纪大学学费结构

中世纪大学的学费指的是学生与学校当局(教师)因为教学产生的相关费用,包括:注册费、听课费、租用教室和图书的费用、考试费用、学位费用,支付给学监的费用和各种教俗典礼费等④。这里主要介绍注册费、学位费、讲课费。

1.注册费

在中世纪大学的早期,比较通行的大学生注册主要在学院中进行,而且是学生直接向一位老师进行注册并交纳注册费。正式的大学注册和收费则从14世纪晚期才在中欧的新兴大学中兴起,并在16世纪成为欧洲各大学的流

---

① 关于"中世纪欧洲大学学费",参见黄旭华:《中世纪学费政策》,《高教探索》2014年第1期。

② 徐善伟:《贷款基金的设立与中世纪牛津大学师生的抵押借贷》,《历史研究》2018年第3期。

③ Aleksander Gieysztor,"Management and resources" in *A History of the University in Europe. vol*, *Universities in the Middle Ages*, edited by Hilde de Ridder-Symoens, Cambridge: Cambridge University Press,1992,p.133.

④ 黄旭华:《中世纪大学学费政策研究》,《高教探索》2014年第1期。

行做法。

欧洲各大学的注册费不尽相同,但其中一个共同特点是:各大学对相关条例的执行比较灵活。入学费通常按照贫富差别而交纳不等的费用,穷学生通常免交注册费。如1490年法国瓦伦斯大学的条例规定,新生在入学后的一个月内必须交纳学费,每个贵族出身的富裕学生交3弗罗林,一位不太富裕的学生交2弗罗林,所有其他的学生交1弗罗林,穷学生则完全免费。① 1447年的爱尔福特大学条例规定,每一位在大学注册的学生,只要负担得起,都要交纳1/3弗罗林或同等价值的20格罗申;假如他是一位贵族或拥有爵位者,则交纳1弗罗林;高级教士或期望被置于第一等级的教士,则至少交纳1/2弗罗林;穷学生则至少交纳6格罗申;假如注册者没有交纳费用,则在登记册上应注明为"贫民"②。

2.学位费

在学杂费中,学位费占了相当高的比例。获取学位的花费通常包括学位考试费和获得学位的庆典费。据考证,在英国各大学,一位学生获得学士学位所需的费用大约相当于其一年的膳食费,或其年度花费的75.2%,即2镑9先令4便士③。至于欧洲大陆地区的大学,尽管我们没有找到直接的证据,但根据获得硕士或博士学位所需的费用来推算,一位学生获得学士学位的费用大约相当于其年度花费。④ 很多中世纪大学生是在获得学位之前离开大学的。据一项著名的研究(Paulsen, F. Histor)表明:中世纪大学从入学读到

---

① Lynn Thorndike,"Regulation of the Bejaunium or Freshman Payment"in *University Records and Life in the Middle Ages*. Columbia University press. N.Y.1944,pp.365-366.在15世纪中叶的佛罗伦萨,著名律师和大学教授的平均年薪为200—500弗罗林,银行经理为100—200弗罗林,佛罗伦萨文书次长为100—150弗罗林,中产阶级裁缝为60弗罗林(可以看出当时的注册费的确很低)。王乃耀:《文艺复兴早期的佛罗伦萨经济之考察》,《世界历史》2006年第1期。

② Robert FranciS Seybolt,*The Manuale Scholarium:An Original Account of Life in the Medieval University*. Harvard University PressCambridge,Mass.1921,p.17.

③ 徐善伟:《中世纪欧洲大学生学习及生活费用的考察》,《世界历史》2012年第1期。

④ 哈斯金斯:《大学的兴起》,梅义征译,上海三联书店2007年版,第82—83页。

"bachelor"的人只有不到 1/4,读到"master"或"doctor"的人又只占 1/4①。学位费过高可能是导致学生不能继续求学的原因之一。针对这种情况,许多大学制定了相应的条例限制过高的学位费,甚至免除部分贫困学生的学位申请费,②但成效不大。主要是有令不行、有禁不止。学位费是大学的重要收入来源,这意味大学只会作出象征性姿态。学位费已成为大学生望而却步的沉重负担。

3. 讲课费

各个大学的讲课费不尽相同。一般而言,意大利大学的授课费用比较高,其他地区大学的授课费用相对较低,对于极其贫穷的大学生,往往免收授课费。胡安一世于 1392 年颁布法令规定,里斯本—科英布拉大学的富裕的法学院学生应付讲课费 40 镑或里弗尔,中产阶级的学生付 20 镑,穷学生付 10 镑,该法令由地方当局组织实施。③

我们迄今所能搜集到的有关讲课费最为详尽的资料来自于意大利的博洛尼亚大学和德国的莱比锡大学。据 1405 年博洛尼亚人文与医学大学的课程设置条例,我们可以估算出,一位大学生修完全部课程所需费用共为 1226 博洛尼亚索里达(合 61.3 里拉,约 40.87 金弗罗林),约占其四年总费用的 30.65%④。因讲课费太高,所以一些学生设法逃避交费。一位博洛尼亚大学著名法学家曾哀叹:"他们想学习,却不想交费。所有的人都想学习,但是没有

① Stephen C.Ferruolo." ' Quid dant nisi luctum?' ;Learning,Ambition,and Careers in the Nedievcal University".*History of EducationQuarterly*,1988,28(1),pp.1-22.

② 除了维也纳地方议会制定了相关法令外,博洛尼亚大学、巴黎大学、德国各大学等也纷纷出台条例免除或部分免除穷学生的学位费。Post,Gaines. "Masters'Salaries and Student-Fees in Medieval Universities".*Speculum*,1932.Vol.7.No2.pp.181-198.

③ Rainer christoph schwinges,*"Admission" in A History of the University in Europe.vol.I,Universities in the Middle Ages*,edited by Hilde de Ridder-Symoens,Cambridge:Cambridge University Press,1992,p.280-281.

④ Lynn Thorndike, "Regulation of the Bejaunium or Freshman Payment" in *University Records and Life in the Middle Ages*.N.Y.Columbia University press.1944,p.273-285.

一个人会交费。"①

二、中世纪大学学费政策的特色

中世纪大学在长期教学实践中形成了独具特色的学费政策:分期付款、差异化付费。

首先,中世纪大学实行的是一种分期付款的学费政策。

中世纪欧洲各大学入学注册费很低。现在的大学,学生新学期交给学校的高额入学注册费,在中世纪所占比例微乎其微(据估算是一个普通学生半个月左右的生活费)。如此低的注册费不能保证学校正常运转的,大学必须用其他名目收取费用,其中听课费就是一种变相的学费。听课费大约占一个学生全部花费的30.65%。参加学位考试的各种费用很高,在英国,学位费相当于一位学生年均膳食费或其年度花费的75.2%。在欧洲大陆,学位费大约相当于一位学生的年度花费。事实上参加学位考试的学生很少,所以一般是有钱人才参加学位考试。

这种把学费分解为注册费、听课费和学位费的分期付款的学费制度,大大降低了入学门槛,使得更多学生根据自己的情况来付费上学,从制度上保证了教学质量和学生的学习自由。当时师生流动性很大和这种灵活的学费制度是分不开的。同时这种学费制度还巧妙地把大多数学费转嫁到有钱人身上。

其次,中世纪大学实行的是一种差异化学费政策。

这种差异化学费政策主要表现在入学注册费、听课费、学位费等方面。一般而言,富有的学生所支付的上述费用为规定中的最高标准,而被确认为贫穷的学生,上述费用往往会减免。例如,各大学大都降低或免除了穷学生的入学费。由于入学注册费较低,而不像今天的大学入学费昂贵得吓人,所以大学门槛大大地降低了。贫穷不会成为人们上大学的障碍,从而保证了贫困学生获

---

① Alan B.Cobban."Medieval student power".*Past & Present*,1971,(53),pp.44–45.

得相对同等的教育机会。可见,正是遵循着"贫富有别"的原则,大学在收费方面向穷学生进行了倾斜,使得学校既能收取到尽可能多的费用,又不使穷学生失学。要知道在"在新旧欧洲(至少是阿尔卑斯山以北),15%—20%的在校大学生是贫穷的"①。在中世纪的欧洲,富人亦被迫为大学教育的发展贡献了自己的力量。正如一位学者所言:"在 15 世纪的巴黎大学,最大部分的应付款项是由占学生总数 10%的贵族学生所缴付的。"②

第三节　中世纪大学课程和教学

一、中世纪大学课程

中世纪大学课程具有经典性、等级性、世俗性和形式性等特点。③

(一)经典性

了解中世纪大学的课程最方便的做法就是看看当时的课程表。莱比锡大学艺学院 1519 年的课程表内容很是翔实,具体到"小时",不过它没有年级的划分。④ 结合土鲁司大学的艺学部 1309 年的课程表⑤,绘制下面的课程表。可以看出中世纪大学的课程表和现代大学的已经相差无几差。

---

① Astrik L.Gabriel,"Review of Matriculation Books at Medieval Universities".*The Catholic Historical Review*,1996(82),pp.459-468.

② Post,Gaines."Masters' Salaries and Student-Fees in Medieval Universities".*Speculum*,1932.Vol.7.No2,pp.181-198.

③ 黄旭华:《中世纪大学课程特色及启示——以巴黎大学为例》,《教育学术月刊》2013 年第 3 期。

④ Arthur Norton.*Readings in the history of education—Mediaeval Universities*.Cambridge:Harvard University,1909,p.134.

⑤ [美]E.P.克伯雷选编:《外国教育史料(第 1 版)》,华中师范大学教育系等译,华中师范大学出版社 1991 年版,第 195—196 页。

表 2　艺学院课程

节次		第一年	第二年	第三年	第四年
1	冬季	分析前篇 分析后篇	论题篇 诡异的驳难	同第一年	同第二年
	夏季	伦理学(前5卷)	伦理学 (后5卷)	论灵魂	伦理学(重新开始)
2	冬季	亚里士多德范畴篇导论 范畴篇、解释篇、小文法			
3	夏季	论六项原则 论题篇(前三册) 分论[波伊提乌] (Boethius)的分论? 普利西安的《语法结构》			
4		在教师讲课之后,指定某些学生复习上午教师布置的作业。学生分为两组, 一组从冬季到复活节,另一组从复活节到夏季 没有列入大纲的课程,在这个时间内,可能是由学生们讲关于普利西安的著作和旧逻辑			
		午　餐			
5		学士们开会或者从事教师指定的其他工作			
6	学士们的演讲时间	论题篇	分析前篇 分析后篇	同第一年	同第二年
7	学士和硕士的演讲时间	物理学	论产生和消灭 感觉 记忆和回忆 睡和醒 生与死 吸与呼 青年与老年 动物运动的原因 动物运动力	论天国和人世 气象学	形而上学

表3 法学、医学和神学课程①

法律课程	中世纪大学的法律课程一般分为民法和教会法两类。民法以民法类编为法定的教本,教会法以《教会法汇编》为正式课本。
医学课程	医学课程有康斯坦相诺斯收集的《医学总则》《临终圣餐》,尼古拉的《医典》或《解毒药集》《医学理论》《医学实习》,阿维森纳的医门的律例,伊萨克·尤德的《热症编》和《饮食篇》等书。
神学课程	神学教材包括《圣经》和彼得·伦巴德的《神父章句》及经院哲学家的神学著作。

魏瑟培(James A. Weisheipl)评论说,中世纪的课程就是经典名著(great books)及其注释,②此言极是。古代学校用名著作为教材是一个普遍现象。就是今天,依旧有重读经典的需要。

(二)等级性

中世纪欧洲是一个等级森严的封建社会,这种等级观念在课程体系中也得到反映,而且这种观念的源头可以一直追溯到古希腊的柏拉图。柏拉图把知识分为四层结构:幻影(images)、具体实物(sensible objects)、抽象观念(intelligible ideas)和形式(form)。在价值上,"形式"最高,"幻影"最低。据此柏拉图的课程从高到低依次为:辩证法、谐音学、天文学、立体几何、平面几何、数学。

如果说柏拉图按照学科等级,建立系统的学校教育思想还停留在《理想国》的设想中,到中世纪,柏拉图的学科等级思想和基督教神学等级观念在中世纪大学就有了很实在的教育体制支撑。

中世纪大学一般有四个学院:神学院、法学院、医学院和艺学院。在巴黎大学艺学院所扮演的角色就相当于如今的中等教育。它其实就像个公用的前厅,任何人要想进入其他三个院系,都必须先经过它。学生必须先在这个系里

---

① Lynn Thorndike, "Regulation of the Bejaunium or Freshman Payment" in *University Records and Life in the Middle Ages*. Columbia University press. N.Y. 1944, pp.64-65.

② 沈文钦:《论"七艺"之流变》,《复旦教育论坛》2007年第1期。

耗上一定的时间,才能继续攻读神学、医学或者法学方面的课程,其中神学是科学的皇冠。

中世纪大学的课程等级观念不仅体现不同学院之间的差别,同一学院的课程也存在等级差别。当时的课程分为两类即主干课(letture ordinaries)和辅助课(letture extraordinaries)。主干课程主要是逻辑和文法,其中逻辑绝对是主导性的。主干课是必修课,属于学位考试科目。上课时间一般安排在上午的黄金时段,由主干课教师(ordinary teachers)教学。主干课教师往往是位高权重的资深教授。他们的学术水平高,垄断了各学科领域的话语权,常常是学位考试及审查委员会的成员,同时也是大学里的实权人物和实际控制者。

辅助课比如:形而上学、伦理学、数学、自然史、天文学以及诸如此类的科目属于选修课。① 它们是对主干课的补充,不属于考试科目。辅助课由辅助课教师(extraordinary teachers)承担,上课时间一般安排在下午或节假日,比如从复活节到圣来米节这一段时间主要分配给辅助课。年轻的辅助课教师干活最多,收入最少,属于受压迫,受剥削的对象。主干课教师的学术地位和经济地位要比辅助课教师高得多。② 主干课教师和辅助课教师在地位和待遇方面的巨大差异是课程等级思想的物化和生动写照,而这反过来又强化了课程等级观念。

(三)世俗性

从上面关于中世纪课程的介绍可以发现,亚里士多德的原著在以神学著称的中世纪巴黎大学的课程体系中占有统治地位是毋庸置疑的。

中世纪大学的课程主要是世俗性学科,关于宗教神学方面的内容很少。

---

① 爱弥尔·涂尔干:《教育思想的演进》,李康译,上海人民出版社 2003 年版,第 193 页。

② 以 1391 年创办的费拉拉大学(Ferrariae)为例,人数不到五分之一的骨干教师的薪俸占全体教师的一半,最高薪俸的教授(800 里拉)比最低薪俸的教授(23 里拉)要高 40 余倍。张磊:《欧洲中世纪大学》商务印书馆 2010 年版,第 377—378 页。

主要原因是绝大多数艺学院的学生是没有资格进入神学院,即使有资格学习神学,真正对神学感兴趣又拿到学位的人更是凤毛麟角。① 尽管神学博士是中世纪最受景仰的学位,但大学规定获得神学学位至少需要在艺学硕士的基础上再读八年,而事实上,很多人都要念15—16年。② 神学学位因为难以获得未免曲高和寡,学习神学的人寥寥无几。就是当时以神学研究著称的巴黎大学,神学在其课程体系中的分量也是很小的。比如在1348年,巴黎大学共有教师610人,神学教师不过才32人,换句话说,神学院的教师仅占整个巴黎大学的5%。巴黎大学曾经一度只有八位神学教师,③已是苟延残喘,形同虚设。在绝大多数的学生眼里只有辩证法构成的世俗学问。即使辩证法偏向于神学,这种偏向也完全是柏拉图式的、纯理论性的。④

神学在中世纪地位很高,但比重很小,其主要原因是中世纪巴黎大学是一所世俗学院。中世纪很早就自然形成关于两类教育的准则:世俗人士负责世俗人士的教育,职业教士就该负责他们自己修会里那些人的教育。所谓上帝的事情归上帝,凯撒的事情归凯撒。

巴黎大学世俗性决定它不可能对宗教教育有多大的兴趣。左右中世纪大学课程地位是市场力量而不是意识形态。事实上在中世纪几乎各地的法学院都是最重要的,甚至在15世纪的昂热和奥尔良只有唯一的法学院。此外法学院具有压倒一切的优势,其人员数量明显多于神学院和医学院。以阿维尼翁大学为例,1430—1478年的注册簿显示,法学院的注册人数为3418人,神学院271人,医学院13人,艺学院61人。法学院的博士选举出

---

① Donnelly, Matt. "Medieval University: Charistian History 2002 (21)" http: web. ebscohost. com/ehost/delivery? sid=elb5be8f-e0d9-4e0f-9205…2012-12-3.

② Donnelly, Matt. "Medieval U: Charistian History 2002 (21)" http: web. ebscohost. com/ehost/delivery? sid=elb5be8f-e0d9-4e0f-9205…2012-12-3.

③ 爱弥尔·涂尔干:《教育思想的演进》,李康译,上海人民出版社2003年版,第106—141页。

④ 爱弥尔·涂尔干:《教育思想的演进》,李康译,上海人民出版社2003年版,第149页。

其院长("primicier"),独自掌管整个大学。①

(四)非职业性/形式教育

长期以来,一直有一个根深蒂固的刻板观念:中世纪教师行会实施的是职业教育。这是一个值得推敲的问题。

在西方古典教育理论和实践中,职业教育没有什么位置的。在柏拉图看来:理性是人的最高的机能,来自不朽的灵魂(思维和理性);欲望和情绪来自身体,属于低层次的机能(这种观点一般归为身心二元论)。教育的目的就是训练思维,发挥理性,就是关于自由的教育。而对身体技能的训练,是关于职业的教育,这种职业教育的地位一直不被看重。

中世纪大学的教师是以思想和传播思想为职业的一群人。可以说从一开始,知识分子就把自己工作定为智力操作者、思想家,而不是手工工匠。事实上知识分子对手工劳动是极度鄙视的。这样知识分子同其他劳动者隔绝开来,并使自己特权化。② 就中世纪大学来说,从来也不曾拥有一种以职业取向为根本的目标。无论是在经院时期还是在文艺复兴时期,艺学院里的老师都不曾致力于把自己的学生培养成哪一种特定职业成员。③ 就是在法学院、医学院和神学院的教师也不会教学生那些所谓职业技巧之类的东西。就拿实践性很强的医学来说,中世纪大学的医学教授只从事理论教学,而不会亲手去做手术。④ 主要原因当时的医生都是神职人员,而是神职人员不允许接触血,所以必须避免一切外科手术,包括一切会导致流血的医疗学习。⑤ 那些做手术

---

① [法]雅克·韦尔热:《中世纪大学》,王晓辉译,世纪出版集团、上海人民出版社2007年版,第9页。

② [法]勒戈夫:《中世纪的知识分子》,张弘译,商务印书馆1999年版,第113页。

③ [法]爱弥尔·涂尔干:《教育思想的演进》,李康译,上海人民出版社2003年版,第439页。

④ [法]爱弥尔·涂尔干:《教育思想的演进》,李康译,上海人民出版社2003年版,第439页。

⑤ [美]凯特·凯利:《中世纪500—1450》,徐雯菲译,上海科学技术文献出版社2012年版,第22页。

的医生往往和理发师联系在一起。这是因为理发师在理发修面的过程中,会时常划伤客人,这使得他们掌握了基本的止血方法。中世纪的人们认为,疾病是上帝对个人或者群体的惩罚。他们会采取各种方法治疗,但是祈祷是首选的医疗方法,即所谓的"信仰疗法"或"宗教医疗"。① 这也是中世纪被称为"信仰时代"在医学领域的体现。中世纪的人们普遍相信,真正的医生是通过观察和开药,而非开刀做手术等身体介入的方式治病。他们将手术视为体力劳动,做手术是一种有失身份的事情。

二、中世纪大学的教学

中世纪人只关心一个问题,如何得救。而《圣经》是一幅通往永生的地图。《圣经》是一部百科全书,内容博大精深,是神学院的权威教材,但是其教义晦涩、充满隐喻且文本缺乏连贯性,单独作为教材是不合适的。如何使隐晦的神意转换为可理解的语言,是一门高深学问。如何让教徒听懂、读懂和理解《圣经》就成为神学教师和经院哲学家的重要使命。这就要学者对《圣经》进行文本阐释,根据文本本身忠实把握《圣经》的原意。这样一门新的学科阐释学(hermeneutics)就慢慢发展起来。"阐释学"一词的词根 hermes 来自希腊神赫耳墨斯(Hermes)的名字,其意为"神之消息"。神学也就是圣经解释学。不仅是《圣经》不适合直接用来当教材使用,中世纪大学使用的其他经典著作,也几乎都不适用用来作教材。因此在教学中,除了原著,还必须有相应的诠释。

在教学中,诠释的方法首先表现为对语词意义的评注。在经院哲学家看来,文字的意义至少有四种:字面上的、譬喻的、道德的和通往的,即通往或通达神圣以及不可言喻之物。里拉的尼古拉以诗的形式论述了这四种意义,"字面的意义说明事实,譬如的意义说明信仰的内容,道德的意义指名应当要

---

① ［美］凯特·凯利:《中世纪 500—1450》,徐雯菲译,上海科学技术文献出版社 2012 年版,第 39 页。

做的事情,而通往的意义则指明你应当努力争取的东西"。① 在评注的同时,就会产生一系列疑难问题。而且每个人对文本的理解也有差异,学者之间自然会产生辩论,从而推动对问题的进一步研究,"大学知识分子就在这一时刻诞生了……教师不再是注释者,而成了思想家"。②

(一)教学方法

这样就产生了中世纪大学两种基本的教学方法:一种是讲授法(expositio),仅限于所探讨的作者的论点。另一种是究问(quaestiones),也就是一种论辩。

1.讲授法

讲授是人类最古老的教学方法之一,它源于亚里士多德时代,至今已有两千多年的历史。中世纪大学的讲授不是系统地阐述学科内容,而是由教师讲解一些选定的经典原文并对原文进行注释和评论。讲授的目的"在于使学生认识'权威',并通过权威使学生掌握所学学科的全部内容"。③

讲授法有两种基本类型:考据式讲授法和思想式讲授法。

所谓考据式讲授法就是一种逐字逐句的宣讲,学生一字一句地记录下来,在书籍匮乏的年代④,学生主要根据自己的记录或笔记,来理解讲授的内容。其具体程序是教师先向学生一句一句的朗读原文,不能过快或者过慢,以方便学生将原文记录下来为原则。学生将教师说的话,抄在蜡版上。如果老师读的过快,学生就会敲桌子或者其他方式,要求教师讲慢些。然后老师对原文加以解释;教师对特别重要的内容或者学生感兴趣的内容进行评论,最后提出问

---

① 洪汉鼎:《诠释学》,人民出版社2005年版,第35—36页。
② 雅克·勒戈夫:《中世纪的知识分子》,张弘译,商务印书馆2002年版,第52—53页。
③ 雅克·韦尔热:《中世纪大学》,世纪出版集团、上海人民出版社2007年版,第48页。
④ 关于中世纪的书籍,参见宋文红:《中世纪大学教材的发展及其特征》,《现代大学教育》2007年第2期。

题讨论。

这种教师读教材,学生做笔记的方法,使得教学效率极为低下。这也是为什么中世纪大学,尽管学习的内容不多,但费时很长的原因之一。不过随着抄写者和书商阶层的出现、发展和壮大。最初的革命发生了,图书不再是奢侈品①。另一种形式的讲授法出现了:思想式讲授法。

我们可以在巴黎大学艺学院 1365 年颁布的章程中,看到关于对教学方法的一些规定。②

　　阅读文科书籍曾经试用了两种方法:一种是教师,用自己的话很快地讲,这样听讲的人能记在心里,但不能记录下来;第二种,讲课的人慢慢地宣讲,使得听众能用笔记录下来。通过细心而继续不断的检查和两种方法的互相比较,发现第一种方法比较好些,因为在我们讲课时,一般心灵的理解能力提醒我们去模仿。因此我召集所有文科教师,不论是讲课的或没有讲课的制定这个实施规程:

　　同一系科所有讲课的人,包括教师和学生,不论何时何地或他们在同一科的正常秩序或者进程中恰好要读某种书籍,或者按照这种或他种讲解方法讨论问题,都要尽最大努力来采用第一种方法,就是,虽然当场没有一个人做笔记也要这样做。在大学中做演讲或者做介绍都要按照这种方法,其他科系的讲课的人,也要照这样。

　　违反这种规程的,不论是教师或者学生,我们要免去他讲课人的职位、荣誉、职务和在我们系科支持下的其他资财,为期一年。如果重犯,第一次重犯比初犯加倍处罚,第二次重犯加倍,以此类推。如果听众干扰这一规定的实行,不论是大声叫喊,或者吹口哨,挑起喧闹或者投石头,不论是个人或成群结队或者使用其他方法,我们取消

---

① 雅克·勒戈夫:《中世纪的知识分子》,张弘译,商务印书馆 2002 年版,第 78—79 页。

② [美]E.P.克伯雷选编:《外国教育史料(第 1 版)》,华中师范大学教育系等译,华中师范大学出版社 1991 年版,第 194—195 页。

他的听讲资格并离开我们的同伴,为期一年。如果重犯,也按照上边那样,增加处罚时间2—4倍。

我们可以从13世纪博洛尼亚大学教师奥德弗雷德斯对其《旧法理汇要》授课的陈述中,我们可以大致了解中世纪大学运用第二种讲授法的情况①。

> 关于教学方法,以下的通则一直被古代和现代的法学博士尤其是我自己的老师所遵循,我也将遵循这一方法:其一,在讲解原文之前,我将概述每一个标题;其二,我将尽我所能清楚、明确地讲述每一项法律(包含在标题里面)的含义;其三,我将以校正为目的通读一遍课文;其四,我将简短地重复每一项法律的内容;其五,我将竭尽上帝所赋予我的能力解释一些显而易见的自相矛盾之说,附带补充法律的一般原理(从段落中提炼)——统称为"简短法规"——并解释法律解答中出现的差异或一些精妙而有用的问题。

这里可以看出,技术革命对教学方法的影响。有些学生和教师习惯于用传统的逐词逐句的讲授法。采用这种教学方法,课堂气氛必定死气沉沉。教学的主要目的就是通过知识的传授和应用,提高学生的智力。高难度高速度的教学方法才可能使得课堂气氛激烈而紧张,这样的教学才是高效的。

2. 辩论

在中世纪大学,辩论是经院哲学在教育中的体现。阿贝拉尔在解释经院哲学的基本方法时说:"教父众多作品里有许多看起来互相矛盾和含糊不清的地方。我们尊重他们的权威,但是不应该因此就放弃我们自己追求真理的努力。""我斗胆根据我自己的思路收集了教父们的各种言论,并就其中似乎矛盾的地方提出一些问题。希望这些问题能够启发初出茅庐的读者探求真理的热情,让他们的思维变得更敏锐。""由于怀疑,我们认真地考察;通过考察,

---

① Charies Homer Haskins.*The Rise of Universities*.Transaction Pulishers,New Brunswick,(U.S. A.)and London(U.K.)2002,pp.58-59.中文参见查尔斯·霍默·哈斯金斯:《大学的兴起》,张堂会、朱涛译,北京出版集团、北京出版社2010年版,第47—48页。

我们认知真理。"在阿贝拉尔理性的审视和逻辑严密的推论后面,是《圣经》所启示的上帝权威和教皇所代表的教会当局的权威。矛盾的、含混的神学观点的澄清最终要诉诸权威,人的理性成为表述神的权威的手段,在此意义上,神恩并不扼杀理性和人性。信仰和理性的结合到了 12—13 世纪将西欧基督教文化提升到了辉煌灿烂的境界,在神学、法学和艺术等领域开放出人文主义的和理性主义的花朵,形成所谓的 12 世纪"文艺复兴"。[1]

　　辩论可以说是中世纪唯一的教学方法。讲授其实就是一种辩论,就是自己和自己辩论。辩论的目的是使师生扫清修业中遇到的困难,从做中学,即通过实际运用的知识来解决问题。在中世纪,有些教师让学士代上讲授课,自己将教学的中心放在辩论课上,对于教师来说,辩论是比文献评述更为自由地深入探讨某些问题的方法。对于学生,是实践辩证法原则的机会,也是检验其思维敏捷和推理合理状况的时机。很多学生迫不及待地想要参加辩论课,以显示自己的雄辩口才[2]。德国学者鲍尔生说:"辩论对于提高学生的警觉性,增强对新观念的领悟力,以及迅速而准确地将这些新观念转化为自己思想的能力,无疑是非常适合的。"[3]

　　巴黎大学所确立的关于辩论的规定程序,被大多数大学所遵循。教育史学者莫里森(S.E.Morison)这样描述:"中世纪大学的学生在读完一年级后,就开始不停地练习这一辩论艺术,并且在其学院生活的每一个重要阶段,他都得参加公开辩论,要么作为答辩人,要么作为反方辩手。"[4]辩论一直是大学的一个基本训练项目,不参加一定数量辩论的学生很少能毕业。如果教师在这方面有所疏忽,就要受到惩罚。中世纪巴黎大学一般每两周举行一次辩论,通常

---

　　① 彭小瑜:《12 世纪"文艺复兴"的政治含义:理性霸权和迫害之风》,DOI:10.15991/j.cnki.411028.2002.03.002。

　　② 雅克·韦尔热:《中世纪大学》,世纪出版集团、上海人民出版社 2007 年版,第 48 页。

　　③ 包尔生:《德国大学与大学学习》,人民教育出版社 2009 年版,第 25 页。

　　④ Willis Rudy.*The Universities of Europe*,*1100-1914*:*AHistory*.Canbury,N.J.:Associated University Presses,1984,p.34.

在下午举行。辩论的题目由教师选定并负责通知学院的其他部门。在辩论时必须严格遵循亚里士多德《工具论》中的三段论。举行辩论期间,所有的活动必须停止,所有人必须参加辩论。辩论通常分为普通辩论和自由辩论。

普通辩论分独辩与互辩两种。所谓独辩,就是学生就某一个问题的正反两面提出论据,自己辩驳,也就是自己和自己辩论。互辩指双方就一个问题的正反两面提出各自的论据。

普通辩论分为两个环节。首先,是学生主导辩论,教师给予必要的支持。学生解答来自其教师、同学及校外人士的提问。其次,由教师针对学生的辩论情况,引导学生进一步论证,教师回答相关问题,将辩论引向深处。最后教师举行一次讲学报告,逐一答复针对他的论点所提出的异议,试图对学生的论据及其论证的正确与否做出解答或"裁定"。托马斯·阿奎那曾两度执教巴黎大学,期间他至少主持了518次辩论,每周大约两次。这些辩论大多被记录在《论真理》一书中,内容涉及哲学、神学及道德等诸多问题,"这种集体的智力训练形式,很可能是中世纪大学对于欧洲教育最具创造性的贡献。"①

另一种辩论是自由辩论。一年中有两次,一次是在圣诞节,一次是在复活节。教师们也要当着许多学生举行大的辩论。这些辩论的主题可以是任何想辩论的内容。教师举行自由辩论,是给学生做一个示范,同时也是促使教师专业化发展的有效途径。

在中世纪大学,论辩成为唯一的练习方式。② 书面作文根本就没听说过。比纳斯在1531年写道:他们白天论辩,晚上论辩,吃饭时论辩、吃完饭也论辩;公共场合论辩,私人场合论辩。总之是随时随地在论辩。这种论辩能够有效地阐明所有的疑难。任何东西只有经过反复咀嚼,才能获得完整

---

① 希尔德·德·里德—西蒙斯:《欧洲大学史》第一卷中世纪大学,河北大学出版社2008年版,第253页。

② Donnelly,Matt. *Medieval U*:*Charistian History* 2002, *vol. 21 issue*. http:web. ebscohost. com/ehost/delivery? sid=elb5be8f-e0d9-4e0f-9205···2012-12-3。

的理解。①

为了充分理解这种辩论具有的教育价值。我们最好回到亚里士多德那里。在亚里士多德看来,学识的作用、实质和存在的理由就在于证明,就是搞清楚事物的依据。正是因为这一点,亚里士多德在每一次遇到问题的时候,都会将前辈们就这个问题已经给出不同的解决方案和他自己的方案放在一起同时考察,换句话说,就是让他们展开辩论。对于有些事情,我们只能得出一些似是而非的意见,在这些事情地域里,论辩与论证看起来就是用来追求真理的一种正确的方法程序和不可或缺的工具。②

当判断的技艺和推理的技艺都被吸收到论辩的技艺中的时候,辩证法就成为中世纪大学里唯一的主题。这是因为人们把它看做是以一种普遍的方式训练心智的唯一的方式。我们今天所熟知的实验性推理的观念在当时是闻所未闻的。只有 16 世纪,随着伽利略以及与他的名字联系在一起的科学运动的到来,实验科学才出现。为什么在中世纪教育,论辩和辩证法会占有垄断地位,原因就在于此。除了数学问题这个唯一的例外。任何事情都交付公开论辩,因为他们除了属于特定的、有限的知识领域,还属于充满争论的领域。用"世人论辩乃神授之例"描述当时的情形是不折不扣。严格词义上的辩论被认为是众学之王,是我们手中一种独一无二、普遍适用的工具用来将万事万物交付理智的考察。在这段历史时期,学习就是学习如何论辩。③

(二)中世纪大学的教学制度④

为了提高教学效率,防止教师磨洋工,中世纪大学发展出一套严密的教学

① [法]爱弥尔·涂尔干:《教育思想的演进》,李康译,上海人民出版社 2003 年版,第191—205 页。

② [法]爱弥尔·涂尔干:《教育思想的演进》,李康译,上海人民出版社 2003 年版,第 204 页。

③ [法]爱弥尔·涂尔干:《教育思想的演进》,李康译,上海人民出版社 2003 年版,第 212 页。

④ 关于"中世纪大学教学制度"请参见杨蕾、黄旭华:《中世纪大学教学质量监控制度》,《高等教育研究》2016 年第 2 期。

制度。

1. 严格的教学进度

大学章程不仅规定每个学期的教学内容,而且对课程进度作了标准化的安排(即时间段 Puncta)。以 1405 年的博洛尼亚大学章程为例,逻辑学常规课(类似于必修课)的内容被划分为三个学期。每个学期又分为 9 个时间段,每个约 2 周时间,包含若干个教学内容,教师必须严格地按照指定的时间表讲完相应内容,不能提前也不能推后,以保证每个教学内容都有充足的时间进行讲解。① 此外,章程对完成的质量也有具体规定:"教师必须完成所有教学内容,如果略过任一章节或法令,都将被罚款;章程还禁止教师把难点推迟到快要下课的时候讲,以防止他们借此机会逃避难题。"②教师必须严格地按照规定的方法讲解教材,"做到像士兵操练或法国公共图书馆的宣读员一样精确无误。"随后,巴黎大学将此条例进一步的细化,大学章程列举了两种教学方法,并进行了深入的比较,要求"所有教师都必须按照第一种讲解方法来讨论问题,如果违反,将剥夺他的职位、职务、荣誉和在大学里所有的收益,为期一年。如若重犯,第一次处罚加倍,第二次在此基础上再翻一倍,以此类推。"③该制度的产生有一定的时代因素:当时大学讲授的知识相对比较固定,主要是学习古希腊的经典译著;教师的主要工作是教学,较少从事知识的创造。大学通过长时间的教学实践,总结出一套行之有效的教学方法,并在教学中加以规范、进行推广,这不仅能有效地提高教学效果,也有利于教学质量的标准化。

2. 日常管理:作息时间制度

精准的时间安排不仅能保障日常的教学秩序,还有助于督促教师提高课

① Alfonso Maieru, *University Traing in Medieval Europe*.New York.Koln Press,1944,p.47.

② Rashdall, *The Universities of Europe in the Middle Ages*(*1*). New York:Oxford University PressInc.,1936,p.197.

③ Hastings Rashdall, *The Universities of Europe in the Middle Ages*(*1*).New York:Oxford University PressInc.,1936,pp.195-197.

堂时间的利用效率。博洛尼亚大学章程规定"当圣·彼得大教堂的晨祷钟声响起,教师应准时上课,违者将罚款 20 索里迪;教师可以根据自己意愿提前一小时上课,但第三次钟声敲响时必须下课,1 分钟也不能拖延;"后来,为了彻底杜绝拖堂现象,学校规定:"下课钟敲响时,学生们必须立即离开教室,否则每人将罚款 10 个索里迪。"①这比惩罚教师更有效,如果教师有片刻的拖延,面对的将是空无一人的教室。

3. 评价与反馈:教师考勤制度

中世纪大学的教师考勤制度也非常严格。这里以博洛尼亚大学为例,教师必须在上课之前到达学校,违者每次罚款 9 个索里迪。教师不能随意休假,"教师授课期间不能离开博洛尼亚,如果确有正当理由,首先需征得全体学生同意,再经由督导和校长(均由学生担任)批准才能休假。请假时间如果超过 8 天,则必须提交到校务会议上讨论,由学生委员会表决通过,才能被批准。假期结束前教师必须返回大学,否则将受到严厉的惩处。"②

4. 考勤制度还兼具了评价的功能

学校认为学生出席率低是因为教师上课缺乏吸引力,为了督促教师提高教学质量,大学章程规定:教师的常规讲座必须至少有 5 个学生出席,非常规讲座 3 个,否则,教师这节课就被算作旷课,并处以相应的罚金。而章程对学生的要求是:每周至少上三次课。③ 因此,学生可以通过用脚投票对教师进行评价,这种评价贯穿于每日的教学活动中,呈现出过程性的特点。此外,在获得学生的评价后,通常教师(或委托学长)会与学生进行沟通,及时获取学生评价的具体细节,从而有针对性的改善教学。这种互动透明、全员时效地"评

---

① Hastings Rashdall, *The Universities of Europe in the Middle Ages*(1).New York:Oxford University PressInc.,1936,p.196.

② Helene wieruszowski, The Medieval University:Masters, Student, Learning. Princeton, Van Nostrand Press,1966,pp.166,171.

③ Hastings Rashdall, *The Universities of Europe in the Middle Ages*(1).New York:Oxford University PressInc.,1936,p.196.

价—反馈"方式,能够在师生间架起沟通的桥梁,有助于师生间形成合力,共同提高教学质量。

5. 教师讲稿出版制度

大学要求"教师必须将讲授的内容记录下来发表,还必须尽快问世,以便考试时可以应用"。[①] 同时还需要一定数量的样本(exemplar)。正式讲课稿的发表在大学具有决定性的意义。1264 年帕多瓦大学的章程明确:"没有'样本'就没有大学。"[②]

教师上完课后,把讲稿整理出来,需先交给捧持(bedel)检查,否则将被处以 10 个金达克特(golden ducats)的罚款,捧持确认书稿无误后再交由书商出版。书稿出版后还需要接受审查,大学专门成立一个学生组织——六人委员会(perciarii)对出版后的书籍进行跟踪监督,委员会可以随时要求教师提供教科书给他们进行检查;此外,普通学生也负有监督义务,如果他们发现书中的错误,知而不报也将受到处罚。[③]

教师讲稿出版制度对大学的发展有着重大的意义。拉什达尔认为:相较于现代大学的科研基金、奖励以及各种巡查委员会,教师讲稿出版制度能更有效地激发教师研究学术和提高教学质量的热情。[④] 教师讲稿出版制度也是中世纪大学教学质量监控中不可缺失的一环。它详实地记录了课堂教学的全部内容,出版后形成的书籍也便于取用,有利于学生组织对课堂教学进行监督与回顾。此外,这些书籍被用于广泛传播,基于名誉的考虑,教师也将对教学审慎对待。

[①] [法]雅克·勒高夫:《中世纪的知识分子》,张弘译,商务印书馆 1996 年版,第 77 页。

[②] [法]雅克·勒高夫:《中世纪的知识分子》,张弘译,商务印书馆 1996 年版,第 78 页。

[③] Hastings Rashdall, *The Universities of Europe in the Middle Ages* (1). New York:Oxford University PressInc. ,1936,p.190.

[④] Hastings Rashdall, *The Universities of Europe in the Middle Ages* (1). New York:Oxford University PressInc. ,1936,p.190.

第四节　执教资格考试制度

　　中世纪学人按照大学章程,必须经过政审,缴纳学费,学习一系列课程,参加一系列辩论,经过一系列考试后,才可能最终成为教师行会的成员。中世纪执教资格考试制度是教师行会、主教、修士等各种势力博弈中逐渐形成。这里以艺学院为例,以课程为中心考察中世纪大学的执教资格考试制度的生成演变。课程一般被认为是破解大学秘密的黑匣子(black box)。以下三个重要章程中关于课程的规定基本勾画出巴黎大学执教资格考试制度的演进路径。

一、执教资格（原生学位）的出现

　　《1213年条约》主要解决执教资格授予权的程序问题(参见第二章),紧接着就是解决执教资格考试的实质内容或者标准问题①。关于执教资格的标准,最早可以追溯到1215年巴黎大学章程。它是由教皇特使罗伯特·库松②主持制定并以其名义颁发。不能认为该章程违背了教师行会的意愿。罗伯特·库松本人就在巴黎从事神学教学多年。他在制定章程时事先广泛征询了巴黎教师的意见。正如他所说的那样:我们制定这个章程,其目的就是为巴黎学者提供一个平静的环境,让他们好好从事教学③。可以说,在很多方面,该章程是巴黎教师和主教相互妥协的产物。

　　1215年巴黎大学章程的第一部分就是关于艺学院教师执教资格的规定:④

---

①　黄旭华:《中世纪大学教师资格制度及其启示》,《清华大学教育研究》2013年第1期。

②　库尔松(Robert de Courcon,1160—1219年),曾为罗马教皇英诺森三世的特使,主导制定1215年巴黎大学首部章程,库尔松曾经是巴黎大学的执事长。

③　Ian P.Wei.*Intellectual Culture in Medieval Paris:Theologians and the University c.1100-1300*.Cambridge University Press.2012,p.93.

④　关于1215年大学章程的内容,本书主要参照 Ian P.Wei.*Intellectual Culture in Medieval Paris:Theologians and the University c.1100-1300*[M].Cambridge University Press.2012,pp.93-98.

（一个人）要想成为艺学院教师,必须至少听 6 年的讲座;在他准备举行讲座之前,他必须通过主教和教师联合举办的执教资格考试;考试的内容包括:普利西安二书①或其中的一部,多纳图斯②的《原始语法学》(大文法,第三册)(*Barbrismus Bks*,*Larger Grammar*)和亚里士多德的《论题篇》(*Topics*),这两门是选修课程,也就是说不属于执教资格考试范围。哲学主要学习亚里士多德的《尼各马可伦理学》(*Ethics*)和四科(quadrivium)③。在整个课程设置中,亚里士多德的新旧逻辑学占主导地位。他应在公众或者考试官员面前,证明其教学能力;他在道德上必须没有任何瑕疵;考试通过后,除非学校给他指派其他任务,他还必须担任两年实习教师(regent masters)。

有意思的是,1215 的课程大纲特别禁止讲授亚里士多德的《形而上学》以及他在自然科学的其他著作。同时被禁止的还有迪南特教师(Master David of Dinant)的《教旨》;爱默里(Amauri)和莫瑞斯(Maurice)的异端邪说④。

1215 年章程还规定了神学的执教资格⑤:

一个人在 35 岁之前,不能成为神学教师(中世纪时期人的平均

---

① 普利西安(Priscian)公元 500 年左右最有名的拉丁语语法家。其著作 Institutiones Grammaticae 被当做中世纪拉丁语教学的标准教材。语法前十六册为《正篇》(*majo*),末尾两册为副篇(minor)。

② 多纳图斯(Aelius Donatus)公元 4 世纪前后的修辞家和文法学家。他所著的语法书在中世纪仍在使用,并成为后来及至现代的语法基础。

③ 四科:算术、几何、音乐与天文学。大纲没有就四科学习,专门指定相应的著作。可以看出,四科在中世纪大学课程设置学习一开始就不受待见。自由之艺(liberal arts,拉丁文 artes liberales)是拉丁时代形成的说法,指自由民应接受的基本教育,先是有三艺(Trivium)即语法、修辞和逻辑,后又有四艺(Quadrivium)即算术、几何、音乐、天文,合称七艺(seven liberal arts)。自由七艺是西方人文教育的基础,故汉语学界也有人把 liberal arts 译成人文七科,把 liberal education 译成人文教育。

④ Lynn Thorndike.*University Records and Life in the Middle Ages*,Octagon Books,1971.no.15,p.28.

⑤ Ian P.Wei.*Intellectual Culture in Medieval Paris*:*Theologians and the University c.1100-1300*.Cambridge University Press.2012,pp.93-98.

寿命也就 35 岁左右）；他必须至少学习神学 8 年，在其正式成为神学教师之前，他必须认真学习《圣经》和彼得·朗巴（Peter Lombard，约公元 1110—1160 年）的《格言大全》（*Libri Quatuor Sententiarum*），参加 5 年的神学讲座。当神学教师举行讲座，任何神学学生不能在 9 点之前上课①。任何人在巴黎开设正式讲座或者布道，必须在学识和道德上没有瑕疵；如果一个人没有明确的教师，不能被视为巴黎大学的正式成员②。

1215 年章程在中世纪大学史上是一个标志性的事情，它不仅意味着巴黎教师行会作为一个法人组织已得到罗马教廷的正式认可，而且开创了执教资格标准化的先河。执教资格作为一个学位真正出现是在 1215 年，这是一个需要经过考试才能获得的学位。之前的执教资格考试没有严格的标准，这也是教师行会和执事长纠纷不断的主要原因之一。

执教资格考试起到规范教学，确定行业标准的作用。它的建立不仅有效保证了从业人员的专业水准，而且提供了"去个人化、体制化的支持"③，是教师行会抵御外界干预的一种自我保护机制。从起因看，执教资格考试在当时更多被视为执事长代表（教会）国家对教师行会的一种监控机制。当教师行会认为执事长缺乏评价执教资格的能力，同时存在贩卖执教资格的嫌疑；执事长也同样有理由相信，教师行会可能会滥用学术权力。在执教授予权的斗争中，执事长的权力遭到了削减。执事长必然会充分利用执教资格考试这个工具，牵制教师行会。因此，执教资格考试在很多中世纪大学都是唯一的最困难

---

①　神学院的学生，他们拥有艺学院的执教资格，在攻读神学博士学位是，他们往往要到艺学院兼职，一般他们在 9 点之前给艺学院的学生上课，9 点之后上自己的专业课。如果 9 点之前有神学院的课，学生就必须先上神学课。

②　Thorndike，L.*University Records and Life in the Middle Ages*.New York：Columbia University Press.1944.no.15.

③　陈伟：《西方大学教师专业化》，北京大学出版社 2008 年版，第 175 页。

的考试。罗伯特·索邦（Robert de Sorbon）①在其《论意识》（De conscientia）一书中，将巴黎大学的执教资格考试与世界末日审判类比②。

任何人假如要在巴黎大学获得执教资格，如果他不能像许多大人物那样，因关照而逃避考试，他就非常希望执事长或者其他什么人告诉他考试的内容在哪一本书上。执事长会在一本书中选出 7—8 段话，考生只要回答对四个问题中的三个就可以过关③。在考试的时候，执事长会问：对于这个问题，你是怎么看的？执事长不会满意考生对书本的字面解释而不是理解其中的意义。校长不是常常亲自主持考试。像校长那样知识渊博的人主持考试，可能会使学生惊慌失措。学生经常在那些替代校长主持考试的教授面前表现良好。执事长或者其代表会同教师行会推选出来的四位测试人组成一个测评委员会，考察学生在修习期间的表现，包括"申请人在校的起居、课程的参与以及练习中的表现等各方面的内容；同时还包括对一些规定科目掌握情形的考察"。考察结束后，测评委员会的成员会对学生能否获得教师资格而进行投票，教师行会推荐出来的四位测试人的投票结果则会决定候选人最终能否获得教师资格证。

假如一个人没有通过巴黎大学的执教资格考试，这个结果只有 5—6 个人知道。考试不及格留下的差辱随着时间的流逝也会慢慢过去。但是，我们最后都无一例外地要在那个伟大的一天接受考试。在最后的审判日，这个判决将是最终的，不管你是多么富

---

① 就是这个罗伯特·索邦 1257 年在巴黎创建了第一所学院：索邦神学院，索邦也因此成为巴黎大学的代称。

② Charles Homer Haskins.*The Rise of Universities*.New Brunswick：Transaction Pulishers，2007，p.63.

③ 哈斯金斯：《大学的兴起》，上海三联书店 2007 年版，第 31 页。

裕或者高贵。然而,那个大校长——上帝——会在整个世界这所
"完整的大学"面前驳斥这位罪人。教务长不会严厉批评应试者,
但在最后的审判日,罪人会受到来自地狱约沙王河谷的铁条的
拷打。

二、学士学位的诞生

尽管教师行会在《1213 年条约》中获得了考核推荐权,教师行会依然没有
完整的自主招募成员的权力。革命还未成功,教师行会还需继续努力。学士
学位和硕士学位就是教师行会和执事长继续斗争所取得的战果。

(一)"学士学位"的产生

先看看 1255 年巴黎大学章程的课程规定:①

(1)旧逻辑:波尔菲里②的《亚里士多德范畴篇导论》
[*Introduction to the Categories of Aristotle*(*Isagoge*)]、《范畴篇》(*Cate-
gories*)、《解释篇》(*De Interpretatione*)、波伊提乌③的《分论》
(*Divisions*)和《论题篇》(除了第四篇)(*Topics*,except Bk. iv);(2)新
逻辑:《前分析篇》(*Prior Analytics*)、《后分析篇》(*Posterior
Analytics*)、《诡异的驳难》(*Sophistical Refutations*)、《命题篇》
(*Topics*);(3)道德哲学:《伦理学》四卷(*Ethics*,4Bks);(4)自然哲
学:《物理学》(*Physica*)、《论天国与人世》(*On the Heavens and the
Earth*)、气象学(*Meteorics*)、《论动物》(*On animal*)、《论灵魂》(*On the
Soul*)、《论产生》(*On Generation*)、《论感觉》(*On Sense and Sensible*

---

① Thorndike,L.*University Records and Life in the Middle Ages*.New York:Columbia University
Press.1944.no.28.

② 波尔菲里(Porphyry,233—309 年),腓尼基新柏拉图主义的哲学家和数学家。

③ 波伊提乌(Boethius,约 480—524/525 年)古罗马唯心主义哲学家和政治家。

Things)、《论梦》(*Sleep and Waking*)、《论记忆》(*On Memory and Recollection*)、《论生与死》(*On Life and Death*)、《论植物》(*On plants*)①;(5)形而上学:《形而上学》(*Metaphysica*);(6)其他的书:吉尔伯特·波利②的《论六项原则》(*On the Six Principles*)、多纳图斯的《原始语法学》(大文法,第三册)(*Barbrismus Bks, Larger Grammar*)、普利西安的《语法结构》[*Institutiones Grammaticae*(*Major and Minor*)]、科斯塔·本·卢卡③《论原因》(*On Causes*)、《论精神和灵魂的差异》(《论原因》另一个译本,*another translation of On Causes*)。最后两本书最初假以亚里士多德的著作流行于巴黎,不过没有发现其希腊文的原著,后证明是来自阿拉伯世界的译著。

相比较 1215 年章程,1255 年章程有几个特点:第一,课程的数量大大增加,许多在此之前被禁止的亚里士多德著作及其注释都回到了教学大纲;第二,出现了两个新学位:"学士"④(determiners)和"硕士"(magister /Master)⑤。不过章程中的学士学位、硕士学位和执教资格课程混在一起⑥。

1255 年的硕士课程应当视为执教资格考试课程。只要通过了执教资格考试,参加执教礼,就可获得硕士学位。关于硕士学位我们下面再谈,这里只讨论学士学位。当时还没有"学士"(bachelor)这个名词。在 13 世纪至 15 世

---

① 《论植物》在当时已经普遍认为不是亚里士多德的作品,不过还是将其同亚里士多德的著作一起列入教学大纲。

② 吉尔伯特·波利(Gilbert de la porrée,1070—1115 年),逻辑学、神学学者。

③ 科斯塔·本·卢卡(Cost ben Luca,阿拉伯名为 Qusta ibn Luqa,820—912 年),伊斯兰学者。

④ 尽管在 1255 年在大学章程中就出现了学士学位课程,不过据研究,直到 1275 年,艺学部关于学士学位的标准才统一。Kibre, P.*The Nations in the Medieval Universities*.Cambridge Mass:Mediaeval Academy of America.1948,p.100.

⑤ 1255 年的硕士课程应当视为执教资格考试课程,只要通过了执教资格考试,参加执教礼,就可获得硕士学位。

⑥ 这可能是一项制度从粗糙到精细化过程通常都具有的特点,如果考虑 1255 年章程通过的历史背景,也有可能章程在通过时就很匆忙。当时,教师行会和罗马教廷关系紧张,1255 年章程,是否得到教皇的认可,值得考虑。

纪中期之前"学士"被称为"determiners",之后才被"bachelor"取代①。

中世纪早期,获得学士学位一般不用考试。任何学生在入学四、五年之后,只要得到导师的允许,从事助教活动,就可以被称为学士。后来为了防止不合格的学生参与教学,各同乡会开始颁布章程使学士学位正规化,"学士"一词的内涵也逐渐被确定下来,仅指艺学部中通过了被称为 determinance 的考试,获得了实习机会的高年级学生②。第一次提到"学士"是 1252 年英德同乡会的章程③。四个同乡会大概在 13 世纪中期,都先后确立了各自的学士学位标准④。有理由相信,1255 年的巴黎大学章程是在四个同乡会章程基础上修订产生的。

在巴黎大学,攻读学士学位需要 4 年,其中前两年学习章程规定的课程和参⑤加辩论,后两年在一名教师的指导下,参与每周一次的辩论课,回答辩论中的异议和问题,获得辩论经验,这种辩论练习即是 sophistical exercises。在完成了这些学习之后,学生如果认为自己有资格成为学士了,在缴纳所有费用以后,可以向自己的老师申请参加学位考试。

巴黎大学学士考试分为两个阶段:预答辩,学士学位考试。

1. 预答辩(responsio)

学生如果想申请学士学位,他首先请自己的老师开一张凭证(Schedula or

---

①　G.Leff.*Paris and Oxford Universities in the Thirteenth and fourteenth century*:*An Institutional and Intellectual History*,New York:Robert E.Krieger Publishing Company,1975,p.151.

②　determinantium 这个词在中世纪的蛮族拉丁文(barbarousutin)中的意思是指议题,或者对一个问题进行辩论,或者是解释。学士考试并不要求就某一问题进行笔头测试或者写一篇论文。这或许是因为中世纪的教学主要就是口头的,而主要的练习方法就是辩论和讨论。这项考试是在一个或者几个教师的监督下进行的,通常还要当着其他同学的面。另外,它是一个内部的考试,所以不需得到教会代表的许可。

③　Thorndike,L.*University Records and Life in the Middle Ages*.New York:Columbia University Press.1944.no.26.

④　Kibre,P.*The Nations in the Medieval Universities*,*Mediaeval Academy of America*,Cambridge Mass.,1948,p.99.

⑤　海斯丁·拉斯达尔:《中世纪的欧洲大学》,邓磊译,重庆大学出版社 2011 年版,第 271 页。

certificate），证明他已学完了指定的课程。这张凭证经主考官仔细审核以后，学位申请人便可以参加在 12 月份圣诞节前举行的预答辩（a provisional test），这种考试在中世纪称为（responsio）。之所以称为"responsio"，这是因为在考试中，他要同一位已经获得学士学位又同时在准备执教资格考试的学生辩论语法和逻辑问题。

这里注意，一个学生是否有资格参加学士学位预答辩考试不是由现任教师决定，而是由正在申请执教资格的学士来判断。也就是说，学士在执教资格考试中，拥有一定的话语权。我们无法考察这种机制的形成过程，不过现在看来，这种由执教资格申请人参与学士学位考试有相当的合理性。因为执教资格候选人，刚刚通过学位考试，对整个考试过程熟悉。由他们担任学士学位预答辩的主考官，一方面可以减轻现任教师的负担，另一方面也为他们提供一个实习的机会。而且这一批人是不断流动的，因此，也比较公正。

2. 学士学位考试（determinatio）

如果初试通过的话，考生可以参加"学士学位考试"（*examen determinantium or determinatio*）。"Determinantium"是学士考试中的一个专有名词，这个词在中世纪的蛮族拉丁文（barbarousutin）中的意思是指议题、对一个问题辩论或者解释，或者答复反对意见。"学位考试一般在四旬斋第一个星期过后的下个星期四之前，考试将在整个四旬斋期间持续进行。"考试由考生所属同乡会组织。同乡会首先审查候选人有没有完成大学必不可少的学术活动和规定的课程讲座，然后会就其曾经研读过的著作提出问题，检查其对著作的掌握程度。这项考试是在一个或者几个教师的监督下进行的，通常还要当着其他同学的面。在这一期间，学生要讲几堂课，以此证明自己的教学能力。如果考试通过，学士候选人就可以自称为学士。一个学生获得了学士学位，就意味他正式拥有参与教学活动的权利，且有担任一年助教工作的义务。① 但这并不代

---

① Olaf Pedersen.*The First Universities：Studium genetah and the origins of university education in Europe*.Cambridge：Cambridge University Press，1997，pp.263－264.

表他可以独立授课。学士学位获得者可以成为教师的助手,在教师不能或者不愿上课的时候,代替他的教师完成教学任务。从某种意义上说,学士也是教师的帮工。

学士和艺学院的联系首次出现在 1254 年,当时,英诺森四世规定了学士的教学时间和日期。1231 年格里高利九世在一份教令中,首次提到学士,暗示在神学院出现学士教学的情形①。在 1275 的大学章程中,我们看到 bachelors 和 licensed bachelors 的区分②。这表明,随着学士人数的增加,文凭的膨胀,学士只是在理论上具备正式参与教学活动资格。学士要想正式参与教学活动,必须通过考试,获得学士执教资格。

(二)"学士学位"产生的原因

为什么会出现学士这个新学位?通常的回答是提高教学质量,规范学位管理。这只是其中原因之一。萨德勒(M.Sadler)、康德尔(Issac Kandel)、汉斯(Nicholas Hanns)和施奈德(Friedrich Schneider)等教育学者都认为,学校外部的事情甚至比学校内部更重要。对于学士学位的生成,不能仅局限于学校内部,要结合当时的政治、文化和社会环境才能得出比较合理的解释。在很大程度上,学士学位是教师行会和巴黎执事长斗争的衍生品。1213 年之后,尽管教师行会赢得执教资格的考核和评判权。但是,执教资格考试由执事长主持,考试委员会委员人选的一半由执事长指定,执事长还依然保留自由授予执教资格的特权。在这种情况之下,教师行会在招募会员时依然受制于教会。教师行会必须通过某种途径挤压执事长的权力空间。学士学位就恰恰做到这一点。学生必须获得学士学位,才能申请执教资格。也就是说,教师行会跑到执

---

① G.Leff.*Paris and Oxford Universities in the Thirteenth and fourteenth century:An Institutional and Intellectual History*,New York:Robert E.Krieger Publishing Company,1975,p.152.

② G.Leff.*Paris and Oxford Universities in the Thirteenth and fourteenth century:An Institutional and Intellectual History*,New York:Robert E.Krieger Publishing Company,1975,p.151.

教资格考试前面设置了一个新的学位。

学士学位出现在 13 世纪 50 年代,有其必然性。回顾教师行会和托钵修会的斗争,有助于理解学士学位的生辰八字。在中世纪大学,每个学生都应该要有自己的导师,就像每个徒弟都要有自己的师傅一样。① 要知道教师行会,和其他行会一样,也是采用"师徒制"培养继承人。尽管起初这是神学部的规定,有理由相信,在艺学部也有此类规定。教师行会通过控制学生牵制执事长的执教授予权。

不过,托钵修士的出现,情况发生变化。托钵修士不受教师行会的管辖,他们直接服务和效忠罗马教廷。托钵修会建立了自己学校系统,他们有自己内部的执教资格认定标准。他们没有到巴黎执事长申请执教资格的愿望和需要。1250 年 5 月 30 日,教皇英诺森四世要求执事长不管修士是否提出申请,都应该授予修士执教资格,只要这个修士符合从教的资质②。问题还不仅仅在执教资格,而是托钵修会在巴黎大力发展会员,导致教师行会的生源大量流失,从而威胁到巴黎大学的生存。在这种情况之下,促使巴黎大学开始实施学士学位制度。学士学位可以看做是巴黎教师反对托钵修会的武器之一。一个人如果要想参加执教资格考试,进而加入教师行会,就必须先通过教师行会内部新设立的学士学位考试。在学位考试之前,必须对同乡会、校长发誓遵循艺学部的章程。这种发誓起初只是针对学士学位候选人,后来这种发誓的范围延伸到所有人,而且宣誓终身有效。学士学位制度既阻止学生流向修会学校,打击了托钵修会,同时又钳制了执事长的执教授予权,一箭双雕。

---

① Thorndike,L.*University Records and Life in the Middle Ages*.New York:Columbia University Press.1944.no.15.

② Gordon Leff.*Paxis and Oxford universities in the thirteenth and fourteenth centuries An institutional and intellectual history*.New York:Robert E.Krieger Publishing Company,1975,p.39;Hastings Rashdall.*The University of Europe in the Middle Ages*(Ⅰ).Oxfordew:at the clarendon press.1936,p.376;Peter R.Mckeon."The Status of The University of Paris as Parens Scientiarum:An Episode in the Development of ItsAutomy".*Speculum*.Vol.39,No.4(Oct.1964),p.655.

教师行会的封闭、保守、权利自肥等特质,开始显露出来。学士学位制度对阻止学生流向修会学校到底起了多大作用,很难评估。不过学士学位制度建立,推进了大学的体制化进程,对规范教学管理,提高教学质量起到积极作用。

尽管学士学位制度有助于教学质量的提升,但它迟迟没有得到教会的正式承认。教会之所以对学士学位持反对、漠视态度,可能不是针对学位制度本身(毕竟提高教学质量是教师行会和教会国家共同的愿望),而是学士学位脱离了教会的控制。

三、执教资格制度的正式形成

1366 年的执教资格考试制度改革很成功。从此之后,就没有大的变动。这从 1452 年的课程改革主要集中在教学纪律方面,可以得到证明[1]。此次改革将学士学位、执教资格和硕士学位的课程清楚划分开来。至此,中世纪执教资格制度才完整呈现在世人面前。

(一)执教资格制度的形成

1366 年巴黎大学章程关于课程的规定[2]:

艺学院学士课程:(1)语法:维乐蒂的亚历山大(Alexander da Villa D)的《教义阐释学》(Doctrinal);(2)逻辑学:新、旧逻辑(等同于 1255 年的课程);(3)自然哲学:《论灵魂》。

通用教师资格课程:(1)自然哲学:《物理学》《论产生和毁灭》《论天象和宇宙》《力学》;(2)数学:天文学、行星理论(雷莫纳的杰拉德(Gerard of

---

① Thorndike,L.*University Records and Life in the Middle Ages*.New York:Columbia University Press.1944,pp.64-66,244-247.

② Rshdall,H.*The University of Europe in the Middle Age*(*1*).Oxford:Clarendon press.1936,pp.443-444.

Cremona)、几何学:欧几里得(Euclid)、算术:普通算术、音乐:音乐(John de Muris)、光学:John of Pisa 的《普通光学》(*Common Perspective*);(3)《政治学》;(4)《修辞学》。

硕士学位课程:《伦理学》三卷(*Ethics*)、《流星》(*Meteoric 3 Bks.*)。

相比 1255 年,1366 年巴黎大学章程逻辑严密、内容清晰。学士学位、通用教师资格和硕士学位三个学位依次递进,每个学位的课程内容也很清楚。也就是到这个时候,学士学位才得到教会的承认。一是学士学位在大学章程中有明确的课程;二是 1366 年的巴黎大学章程是在教皇指导下修改制定的。最直接的证明,1366 年教皇使节对艺学部的执教资格候选人的资质作出如下规定:"凡从注册入学之日起,在大学修习满五年或者六年,听过学部开设的所有讲座,年满 20 周岁的所有学者,都可自主向主教座堂执事长申请参加执教资格考试。"①此规定可以视为教会对教师行会垄断学士学位的抗议和制衡,是教会试图消解行会所固有的封闭、保守和自利性的一种努力。不过这条规定也暗含教会对学士学位的认可。享受此规定红利的当然是托钵修会学校。也就是这个不显眼的规定,直接推动了修会学校的发展,16 世纪耶稣会学院的蓬勃发展是否和此规定相关?

为什么直到这个时候,大学章程才明确规定学士学位的课程?这里对艺学部的师资做些说明。艺学部教师一个来源是新出炉的硕士。他们在获得艺学硕士学位后,必须在学校教学两年。两年之后,这些人有的选择离开学校,有的则继续到高级学部深造。因为生计,高级学部往往有一部分学生继续在艺学部兼职教学。一方面要完成自己的学业,一方面要到艺学部教书打工,对高年级学生而言是一个很难保持平衡的问题。到了 14 世纪,高年级学生到艺学部兼职教学的现象越来越少。与此同时,巴黎大学正式教师的责任心也在不断下降,很多教师忙于到外面兼职。这样艺学部的教学就更多倚重学士学

---

① Hastings Rashdall.*The University of Europe in the Middle Ages*(1).Oxfordew:clarendon press.1936,p.448.

位获得者。在这种情况下,学士学位的课程考试标准才正式出台。显然,中世纪大学后期的教学过多依赖学士,这必然会导致教学质量的下降。中世纪大学在后期逐步走向没落,和教学质量的滑坡不无关系。

(二)硕士学位的出现

硕士学位课程第一次出现在大学章程是 1366 年。不过"硕士"这个名词很早就出现了。"magister""doctor"和"professor"是从古典拉丁文借用的。尽管这三个术语并非不加区别地被使用,它们最初却有一个相近的含义,即"教学",而且往往与特定领域作出杰出贡献的人联系在一起①。在 12 世纪以前,"magister"和"doctor"似乎仅仅是一个日常用语,而不是正式的头衔。如果某个人在学校从事管理工作(不管是受指派的还是创办人,他们通常都要得到教会的许可),就可以自称硕士。更为普遍的是,任何一个学习了一段时间的人和那些离开学校带着教师发给表明其学业成绩正式的或非正式证明的人,都可以使用这个称呼。大学出现之后,学士、硕士和博士不再是一种泛称,而成为大学声称专属它们独有的学位。大学为此还详细规定获得这一学位所需要学习的课程内容和必须遵循的程序②。

获得艺学硕士(magister atrium)的人,一般都要在艺学院承担两年的义务教学(biennium complere)。在中世纪巴黎大学,艺学院是最大的学院,对教师的需求远远超过其他学院。相比较法学院、医学院和神学院等研究生学院而言,属于本科层次的艺学院教师的社会地位和经济待遇都不高,这导致艺学院的师资往往严重不足。这种由硕士承担义务教学的做法,不仅缓解了艺学院师资短缺的压力,也为新老师提供更多的教学实习机会。

① Hilde de Ridder-Symoens. *A History of the University in Europe.* (vol. I) *Universities in the Middle Ages.* Cambridge:Cambridge University Press,1992,pp.144-145.

② Hilde de Ridder-Symoens, *A History of the University in Europe.* (vol. I) *Universities in the Middle Ages.* Cambridge:Cambridge University Press,1992,pp.144-145.谢大任主编:《拉丁语汉语词典》,商务印书馆 1988 年版,第 177、335 页。

　　为什么出现硕士学位这个新学位？就起源而言,硕士学位是伴随执教礼而出现的。最初,执教礼只是一个纳新仪式①。到后来,执教礼不仅是一种

_____

　　① "执教礼"到底起源何处,这个问题没有一个明确的答案。可以肯定的是,教师执教礼上的某些仪式来源于远古的风俗习惯——似乎在古罗马时代的哲学与修辞学学校就存在,这些因为年代久远而面目模糊的古老传统被部分传承下来一个佐证是,中世纪意大利的教师入职举行的仪式和巴黎相类似。教师行会的执教礼或许会从古罗马借鉴某种仪式,相比之下,当时的骑士制度和行会思想观念对中世纪大学的影响更为直接。著名的骑士制度史家 L.高梯认为,骑士制度起源于被教会理想化了的日耳曼习俗,它是一种理想而非一种规章制度,它是军事范畴的基督教表现形式,而且骑士是基督教的战士。骑士头衔获得最初是一种入行仪式,也就是一个新手,在一个庄重的场合下被骑士团的兄弟们正式接纳。就像教师申请者必须获得主教座堂执事长授予的执教资格证一样,见习骑士也需要获得牧师的祈祷赐福。获得了执事长授予的执教资格证,新晋教师的第一次正式教学,还需要资深教师的莅临和默许,才能获得完全的教师身份;而骑士申请人也要在亲吻老牌骑士的长剑后才会被骑士团兄弟接纳。在中世纪,凡是重要的事情,人们往往会举行某种仪式,明示其重要性并给人留下深刻印象。被册封为骑士,是一个人一生中重大的事情,必然伴随某种仪式。Broughton,B.B.给我们描述了这种仪式。在臣服仪式中,请求臣服的人不带任何武器,不戴帽子、不戴踢马刺、不穿斗篷,双膝跪倒在封者的面前,并大声宣布:"阁下,我已经是您的人。"这时封主将一件象征财产的东西交给他,通常是一包土、草皮或者麦秆、树枝等以此象征封土,有时会是一根小拐杖象征权力,或者一支长矛或者宝剑表示服兵役的权力,或者一面旗帜意谓军事指挥权等。此刻,受封者用简短的话语表示将忠实履行职责,精忠效力。然后,封主扶起跪在地上的受封者。封主和受封者互相亲吻嘴唇,以此作为和谐和友谊的象征。从此,这个受封者成为封主的附庸,而封主则成为附庸的领主,附庸成为该领主的"口与手的人"。在涂尔干看来,基督教的团体意识,对教师行会执教礼的影响具有根本性的观念性影响。在后来的学位授予典礼上,大学的毕业理念在很大程度上都可以视为一种精神和知识领域的骑士制度。在后来西班牙的一些大学,新晋博士在授位仪式上甚至还被授予一把真实的长剑;而在维也纳,骑士出晋仪式上初步进行的受洗,似乎同样也被学位申请仪式所模仿。而学者生活相对更加受到当时特有的社会、政治理念——一种行会理念或者相同从业者宣誓为兄弟关系的理念的影响。中世纪教师行会的"执教礼"就是在骑士制度和行会制度仪式的基础上发展而来的。在爱弥儿·涂尔干看来,教师行会的"执教礼"的内核是基督教的团体意识和教育观念,至于执教礼的外在形式,无关宏旨。"执教礼"具有两个方面的意义。第一,是刚刚获得从教资格的新晋教师首次在公众面前正式履行自己的职责。根据罗马法理念,这实质上是一个组织对新晋成员进行公开、庄重的授予职位真正的仪式;第二,是新晋教师曾经求学的老师以及该行业其他教师对其进行认证,即新来者被接纳到教师群体的过程。届时,新晋教师将会头戴一顶四方帽。在古罗马的仪式中,四方帽有时被解释为正式从受支配状态的学生身份中被解放出来。不仅如此,学位帽(biretta,即四方帽)同时也是教师身份的象征。同时作为教师身份象征物还包括戒指和一部打开的书籍,届时这些东西都会由自己的导师颁发给新晋教师。然后,当年的教师还会对新晋教师致以吻礼和赐福祈祷。为了展示自己的执教能力,新晋教师还需要举行一场就职演讲或者辩论。新入职者应当为"立足而支付报酬",这一理念是人类最原始的自然本能。因此,新晋教师必须举办一场晚宴盛情款待全体或者大多数同事。新晋教师还必须给同事赠送礼品,手套和长袍是必不可少的。最后还要被勒索上一笔现金作为教师团体的公共基金,

仪式,它还是一种权力,即教师行会的执教授予权。前面提到,尽管教师行会获得考核推荐权,但执事长依然保留自由授予执教资格的特权。学者依然可以到他那里申请执教资格。教师行会对执事长打压的第二策略就是,丰富执教礼的内容,使其具有教师行会执教授予权的功能(第一个策略就是上面提到的学士学位的设立)。不管你是通过什么途径获得执教资格,但要加入教师行会,就必须遵循教师行会的行规和传统。比如:他必须要通过教师行会内部举行的考试,考试科目:亚里士多德的《伦理学》和《论流星》,这是1366年巴黎大学章程的新规定①。在举行执教礼时,他必须当场发表演讲。一个平时没有经过基本学术训练的人——比如参加辩论、演讲等——是很难蒙混过关的,这或许是口试的优势之一。即使侥幸通关,后面还有更富挑战性的考核。在早期阶段,新教师有义务在执教礼结束后,进行连续40天的论辩活动②;接下来,他还必须留守巴黎大学从事为期两年的教学活动②;再后来,教师行会逐步形成了一种制度:新教师必须提交一篇公开发表的毕业论文,以供所有学者参考③。这是一种极为重要的考核方式,现在许多大学依然保持着这种中世纪大学的遗风。比如德国某些大学,提交一本有分量的学术专著(非博士论文)是成为大学教师的前提条件之一。

　　教师行会通过一系列卓有成效的制度,将那些通过投机取巧窃取执教资

这种勒索一度成为大学学位授予仪式必不可少的组成部分。而且,在新晋教师在办相关例行公事和正式手续都需要打点,不过这并没有违背基督教的规定,因为这笔钱是作为公共基金而不是给某个教师的。以上有些做法,起初纯粹是娱乐。教师执教礼从原来仅仅同事之间友好的胡闹,逐渐发展成为一种庄重、正式的新晋教师准入机制。

　　① Alan E.Bernstein:"Magisterium and License:Corporate autonomy agaist Papal authority in the medieval university of Paris". *Viator*.1978,p.294.

　　② Gordon Leff.*Paxis and Oxford universities in the thirteenth and fourteenth centuries An institutional and intellectual history*.New York:Robert E.Krieger Publishing Company,1975,p.26.

　　③ Charles Homer Haskins.*The Rise of Universities*.New Brunswick:Transaction Pulishers,2007,p.66.

格的人,将那些缺乏"以学术为业"情怀的人排除在教师行会之外①。事实上,很多人在获得执教资格之后,并没有从事教学工作,这可能和上面的一系列规定有关,也可能是教师这个职业并不具有特别的吸引力。

不参加教师行会,单干可以吗? 不可以。古希腊罗马的教师都是个体户,不过到了中世纪,教师就是有组织的人了。教师行会是享有一定特权的自治组织,只有加入其中,才能得到行会的庇护。一个被所属行会开除永不叙用的人,其惩罚不亚于夏娃、亚当被上帝逐出伊甸园。对于社团和个人的关系,爱弥儿·涂尔干给我们作了最好的解释:事实上,社团克服了个体处于游离的状态,无需任何强制,个体都必须加入其中。一旦社团形成了,就会把那些没有依附于它的个体纳入集体的轨道。任何游离于社团外的个体都会丧失生存的基础。职业团体取代了作为政治单位司法管辖的位置②。

自主招募行会成员,是每个行会的基本权利。不过教师行会和其他行会不同,他对自己的成员并没有完全的管辖权,最为明显的是它并没有完全的招募行会成员的权力。两个主要原因:其一,教师在经济上不能自足;其二,即使在经济上不依赖任何机构和个人,教师行会也不可能拥有完全自主招募成员的权利。原因很简单,教师从事的是精神文化事业。没有哪个国家或者政府会放弃思想意识形态领域的管辖权。教会通过执教资格控制教师,不过随着教师行会的自我意识的觉醒,教师行会要求拥有自主招募成员的权力,这就和教会的执教授予权发生冲突。按说,这是两种不同性质的权力,不存在交集和冲突。今天我们很难理解这个问题。比如一个人通过了司法考试,获得律师从业证书。如果他要到某个律师事务所应聘。这个律师事务所,可以自主决

---

① 现在很多大学也采取类似的政策,将那些缺乏学术能力和学术情怀的人排除在大学之外。举个例子:湖南师范大学在招聘硕士时,就明确规定,在5年内必须考上博士。现在有些大学实行"师资博士后"和"非升即走"政策,也是这个目的。

② [法]爱弥儿·涂尔干:《职业伦理与公民道德》,渠敬东译,商务印书馆2015年版,第43页。

定要不要这个人。

但是中世纪大学却不是这样。在教会看来,教师行会就是其一个下属机构。一个人只要从教会获得执教资格,教师行会就要接纳其入会。教师行会不能以执教礼对抗教会的执教授予权。拒绝接纳就意味着对主教的反抗。长期以来,地方教会和罗马教廷都将巴黎大学视为其一个下属机构或者殖民地,大学和修道院一样,几乎被教皇和主教当做其私有财产。尽管巴黎大学是由圣母院大教堂学校孕育而生,实际上它是在巴黎圣母院之外形成的。只有当学校在教堂管辖之外发展,大学才有可能形成。大学甫一诞生就体现出和传统教会学校完全不同的特质。一般认为学术行会(academic guild)是依法成立的自治社团①。在中世纪即将结束时,这种观点已经渗透到欧洲北部大学的机体,这与早期的教会态度形成鲜明的对比。中世纪大学早期,教会权威所施展的方向一直都与大学独立法人发展的方向相背离。1366 年的大学章程,明确设置硕士学位课程。是否意味着,教会开始逐渐意识到大学是一个独立的法人机构?

中世纪执教资格制度是多方权力主体长期博弈的产物。由教会颁发的执教资格(狭义)是一种外部教学质量监控机制;学士和硕士学位制度是教师行会内部教学质量监控机制。这两种机制相互制约,相互协作。就制度"设计"而言,中世纪大学的执教资格制度是值得称道的。

---

① Cobban, A.B. *The Medieval Universities: Their Development and Organization*. London and New York: Methuen Co Ltd. 1975, p.36.

第四章　中世纪大学学术自由

英文中"学术自由""Academic Freedom"来自德文"Akademi sche Freheit"，主要是指在大学中教师所享有的"教学自由"（Lehrfreiheit）和学生的"学习自由"（Lernfreiheit）。德文"Akademi sche"一词来源于柏拉图的"学院"（Akademv），因而兼有"学院""大学的""学术的"等含义，故"Akademische Freheit"也指"大学的自由"。学术自由的思想渊源可以一直追溯到古希腊。古希腊是思想自由和言论自由的创造者，这是希腊人对人类最大的贡献。①

当论及学术自由，在很大程度决定于我们对真理的理解。如果真理是通过研究发现的产物，那么学术研究就应该是自由的，真理在哪里，学术自由就在哪里。中世纪是一个信仰的时代。信仰先于科学，为科学设限，并规定科学的前提。信仰是为了有所知，因为理性有限，所以我们就要卑恭。② 中世纪教师的学术自由问题有其时代特色。中世纪的学术自由和宗教正统性紧密相连。神学作为唯一的意识形态是基督教育重要主题。③ 凡是和神学宗教相悖的思想都被视为异端，从而遭到镇压。为此中世纪教会成立了一个特别法庭

---

① ［英］J.B.伯里：《思想自由史》，宋桂煌译，吉林人民出版1999年版，第9页。

② Charies Homer Haskins. *The Rise of Universities*. Transaction Pulishers, New Brunswick, (U.S.A.) and London (U.K.) 2002, pp.68-70.

③ William J. Courtenay. "*Inquiry and Inquisition: Academic Freedom in Medieval Universities*". *Church History*/Volume58/Issue02/June1989(2), p.168.

系统——宗教裁判所。但是,基督教从一出现就面临一个挑战,如何向俗人说明上帝是如何在 7 天创造人类,如何证明三位一体等问题。这个问题吸引了当时一流的思想家。基督教并不是一个狂热的宗教,它具有一定的宗教理性。尽管在罗马帝国后期出现过狂热基督徒焚烧书籍的现象,但是在 16 世纪之前并没有出现有组织的书籍审查现象。① 中世纪社会始终行走在信仰与理性不断冲突与调和的路上。中世纪大学成为调和理性与信仰重要阵地。中世纪大学教师的学术自由问题也就是教师知识自由权问题,即教师是否有权讲授他认为是真理的东西。②

第一节　信仰理性的冲突与调和③

基督教并不是绝对的反智主义,如果真的是那样的话,基督教也就不会从诸多宗教中胜出。基督教的不宽容主要体现在对古典文明文学与艺术的绝对仇视,对于古典文明的哲学、科学,基督教官方态度还是比较宽容的。基督教将来自异教的古希腊、罗马文明视为人类文化遗产,但并不把它容纳到基督教神学教育之中,其目的是避免信徒思想混乱。

一、信仰和理性的调和

中世纪社会很早就自然形成两类教育的理念。即职业教士负责他们自己修会里那些人的教育,世俗人士负责世俗人士的教育④。世俗教育和神学教

---

① Charies Homer Haskins.*The Rise of Universities*.Transaction Pulishers,New Brunswick,(U.S.A.)and London(U.K.)2002,p.72.

② Charies Homer Haskins.*The Rise of Universities*.Transaction Pulishers,New Brunswick,(U.S.A.)and London(U.K.)2002,p.69.

③ 本节的部分内容以《在耶路撒冷与雅典之间——信仰和理性的冲突与调和之路》为题发表在《高教探索》2015 年第 8 期。

④ 爱弥尔·涂尔干:《教育思想的演进》,李康译,上海人民出版社 2003 年版,第 327—328 页。

育的相对分工,不仅有利于学术的发展;而且也舒缓了王权和教权在教育领域的紧张关系。不过这种教育上分工如同政治上的分权制衡,是相当不稳定的;中世纪大学的兴起,特别是理性之家——巴黎大学/教师行会的出现①,这个古老的分工传统就不时遭到挑战。中世纪的学术公案,大多数也都是因不遵从教育领域内的分工这个游戏规则而引发的。刚刚诞生的巴黎大学成为传播亚里士多德学说的重要阵地,也是冲突频发之地。

皮埃尔·阿伯拉尔(Pierre Abelard,1079—1142)是较早运用亚里士多德哲学进行研究的教师。他将逻辑的方法应用于神学研究和教学。吉尔伯特·得·拉·珀勒(Gilbert de la Porrèe,生卒年龄不详),将更多的亚里士多德的逻辑学理论应用于神学的思考。② 到了12世纪末期,亚里士多德的《新逻辑》已经被很好地消化和吸收。13世纪,又出现了亚里士多德的《形而上学》和自然哲学,这些著作还附有阿拉伯学者的注解。

基督教会恪守哲学和神学的传统分工,一再告诫巴黎大学教授和神学研究人员不要越界。基督教会对亚里士多德哲学还是相当的宽容。不过当哲学开始越界到神学领域,情形发生变化。教育可以分工,知识可以划分学科,思想自由却无法限制。经过长时间文化停滞,当亚里士多德哲学重返西欧,激发了人们强烈的求知欲望。

基督教会对亚里士多德正式反击是在1210年的森斯会议上。这次会议特别禁止教师公开或者私下讲授亚里士多德的自然哲学著作。1215年罗马教皇使节库尔松(Robert de Courson)在艺学院重申了这项禁令。1231年,教皇格里高利一世(Gregory I)在《教牧法规》中明确要求清除亚里士多德著作

---

① 这主要表现在自12世纪以来,王权的治理更多地依靠拿薪水执政官,而不是贵族;教权更多利用教会法来为教皇合法性论证,以及运用教会法治理教会。从这个角度上讲,大学是欧洲理智制度化的产物。吉拉尔德·古特克:《教育学的历史与哲学基础》,谬莹译,湖南教育出版社2008年版,第106页;王亚平:《权力之争》,东方出版社1995年版。

② 哈斯金斯:《大学的兴起》,上海人民出版社2007年版,第35页。

中与基督教教义相冲突的观点①。但这些禁令并未真正贯彻下去。1255 年巴黎大学的教材囊括了全部已译的亚里士多德的著作。

在这种局面下,正面的冲突已在所难免。1270 年,巴黎主教明确禁止讨论来自亚里士多德著作和阿维罗伊注释中的 13 个命题。1277 年,教皇约翰21 世(John XXI)指示巴黎主教坦皮尔(Etienne Tempier)着手调查巴黎大学的思想风潮。为此,坦皮尔在巴黎大学神学家的帮助下,用 3 周时间收集了 219个命题,诸如"没有任何事情的发生是偶然的"(第 21 条),"第一因(上帝)不可能创造多个世界"(第 34 条),"上帝不可能使宇宙(即天空和整个世界)做直线运动,因为这会留下真空"(第 49 条)。凡是接受、赞成或讨论这 219 个命题中的任何一条者,都将受到革除教籍的惩罚②。

如何调节理性和信仰的关系,中世纪学者遇到和基督教父奥古斯丁同样的命题。整个社会的理性化水平的提高,导致这次的挑战更大。协调哲学和神学的关系是如此的复杂、精细和严苛,以至于成为一种专业知识。从将神学置于知识阶梯的顶端这一世界性的角度来看,神学的专业化吸引来中世纪学界最优秀的思想家,托马斯·阿奎那就是其中的杰出代表。

托马斯·阿奎那在他的《异教大全》《神学大全》及对亚里士多德《形而上学》《解释篇》《后分析篇》《伦理学》《论灵魂》《物理学》所做的评注中都是围绕调和亚里士多德学说与基督教神学而展开的。在理性与信仰问题上,阿奎那认为,这两者之间并不是对立的,而是协调一致的。托马斯·阿奎那明确提出哲学必须为神学服务。世界万物都是上帝的作品,对自然哲学理解越深刻就越能认识上帝的存在。如果在认识自然哲学中,出现和神学矛盾的地方,那肯定是哲学的错误,神学是不会错的。因为神学的真理直接来自上帝的启示。而哲学的真理是来自人本身的理性,人是有缺陷的,所以哲学的真理要服从神

---

① Lynn Thorndlke.*University records and life in the Middle Ages*.1944.
② 爱德华·格兰特:《中世纪的物理科学思想》,郝刘祥译,复旦大学出版社 2000 年版。

学的真理。①

二、理性与信仰的冲突

托马斯·阿奎那的理论遭到了拉丁阿维罗伊主义的猛烈回击。阿维罗伊主义是阿拉伯哲学家伊本·路世德(他的拉丁文名为 Averroe)的哲学在拉丁西方世界的翻版。伊本·路世德的哲学在伊斯兰世界遭到了强烈抵制,但在欧洲却拥有众多的拥护者,从而形成了"阿维罗伊主义"学派。阿维罗伊主义的杰出代表布拉邦特的西格尔(Siger de Brabant,1240—1284)认为大阿尔伯特及其门生托马斯·阿奎那的学说是对亚里士多德原义的篡改,西格尔坚持理性与信仰是不可能和谐共存的②。伊本·路西德最早提出"两重真理说",其后西格尔、邓斯·司各脱、奥卡姆和弗兰西斯·培根等也都有同样主张。所谓"两重真理说"包含两方面含义:其一说同一真理可以采取两种形式表述,既可以采用哲学或科学的理性形式,也可以采用神学的信仰的形式来表现;其二说有两种不同来源的真理同时存在,从经验和实验中得来的是科学的真理,从信仰或"启示"中得来的是神学的真理,二者各自独立,互不干涉。③ 阿维罗伊所创始的这场理智运动为西方人走向近代理性主义打开了一个突破口。尤其是它将理性与信仰分离,赋予理性与哲学独立地位的思想必然导致对传统基督教权威和正统神学的否定。

西欧学术界经过一个多世纪对古希腊和阿拉伯科学知识的吸收与融合,在 13 世纪便开始走向发展、创新的道路。这集中体现在依赖于观察和实验的经验科学的兴起。

---

① "Philosophy doctrine and knowledge revealed by God", *Summa theologice*, part Ⅰ.Q1.Art.1.

② George Sarton, *Introduction to the Historyof Science*, vol. Ⅱ, part Ⅱ, NewYork, 1975, p.945.

③ 游兆和:《"两重真理说"与人类两难处境》,《北京大学学报(哲学社会科学版)》1999 年第 3 期。

罗杰·培根是运用实验科学中最杰出的代表。他猛烈抨击同时代的那些热衷于烦琐的逻辑推理和形而上学的经院哲学家。他说,有一种科学,比其他科学都完善,要证明其他科学,就需要它,那便是实验科学;实验科学胜过各种依靠论证的科学,因为无论推理如何有力,这些科学都不可能提供确定性知识,除非有实验证明它们的结论。这是心理态度的一次革命性的改变。培根也因之而获得了实验科学之先驱的称号。

中世纪拉丁学者虽然没有在具体科学上作出重大发现,但他们在吸收、消化希腊—阿拉伯科学的基础上,将中世纪和伊斯兰注释家对亚里士多德的批判和讨论推进到一个新的高度。这场批判运动,在一定程度上得益于科学与神学的冲突。

近代科学诞生之后,科学与宗教发生了三次大论战:16—17世纪的天文学论战,17—18世纪的力学世界观论战和19世纪的进化论论战。经过三次大论战,现代科学已经将全知全能的上帝驱逐出科学的领域,即使某些科学家经常谈到上帝,这个上帝也只是宇宙秩序或自然规律的代名词。但人类外在的生存环境和内在的精神信仰却日益恶化,人类社会已陷入科学与信仰、科学与道德尖锐对立的两难境地。近代以来,康德、韦伯等大思想家都对科学与宗教、科学与道德的关系问题做过深刻思考,而在科学之后重建道德与信仰,也正是当代社会所面临的根本问题。①

第二节　中世纪学术自由特点

基督教会对那些违反神学的叛逆者,提交学术法庭,控告其罪行。中世纪大学的学术审判主要有以下几个特点。

---

① 游兆和:《"两重真理说"与人类两难处境》,《北京大学学报(哲学社会科学版)》1999年第3期。

一、学术自由范围广

中世纪大学可以在相当大的范围内讨论那些有争议的问题,尽管有些议题看起来是异端或者亵渎神灵,而那些被审查的议题往往被当作学生的学习指南。中世纪学者普遍认为,辩论那些被认为是异端的观点,可以让学生更好地理解真理。这种对异端的乐观态度一直持续中世纪末期了。直到那时,人们对异端的恐慌才超过因为自由辩论带来的好处。

二、指控对象对事不对人

被正式指控为学术异端的案件,有一个共同之处,指控的对象是书面著作,不是口头教学。在中世纪还很少有因言获罪的案例。一个人只有其错误言论被著书立传,才可能被指控为学术异端。其原因大致如下:第一,中世纪这种辩论形式教学,其影响一般仅局限在大学,不会对外界产生什么实质性的威胁;第二,著作更容易通过副本流传到社会,影响可能比较大。最主要的原因还是口头教学,即使有过火行为,证据也难以收集,而书面著作的证据性比较强。

一般而言,学术谴责对学者的职业生涯的影响没有我们想象中的那么严重,甚至对那些顽固不化的学者也是如此。比如 琼·米尔库(Jean de Mirecourt)对《圣经》的很多评注,于1347年在巴黎大学遭到审查。后来这些被审查的评注竟然和被审查观点的回复一起广为流传。

琼·卡洛雷(Jean de Calore)1363年在其存在争议的议题被正式审查之前,主动投诚。1371年,琼·卡洛雷晋升为巴黎大学校长。最典型的例子是尼古拉斯·奥特雷库(Nicholas of Autrecourt)。他在1346年遭到教会谴责,其著作在巴黎被烧毁,他的文学院教师身份被剥夺,而且同时禁止他成为神学教授。此人后来竟然成为了梅斯(Metz)的大主教。

在中世纪宗教法庭,如果一个人在审判之前或过程中,承认错误,主动销毁被视为异端的著作,保证不再从事异端的教学和研究,对其异端的指控可以被撤销。基督教会认为,需要惩罚的是异端本身,被异端迷惑的子民需要上帝的救赎。

三、学术案件的审判

据米特可(Miethke)调查,从公元 5 世纪至 11 世纪,不管是教皇还是基督教公会基本上很少关注学术正统,他们关心的主要是宗教活动和道德行为。[①]直到 11 世纪,基督教会才遇到所谓宗教正统性问题。在整个 12 世纪,有关学术异端或者宗教正统问题的调查和审判,是由大主教、主教、教皇或者教廷使节负责。当时教师还没有自己的组织机构,如果某个教师的教学内容被怀疑有问题,如果不能协调解决的话,只有提交到某个权威人士或者权威机构予以仲裁。

自 12 世纪末到 1280 年这段时间,情况悄然发生变化。在经过半个多世纪的斗争,巴黎大学终于在 1215 年赢得了独立的法人地位。[②] 作为专业人士的知识分子,巴黎大学教授很快就确定了其在神学领域的专业性权威,并对基督教教父的宗教性权威发起了挑战。代表教育发展趋势的专业性权威占有优势。巴黎大学神学院逐步取代教皇和罗马教廷在神学领域中的权威地位,成为学术正统的裁判者。[③]

巴黎大学神学院成立一个特别委员会(由德高望重的神学教授组成)负责审查那些被指控存在疑义的观点和著作。如果有错误的话,委员会将对它们的错误程度定级。中世纪大学对侵犯宗教正统的行为或观点进行分类,按

---

① William J.Courtenay."Inquiry and Inquisition:Academic Freedom in Medieval Universities". *Church History*/Volume58/Issue02/June 1989,pp.168-181.

② 1215 年,教廷使节库尔松为巴黎大学制定了章程,确定了教师行会内部的自治权,这标志教师行会独立法人地位的形成。

③ William J.Courtenay."Inquiry and Inquisition:Academic Freedom in Medieval Universities". *Church History*/Volume58/Issue02/June 1989,p.180.

严重程度依次分为异端型、错误型、不当型和冲动型。① 对侵犯宗教正统性的不当行为进行分类,是方济会 1283 年首次采用,随后,广泛应用于学术审判。

中世纪是教授控制大学的黄金时代。在这种体制之下教授个人是否更加自由需要另当别论,因为教师之间的联合体容易对教师的行动实行严格的控制——假如不能对观点实施相对严格的控制。同事之间形成的专制,是一种"邻人的专制"(tyranny of one's next-door neighbor),对此,这个世界很少能够逃避。②

第三节　学术自由脆弱性之原因分析③

学术自由为什么容易受到侵犯? 这是因为大学是学者行会。行会本身天然具有垄断性、封闭性和等级性与学术活动作为公共事业有着内在的矛盾。大学要尽量克服行会的保守、封闭、等级等行会性质;学者要尽量克服行会的消极影响,克服专业带来的狭隘性和私人性,以天下为己任。大学的行会性质是学术自由屡被侵犯的重要原因之一。

一、行会权力对学术自由的影响

在中世纪,每个行会的师傅都拥有私人的地盘,这个地盘对于其他的师傅来说则是禁区,不容侵犯。他在自己的地盘里控制着他的学徒。行会的师傅们又结成一个人人平等的团体(一人一票),对一个更宽泛的行业进行共同管制。中世纪大学有一惯例,某人要成为老师,他就必须先跟某位老师学习一定

---

① William J. Courtenay. "Inquiry and Inquisition: Academic Freedom in Medieval Universities". *Church History*/Volume58/Issue02/June 1989, p.174.

② Charies Homer Haskins. *The Rise of Universities*. Transaction Pulishers, New Brunswick, (U.S. A.) and London(U.K.) 2002, p.69.

③ 参考拙文:《学术自由易受侵犯的学理研究》,华南师范大学硕士论文,2005 年。

的年限。学业完成后,经自己的老师的认可和引荐(通常要举行一个仪式),才能成为一名老师①。这种手工作坊式的培养,使得师傅(教师)对学徒(未来的教师)享有绝对的权威。对年轻的学子来说,他们能不能成为教师,甚至他们的学术命运就掌握在他的师傅(老师)手中。这种师徒之间天然的不平等意味着学术自由只可能是师傅的自由,而不可能是学徒的自由。

大学教师的这种个人特权是如何形成的呢?从外部原因看,这种权力可以说与早先行会中师傅的优越地位联系在一起的;在思想意识中,也得到了"教学与科研自由"学说的支持;在智能上,这种权力建立在专门知识、需要有推进创新和科学进步的条件这个基础上;在实践中,意味着应该能为所欲为。可见教师的个人特权是"扎根于学科的权力",有其合理性和合法性基础。②

知识就是力量,知识更表现为一种权力。对知识的痴迷和无私追求,在知识分子作为一种专业人士之前是可能的。但求知从一种业余、一种爱好变成一种职业,情形就不相同了。在中世纪教师行会,学生要在老师的指导下,有计划的学习,不断的辩论、地狱式考试,最终获得学位。只有获得硕士或博士学位才能获得教师职位。这样,学生进入"学以致学"(to learn to learn)的时代了。学生第一次为了考试而学习。学习—考试—成为教师—指导学生学习—考试,这种制度,就是中世纪教师行会的学科规训制度。在这种制度下,教师享有很大的特权。现代规训权力,是在 18 世纪后期,当对学生的考察变为以分数为基础时才出现。③ 它包括三个方面:一是定期严格考试;二是以考试分数高低评定等级;三是平时备考。用霍斯金(Keith W. Hoskin)话就是不断地"书写"。④ 备考—考试—评分,这就是现代学科规训制度的权力。这样

---

① 这种认可一般有两种形式,先由学生公开上一节课(老师要在场),然后老师把学生介绍给老师的同事。

② [美]伯顿·R.克拉克:《高等教育系统—学术组织的跨国研究》,王承绪等译,杭州大学出版社 1993 年版,第 124 页。

③ 1800 年以前,大学考试以口试为主,评核的基础是质,不是量。

④ [美]华勒斯坦:《学科知识权力》,刘健芝译,三联书店 1999 年版,第 46 页。

学习不是为了求知,而是为了竞争,为了找一份好工作,"为的是竞争那些能显示自我有用之处的流通价值"。① 对知识的追求逐渐成为对利益,对权力的追逐了。外界对学术自由的干预,也是企图分享这种"规训性"权力。这种学科规训制度的自我繁殖,从而成为一个新的知识系统。这个系统里呈现两个特点:不断繁殖出新生学科和相应的规训领域,这也意味着专业划分越来越细致;这个系统的主体,倾向保守和封闭。这都对学术自由产生影响。

二、行会的封闭性对学术自由的影响

行会,在初期是具有显著的民主精神的,从学徒到师傅这一条路,开放给所有合乎资格的人们。但后来,在13世纪到14世纪,行会和城市政府同样变为寡头的组织。② 这种情形也是适合教师行会的大学。中世纪大学初期,行会的封闭性表现不明显。随着时间的推移,这种封闭性就日益表现出来。在中世纪末期,大学教师慢慢从劳动阶级蜕变为特权集团了。他们的收入来自领主或教会,但从没有放弃要求学生为听课付钱。博洛尼亚大学的《规章》说明教师们已经成为富人。人们对知识的追求不再是无私的,而是因为知识会转变成财富和权力。③ 大学在14世纪末期,走上了世袭贵族之路。一个博士的儿子必须被允许免费参加各项考试。这种大学寡头政治的形成,导致了知识水平的大大下降,同时赋予大学人员一个真正的贵族特征:可继承性。④ 这样,大学就变成了"家族组织"。这是行会的封闭性,等级性的自然表现。这种现象在今天的典型表现,就是大学的"近亲繁衍"。⑤ 显然这种情形对学术

---

① [美]华勒斯坦:《学科知识权力》,刘健芝译,三联书店1999年版,第47页。
② [美]J.W.汤普逊:《中世纪经济社会史》,耿淡如译,商务印书馆1963年版,第438页。
③ [法]雅克·勒戈夫:《中世纪的知识分子》,张弘译,商务印书馆1996年版,第112页。
④ [法]雅克·勒戈夫:《中世纪的知识分子》,张弘译,商务印书馆1996年版,第110页。
⑤ 张维迎教授对北大进行的人事改革的一个主要方面,就是引进竞争机制用以破除大学的"近亲繁衍",克服大学行会性质的封闭性和等级制。张维迎:《大学的逻辑》,北京大学出版社2004年版。

自由会产生极大的负面影响。

有时对学术自由的限制最大的不是来自外界，而是大学本身。中世纪晚期，大学沦为顽固的墨守成规学问体系的守旧派，成为排斥、拒绝新兴学问的工具。"在当时，许多大学均拒绝教授笛卡儿哲学，以避免其取代传统的亚里士多德哲学。"①16—18 世纪的中世纪大学，异化为守旧的堡垒。大学进入所谓的"冰河期"。②

教师行会的行业性质使得它的基本价值理念："学术自由"，遭到了质疑。大学在历史上的不光彩的行径，③也对大学的学术自由造成了负面影响，从而为外界干预大学的学术自由提供了借口。

三、教师的依附性对学术自由的影响

可以说，当知识分子加入教师行会成为教授时，教师的学术自由就已经受到侵蚀的威胁。在理论上，加入一个组织，在获得这个组织的资源（如：财富、荣誉、地位、权力等）的同时，必然要受到该组织的束缚。"一个人的精力有限，如果为了追求这些资源，结果或许得到了，但失去了自由，失去了宝贵的年

---

①　周志宏：《学术自由与大学法》，台北：蔚理法律出版社 1989 年版，第 11 页。

②　到 1685 年时，牛津大学因"缺失学生而频近死亡"。18 世纪的英国大学的自由导致大学变得死气沉沉和享乐主义的泛滥。大学的极度自由使其在自我陶醉中越来越远离社会。经院哲学充斥学术领域，固守传统，注重理性培养和性格养成，排斥科学教育。从而导致大学在整个社会地位与作用日渐式微了。

③　15 世纪初期，查理六世时期，在英法战争中，法国失利，巴黎成为英国首都。巴黎大学投降了英国，还对圣女贞德进行了审判。焚烧鲁昂女巫贞德的灰烬，给巴黎大学的声誉抹了黑。巴黎被收复后，查理七世和后继者路易十一，都不再信任巴黎大学这个叛徒，尽管巴黎大学后来讨好世俗政权。随后巴黎大学的一系列的特权包括学术自由被取消。参见雅克·勒戈夫：《中世纪的知识分子》，张弘译，商务印书馆 1996 年版，第 65 页。巴黎大学曾经一度镇压"异端"的刽子手，中世纪的宗教裁判所就设在巴黎大学。哥伦比亚大学，在越南战争中，训练美军屠杀越南农民，并使得自己转入了种族灭绝的大屠杀。大学亲手帮助建立起来的军事巨人（哥伦比亚大学 1965 年从军事基本合同奖励中获得了 1583.5 万美元）已经对我们的社会产生了显而易见的威胁。参见德里克博克：《走出象牙塔——现代大学的社会责任》，浙江教育出版社 2001 年版，第 3 页。

华,自己的东西并没创造出来,年纪已经过了创造的最佳时期。"①社会机构"自然地选择"顺从的人,他们被"如何写、何时写以及写什么"所左右。② 教师作为大学的一员,他们必然也受制于这个游戏规则。C.还特·米尔斯认为大学没有能保护和培养知识分子中的异议人士。威胁着学术界知识分子的不是黑名单、秘密警察,也不是逮捕,而是不安全感。③ 学术自由最深刻的问题不是有时发生的免除教授职位的事情,而是一种莫名其妙的日常的担忧——有时被婉称为"谨慎""有品味"或者"权衡能力"。真的限制并不是像著名学者们所认为来自外部的控制,而是一种自我恐吓的担忧……④

萧功秦认为知识分子要有意识保持一种自我边缘化,这里的自我边缘化就是"人格之独立"。知识分子的精神实质就是"思想之自由""人文批判"。而这种批判精神是建立在不依赖任何人、任何机构的独立人格上。在相当程度上可以说,知识分子是自我边缘人。只有和社会保持一定的距离,才能具有批判的话语权。只有不依附任何机构,才享有最大限度地学术自由。从这个意义上说一旦教师加入大学这个学术组织,教师就已经不再是完整意义上的知识分子了。教师的学术自由空间,就被有形和无形的东西所挤压。

中世纪教师行会初期时的教师,并没有认为自己有什么不同。他们把自己当做手工业者,就像同其他城市市民平等的专业人员一样。教师的专业是"自由艺术"。这里的"艺术"不是一门科学,而是一门技艺。它是教师们的专长,就像盖房子的木匠和铁匠的专长一样。"'艺术是完美的理性技能'(Ars est recta ratio factibilium),因此知识分子是一个手工业者。"⑤他们出售自己的知识和学说,就像手工工匠出售自己的劳动成果一样,并因此获得报酬。大学

① 《对学者萧功秦的采访》,《历史教学》2004 年第 11 期。
② 拉塞尔·雅各比:《最后一个知识分子》,洪洁译,江苏人民出版社 2002 年版,第 126 页。
③ 拉塞尔·雅各比:《最后一个知识分子》,洪洁译,江苏人民出版社 2002 年版,第 129 页。
④ 拉塞尔·雅各比:《最后一个知识分子》,洪洁译,江苏人民出版社 2002 年版,第 126 页。
⑤ 雅克·勒戈夫:《中世纪的知识分子》,张弘译,商务印书馆 1996 年版,第 56 页。

教师的收入一般有以下几种：工资、领地的收入、学费、教会薪俸。从 12 世纪以来，人们部分地根据地区和时代的要求，部分根据个人的处境和心态而做出不同的抉择。但总的趋势是可以确立的，教师们倾向于依靠学生的学费为生。这对他们来说，就不必依赖外界势力，即不依赖地方当局、教会王侯、教会以及资助者。教师以出卖知识和学识谋生，过着独立的、自由自在的生活。这种美好的生活并没有维持多久。因为这种出卖知识，谋求利益的做法和教会的信仰相违背。教会认为：知识是上帝赐予的，出卖知识就是"买卖圣职罪"。每个人都应该得到上帝的恩惠，而教师教学收费，会使得贫穷的学生无法上大学。教师在中世纪保持着教士的身份，所以教学是天职。因此，圣伯纳德把教师的收益称为"可耻的利润"。① 教皇亚历山大三世早在 1192 年就宣布"教学无偿"的原则。教皇规定：每个教堂附近必须都有一所学校，教师靠教皇赐予的领地为生。这样一来，只有心甘情愿在物质上依赖教会的人，才能够成为大学教师。这样学者开始变成一个"领年金者"。1400 年，帕多瓦大学采取了浮动工资制度。大学的助学金也固定在一定的汇率上。这表明，大学成员已转到依靠封建的，确切地说领主的，也是资本主义收入生活的社会阶层方面②。到中世纪晚期，大学教师们已经成为富有的一个特权阶层了。③

当知识分子成为大学教员后又在政治、经济上依赖教会或领主，他们在学术自由上就已经招惹了侵犯。"谁出钱，谁点歌"这种古老思想一直在影响着大学的出资者。不管是国家还是个人，作为大学的出资者是有权利顾问或监督大学是如何用自己那笔钱的。这种监督一般应限于"法律监督"（Rechtsaufsicht）（又称"合法性监督"），而不能是"专业监督"（Rachaufsicht）（又称合目的性监督）。这是因为"专业监督"是建立在学术多元化和自由化原则之上

---

① 雅克·勒戈夫：《中世纪的知识分子》，张弘译，商务印书馆 1996 年版，第 88 页。
② 雅克·勒戈夫：《中世纪的知识分子》，张弘译，商务印书馆 1996 年版，第 108 页。
③ 雅克·勒戈夫：《中世纪的知识分子》，张弘译，商务印书馆 1996 年版，第 108—109 页。

的,不适合国家用一元化的标准来判断①;还有另一个原因是,行政机关或非专业人士未必有能力和经验作出学术上的判断。

学术自由从另一个角度上讲是一个"信任"问题。对大学和教师来说,就是要加强行业自律,塑造良好形象赢得社会信任;对于出资人(包括国家、机构或个人)要充分相信大学或学者,相信他们会珍惜自己的声誉。学术研究从更根本上说是一种赌博,因为学术探究的结果没有人预先知道,如果有人在研究前就声称知道研究结果的话,那肯定是"类学术"。所以,对学术的投资是高风险投资,这种高风险投资需要大学和投资人互相信任。学术自由之所以遭到侵犯的重要原因之一,就是大学和投资者双方的信任关系遭到破坏。事实上,大学和资助方,他们之间更多的时候是相互猜忌而不是彼此信任。大学为了维护它的学术自由和学术自治,对来自外界带条件的资助往往很谨慎;资助者也往往对大学和学者如何用他们的钱也是不太放心。修复这种彼此信任的关系,对学术自由有很重要的意义。

---

① 周志宏:《学术自由与高等教育法制》,高等教育文化事业有限公司 2002 年版,第134 页。

第五章　中世纪大学是教会大学？^①

通常认为,中世纪大学是教会学校。巴黎大学,牛津大学和剑桥大学是教会大学的佼佼者。很多学者也持此观点,比如中世纪学者亨利·莫尔登(Henry Malden)②,戈登·莱夫(Gordon Leff)③,宗教哲学家克里斯托弗·道森(Christopher Dawson)④等都认为中世纪大学是教会大学甚至教会机构。之所以造成这种印象,这可能与基督教在古代社会的强势地位有关。早在公元380年,罗马皇帝狄奥多西一世(Theodosius I,379—476)就宣布基督教为唯一合法的宗教信仰。在中世纪,基督教的统治地位更加稳固。中世纪有所谓的权威二元论,即"上帝的事情归上帝、凯撒的事情归凯撒"⑤,不过其基础是所有的人都必须是基督教信徒,这和现在所有的人都属于国家公民一样。那些不符合基督教正统思想的人(比如:犹太人)被视为异端分子,遭到排斥甚至

---

① 本章以《中世纪大学是教会大学?》为题发表在《教育学报》2016年第2期。

② MALDEN H.*On the Origin of Universities and Academical Degrees*.London:Printed by Samuel Bentley,Dorset-Street,Fleet-street.1835,p.30.

③ Hilde de Ridder-Symoens,*A History of the University in Europe.vol.I*,*Universities in the Middle Ages*.Cambridge:Cambridge University Press,1992,p.308.

④ 克里斯托弗·道森:《宗教与西方文化的兴起》,四川人民出版社1989年版,第213页。

⑤《新约·马可福音》第12章17节。原文:耶稣说:"凯撒的物当归给凯撒,神的物当归给神。"

镇压①。"中世纪只知道一种思想意识形态,即宗教和神学。"恩格斯指出:"政治和法律都掌握在僧侣手里,也和其他科学一样,成为神学的分支。一切按照神学中通行的原则来处理。教会教条同时是政治信条,圣经词句在各法庭都具有法律效力。甚至在法学家已经形成一个阶层的时候,法学还久久处在神学控制之下。神学在知识活动的整个领域中的这种无上权威,是教会在当时封建制度万流归宗地位的必然结果。"②这种论断就一般意义而言有一定的道理,但具体到教育领域则有待商榷,比如:爱弥儿·涂尔干就认为巴黎大学就本质而言是一所世俗学校③。

探求中世纪大学是教会学校还是世俗学术机构,具有重要的现实意义,它并不是一个纯粹的理论问题。这是因为在中世纪,教会是以国家的面目出现(教会国家)管理大学的。早在19世纪,在欧洲学术界,特别是法国,就开始对教育的世俗性和宗教性展开讨论④。回顾中世纪大学和教会的关系,可以让我们从源头更加深刻认识大学这个中世纪学术机构;从人类学他者的角度,也为我们在处理大学和政府的关系上提供一个有益参照。本书主要以中世纪神学教育最为出色的巴黎大学为例,探讨中世纪大学的社会属性。

第一节　巴黎大学、牛津大学的艺学院
没有开设宗教神学课程

中世纪大学是教会大学还是世俗大学,本书以课程为主要切入点探究这

① 关于中世纪异端的研究请参阅:Medieval Heresy and The Inquisition.Margaret Deanesly.A History of The Medieval Church 590-1500.London and New York:Methuen Co.Ltd.1925,pp.203-218.
② 恩格斯:《路德维希·费尔巴哈和德国古典哲学的终结》,见《马克思恩格斯选集》第4卷,人民出版社2009年版,第289页。
③ 爱弥儿·涂尔干:《教育思想的演进》,李康译,上海人民出版社2003年版,第130页。
④ 郑崧:《国家、教会与学校教育:法国教育制度世俗化研究》,浙江师范大学学位论文2005年;郑崧:《反教权主义与19世纪下半叶法国的教育世俗化》,《世界历史》2007年第1期。

个问题。课程一般被认为是破解大学秘密的黑匣子(black box)。我国学者张楚廷就曾试图将其所在湖南师范大学的"教务处"改为"课程处"①。中世纪大学是或多大程度上是教会学校,在相当程度上是由课程决定的,一个比较可靠的方法就是查看当时的课程安排。中世纪巴黎大学大的课程改革共有4次:1215年、1254/1255年、1366年和1452年。1366年的课程改革很成功,以致1452年的课程改革主要集中在教学纪律方面②。在考察中世纪大学的课程史时,我们没有发现上述大学的艺学院的教学大纲中存在关于宗教神学方面的内容。③ 为了更好说明这一点,本书将1254/1255年和1366年的巴黎大学章程和1267牛津大学章程中关于艺学院课程的内容列举如下:

1.1254/1255年的巴黎大学章程学士学位和硕士学位课程④

(1)旧逻辑:波尔菲里⑤的《亚里士多德范畴篇导论》[*Introduction to the Categories of Aristotle*(*Isagoge*)]、《范畴篇》(*Categories*)、《解释篇》、波伊提乌⑥的《分论》(*Divisions*)和《论题篇》(除了第四篇)(*Topics*,*except Bk.* ⅳ);(2)新逻辑:《前分析篇》(*Prior Analytics*)、《后分析篇》(*Posterior Analytics*)《诡异的驳难》(*Sophistical Refutations*)、《命题篇》(*Topics*);(3)道德哲学:《伦理学》四卷(*Ethics*,*4Bks*);(4)自然哲学:《物理学》(*Physica*)、《论天国与人世》(*On the*

---

① 2014年张楚廷在湖南师范大学举办的《高等教育哲学研讨会》中提到,在其任校长期间,有意将湖南师范大学的"教务处"改为"课程处"。为了和体制对接,还试着采用一套人马,两个牌子,对内称为"课程处",对外称为"教务处",但最后因种种原因,依然用"教务处"这个名称。

② Lynn Thorndike. *University Records and Life in the Middle Ages*, Octagon Books, 1944, pp. 64-66,244-247.Hastings Rashdall.*The University of Europe in the Middle Ages*.Oxfordew:at the clarendon press.1936,pp.439-445.

③ 威廉·博伊德、埃德蒙·金:《西方教育史》,任宝祥译,人民教育出版社1985年版,第146页。

④ Hastings Rashdall. *The University of Europe in the Middle Ages*.Oxfordew: at the clarendon press.1936,pp.441-443;Arthur O Norton.*Readings in the history of Education:Medieval Universities*.Cambridge published by Harvard University,1909,pp.137-138;Lynn Thorndike.*University Records and Life in the Middle Ages*,Octagon Books,1944.No.28.

⑤ 波尔菲里(Porphyry,233—309年),腓尼基新柏拉图主义的哲学家和数学家。

⑥ 波伊提乌(Boethius,约480—524/525年)古罗马唯心主义哲学家和政治家。

Heavens and the Earth)、气象学(Meteorics)、《论动物》(On animal)、《论灵魂》(On the Soul)、《论产生》(On Generation)、《论感觉》(On Sense and Sensible Things)、《论梦》(Sleep and Waking)、《论记忆》(On Memory and Recollection)、《论生与死》(On Life and Death)、《论植物》(On plants)①;(5)形而上学:《形而上学》(Metaphysica);(6)其他的书:吉尔伯特·波利②的《论六项原则》(On the Six Principles)、多纳图斯③的《原始语法学》(大文法,第三册)(Barbrismus Bks,Larger Grammar)、普利西安④的《语法结构》[Institutiones Grammaticae (Major and Minor)]、科斯塔·本·卢卡⑤(Cost ben Luca)《论原因》(On Causes)、《论精神和灵魂的差异》(论原因另一个译本,another translation of On Cause)。最后两本书最初假以亚里士多德的著作流行于巴黎,不过没有发现其希腊文的原著,后证明是来自阿拉伯世界的译著。

2.1366年巴黎大学章程的课程如下⑥

艺学院学士课程:(1)语法:维乐蒂的亚历山大(Alexander da Villa D)的《教义阐释学》(Doctrinal);(2)逻辑学:新、旧逻辑(等同于1255年的课程);(3)自然哲学:《论灵魂》。通用教师资格证课程:(1)自然哲学:《物理学》《论产生和毁灭》《论天象和宇宙》《力学》;(2)数学:天文学:行星理论(雷莫纳的杰拉德,Gerard of Cremona);几何学:欧几里得(Euclid);算术:普通算术(三个

---

① 《论植物》在当时已经普遍认为不是亚里士多德的作品,不过还是将其同亚里士多德的著作一起列入教学大纲。

② 吉尔伯特·波利(Gilbert de la porrée,1070—1115年),逻辑学、神学学者。

③ 多纳图斯(AeliusDonatus),公元4世纪前后的修辞家和文法学家。他所著的语法书在中世纪仍在使用,并成为后来及至现代的语法基础。

④ 普利西安(Priscian)公元500年左右最有名的拉丁语语法家。其著作 Institutiones Grammaticae 被当做中世纪拉丁语教学的标准教材。语法前十六册为《正篇》(majo),末尾两册为副篇(minor)。

⑤ 科斯塔·本·卢卡(Cost ben Luca,阿拉伯名为 Qusta ibn Luqa,820—912),伊斯兰学者。

⑥ Hastings Rashdall. *The University of Europe in the Middle Ages*. Oxfordew: at the clarendon press.1936,pp.443–444;Arthur O Norton.*Readings in the history of Education:Medieval Universities*. Cambridge published by Harvard University,1909,p.138.

星期——一个月);音乐:音乐(John de Muris)[3 个星期到一个月];光学:John of Pisa 的《普通光学》(*Common Perspective*);(3)《政治学》;(4)《修辞学》。硕士学位课程:《伦理学》三卷(*Ethics*),《流星》(*Meteoric 3 Bks.*)。

3. 1267 年牛津大学艺学院学士课程①

(1)逻辑学:新、旧逻辑学(等同于巴黎大学 1255 年的逻辑课程?)、《论六项原则》;(2)语法:课程选自多纳图斯和普利西安的著作;(3)自然哲学:《物理学》《论灵魂》《论产生和毁灭》。

本书之所以不厌其烦列出了 1255 年、1366 年的巴黎大学章程以及 1267 年的牛津大学章程关于艺学院课程安排,就是想说明,在中世纪大学人艺学院的课程中没有任何关于宗教方面的内容。中世纪大学课程一个显著特点是,亚里士多德的著作在其中占有绝对优势。据徐善伟教授统计,在中世纪大学艺学院 65%—70%的教材采用的是亚里士多德的著作②。

第二节　神学院在中世纪大学 组织结构中的地位

我们为什么列举艺学院的课程? 这是因为艺学院在中世纪大学,特别是以巴黎大学为模式建立的教师型大学中占有特别重要的地位。

中世纪大学有一个优良传统,就是所有学习神学、法学和医学等专业的学生都必须先学完艺学院的课程,可惜在我国却很少有人注意这一点。中世纪欧洲是一个等级森严的封建社会,这种等级观念在中世纪教育体制也得到体现。学术等级观念的源头可以追溯到古希腊的柏拉图。在《理想国》(*The Re-*

---

① Arthur O Norton.*Readings in the history of Education*:*Medieval Universities*.Cambridge published by Harvard University,1909,p.138.

② 徐善伟:《亚里士多德学说在中世纪拉丁世界的复兴及其影响》,《上海师范大学学报(哲学社会科学版)》2010 年第 4 期。

public)第7卷中,就出现了制度化学术机构的设想,或许正是柏拉图的教育规划为中世纪大学提供了最早可以模仿的蓝本①。

在理论上,中世纪大学一般有4个学院,神学院、法学院、医学院和艺学院。神学院、法学院和医学院是高级学院,以专门职业为取向,为学生的特定职业生涯做好准备。只有艺学院是一个非专业教育的机构,没有特定的既有利益,如果说它有什么特定目的话,那就是为神学服务②。它是一所预科学校,所履行的功能类似于我们今天的中学。期望学生们在开始致力于专业研究之前,先完成某种普通教育。在以通识教育为理念的艺学院中,学生要成功拿到学位至少需要六年时间③。拿到高级学院的博士学位则需要更长的时间。学习本身需要很高的智力,比如难度很大的演讲与辩论、严酷的考试;过长的学习时间;昂贵的学习费用;再加上教师这一职业本身并不具备足够的吸引力,只有极少数有能力的人才能获得学位④。据一项著名的研究(Paulsen,F.Histor)表明:莱比锡大学从入学读到"bachelor"的人大概在1/3到1/4,读到

---

① A.B.Cobban.*The Medieval Universities*:*Their Development and Organization*.London and New York:Methuen Co Ltd.1975,p.10.

② 爱弥尔·涂尔干:《教育思想的演进》,李康译,上海人民出版社2003年版,第143页;Laurie,S.S.*The rise and early constitution of universities*:*with a survey of mediaeval education*.New York D.Appleton and Company.1891,p.166.

③ 巴黎大学艺学院的学位所需要的时间,在不同时期有所变动。1215年罗伯特库松制定的大学章程将这段时间定为6年,并要求执教资格获得者的年龄必需满20岁,不过总的来说,学位获得的时间在缩短,十四世纪最短时间为5年,后来1366年,缩短为4.5年。我们甚至发现在圣热内维耶夫主事将硕士学位定为3年。不过牛津大学的学位一直保持在6年,在整个中世纪大学没有变化。对于大学所显示的学位要求的时间和实际上教师团自由引申的时间很可能一直都存在较大出入,这给我们在研究中世纪大学学位时造成不少困难。Hastings Rashdall.*The University of Europe in the Middle Ages*.Oxfordew:at the clarendon press.1936,p.462.

④ A.B.Cobban.*The Medieval Universities*:*Their Development and Organization*.London:Methuen Co ltd.1975,p.55.James Bowen.*A History of Western Education Volume Two Civilization of Europe sixth to sixteenth century*. Methuen Co Ltd New FetterLane London EC4. 1975, p. 119. F. M. Powicke. "Presidential Address:Some Problems in the History of the Medieval University".*Transactions of the Royal Historical Society*.Volume17.December.1934,pp.1-18.Publish online:17.June 2009.

"master"或"doctor"的人大概在 1/16 到 1/20 之间①。在英国的大学,只有不到 50%可以获得学士学位②。由于缺乏入学登记名册,也没有准确的、完整的学位获得者的名单,所以不太可能确切知道中世纪大学的退学率(wastage)到底是个什么情况。不过可以肯定的是,相当多的艺学院学生,在未获得学位之前就离开学校。那些没有获得学位的学生通常从事家庭教师(schoolmaster)这一职业③,这相当于我国科举时代,落第学子从事私塾教育。

一般来说,艺学学位(学士学位)是接受神学教育的基本条件。能有机会到神学院深造并最终获得学位的学生可谓凤毛麟角。在整个中世纪大学,只有神学院才开设宗教和神学课程。与人们通常的印象恰恰相反,在中世纪学习神学的学生相对来说要少得多。进入神学院攻读学位对于普通人来说可望而不可即。神学院的录取门槛相比较法学院和医学院要高很多。在中世纪,神学教席的数量是由罗马教廷规定的。为了防止大学(神学)教师沦陷为下层阶级,1207 年英诺森三世(Innocent Ⅲ,1160—1216)将神学教席的数量限制在 8 个④。虽然这一规定没有得到严格遵守,不过中世纪大学神学教师的数量很少是一个基本事实。从下面的表格可以看出巴黎大学各学科教师的人数⑤。

---

① Hastings Rashdall. *The University of Europe in the Middle Ages*. Oxfordew: at the clarendon press.1936.469.note.1;Hilde de Ridder-Symoens, *A History of the University in Europe.vol.I, Universities in the Middle Ages*.Cambridge:Cambridge University Press,1992,p.147;John M.Fletcher."Some considerations of the role of philosophy in the medieval universities".*BJHP* 1994 vol2/No1.15.17.

② A.B.Cobban.*English university life in the Middle Ages*.Columbus:Ohio State University 1999, p.22.John M.Fletcher."Some considerations of the role of philosophy in the medieval universities". *BJHP* 1994 vol2/No1.17.

③ Helene wieruszowski, *The Medieval University:Masters,Student,Learning.Princeton*, Van Nostrand Press,1966,p.31.

④ Hastings Rashdall. *The University of Europe in the Middle Ages*. Oxfordew: at the clarendon press.1936,p.446;Pedersen,Olaf, *The First Universities:Studium genetale and the origins of universityeducation in Europe*.Cambridge:Cambridge University Press,1997,p.165.

⑤ Olaf Pedrsen.*The first Universities:Studium Generale and the Origns of University Education in Europe*.1997,p.197.S.S.*Laurie The Rise and early Constitution of Universities:with A Survey of Mediaeval Education*.New York:D.Appleton and Company,1891,p.155.

神学院的教师仅占整个巴黎大学的 5%，这个比例在整个中世纪一直没有大的变化（1362 年的教师数量比 1348 年少的主要原因是 1347—1349 年欧洲大陆爆发的瘟疫所导致的）。

表4

年份	神学教师	法学教师	医学教师	文学教师	合计
1348	32	18	46	514	610
1362	25	11	25	441	502

　　神学学位难以获得和其学习本身关系密切。对于巴黎大学神学院学习的相关情况，仅仅保留下来很少一部分原始资料。中世纪神学课本只有《圣经》和彼得·朗巴（Peter Lombard，约 1110—1160）的《格言大全》（*LibriQuatuor Sententiarum*）。初看起来，课本不多。但是在中世纪，在一个没有印刷技术和纸张的时代，所有的书籍都是靠人工复制到羊皮纸上。复制一部《圣经》，尤其是在附有注释和点评的情况之下，要花费大量的时间和金钱①。在中世纪，一部完整的圣经是普通人无法享受的奢侈品。中世纪大学神学学习费用相当昂贵。一位立志于神学研究的奥尔良学子要父亲为其购买《圣经》，以便学习神学。父亲却建议他学习其他更有钱途的专业②。

----

　　①　直至 12 世纪，书籍一直都是在修道院制造的。这些书籍的制造材料无疑几乎和以前一样，仍然都是使用羊皮纸。羊皮纸是一种非常昂贵的材料，而且它的产量也很难提高。在畜牧业不太发达的时期，羊皮纸不容易搞到。在整个中世纪，抄写本身是一种专业。一个人会书写并不意味着他是一个正规的抄写员，人们从其笨拙的笔法可以辨别出业余者的手笔。因为抄写本身的特点使得读和写都不那么容易，手抄字迹的清晰度和印刷品相比还是相差甚远。因此这种书写材料必然会严重限制书面文字的传播，而且这种限制因为书籍的手工制作固有的局限性又进一步加剧。当时的图书制作极为艰难和缓慢：虽然鹅毛笔只擎在三个指头间，但劳作的却是整个身体；抄写员在粗糙的羊皮纸上以及不够亮的油灯下，抄着费时、费力的由大写字母构成的字，通常是几个人轮班地抄写一本书。抄写一本《圣经》需要花一年时间，而一个牧师的一年收入才可以购买一部圣经。因此除修道院之外，很少有机构或者个人拥有圣经。Wistiall Durant.*A history of Medieval Civilization Christian，Islamic，and Judaic from Constantine to Dante：A.D.325–1300*. World Library，Inc.1994.043412.

　　②　查尔斯·霍默·哈斯金斯：《大学的兴起》，上海三联书店 2007 年版，第 22 页。

学习神学不仅要花费大量的金钱,而且要消耗大量时间。每个学生必须听老师讲授《圣经》和《格言大全》。这两门课程的学时,不同学校有所差异,在巴黎是5—7年。在这种被动的听课期结束之后,就是一系列的主动学习,包括举行讲座、辩论和布道等。在经过长达12—16年的训练期,才可以拿到教学许可证(licentia ubique docendi)和神学博士学位。在巴黎,神学博士毕业最小的年纪是35岁,维也纳大学和科隆大学是30岁①。在当时平均寿命35岁左右的时代,中世纪大学获学位的时间就显得尤为漫长。神学院是主教、牧师的摇篮,甚至不少教皇都是神学院毕业的②。因此,中世纪神学博士学位享有很高的威望,基本同等于神学教席。神学学位难以获得,不免曲高和寡,学习的人寥寥无几。据1254年巴黎教师一封致基督教世界高级教士的公开信所记载,当时巴黎大学共有15名神学博士,其中3名根据古老的主教座堂特权,无须大学认定的巴黎圣母院教士,余下的12位神学博士,有9位来自修会教士③。可以看出神学博士主要来自宗教团体,普通世俗学子如果没有人赞助,不可能完成如此长的神学教育。神学博士尽管地位很高,但并不能给拥有者带来丰厚的经济回报。当时的社会为神学学生提供了各种基金,但有意愿、有机会接受神学教育的学生依然屈指可数。更多的学生只在艺学院待上尽可能短的时间,就匆匆赶往法学、医学等更有"钱景"的专业领域。

事实上在中世纪几乎各地的法学院都是最重要的,甚至15世纪的昂热大学和奥尔良大学只有唯一的法学院。在很多大学,法学院具有压倒一切的优

---

① Hilde de Ridder-Symoens, *A History of the University in Europe.vol.I, Universities in the Middle Ages*.Cambridge:Cambridge University Press,1992,p.420.

② 比如:教皇英诺森三世(1198—1216在位)、大主教后成为教皇特使的罗伯特·库松(Robert de Courcon)都获得过神学博士,他们是巴黎大学的校友,为早期巴黎大学的创立作出了贡献。

③ 由于神学学生稀缺,世俗教师根本无法收到足够的学费,甚至无法维持正常的上课规模。而修会的神学博士,并不依靠学费生活,他们的收入来自源源不断的捐款。因此修会神学博士比在俗神学博士拥有明显的优势。Hastings Rashdall.*The University of Europe in the Middle Ages*.Oxfordew:at the clarendon press.1936,p.382。

势,其人员数量明显多于其他学院。以阿维尼翁大学(Avignon University)为例,1430—1478 年的注册簿显示,神学院 271 人,医学院 13 人,艺学院 61 人,法学院 3418 人。法学院的博士选举出其院长(primicier),独掌整个大学①。

中世纪大学生几乎丧失了学习神学的激情。在绝大多数世俗学生眼里只有辩证法构成的世俗学问。即使辩证法偏向于神学,这种偏向也完全是柏拉图式的、纯理论性的。不要说中世纪巴黎大学,就是 20 世纪中国教会大学也是如此。比如:圣约翰大学②发誓要"使神学成为整个教会事业的皇冠",也面临学生甚少、难以为继的困境。尽管神学院的学生有全额奖学金,报考人数仍寥寥无几;中途退学,"弃圣道而就世禄"也是常有的事情。在 1937—1945 年期间,圣约翰神学院全部毕业生只有 60 人左右,不到全部毕业生人数的 1%③。

第三节　艺学院未开设神学课程的原因

如上文所提到,中世纪大学只在神学院开设宗教神学课程。问题是:为什么不在艺学院开设基本的宗教课程? 考虑到只有少数人才有机会进入神学院接受宗教神学教育,这就更有必要在艺学院(本科阶段)开设基础的宗教课程,进行意识形态教育。要知道在中世纪艺学院的学生大多在 14—20 岁这个年龄段④,是人生观、世界观形成的关键时期。"中世纪只知道一种意识形态,

---

① 雅克·韦尔热:《中世纪大学》,世纪出版集团、上海人民出版社 2007 年版,第 9 页。

② 圣约翰大学(Saint John's University)诞生于 1879 年,初名圣约翰书院,1881 年学校开始完全用英语授课,成为中国首座全英语授课的学校。1905 年升格为圣约翰大学,是中国第一所现代教会大学。关于圣约翰大学的详细内容可参照章开沅:《圣约翰大学——海上梵王渡》,河北教育出版社 2003 年版。

③ 章开沅:《圣约翰大学——海上梵王渡》,河北教育出版社 2003 年版,第 55 页。

④ 根据教会法,14 岁是一个人宣誓的最低年龄。1215 年巴黎大学章程规定 14 岁是最小的入学年龄。在英国大学生入学年龄在 15—17 岁或许没有多大问题。A.B.Cobban.*English university life in the Middle Ages*.Columbus:Ohio State University.1999,pp.19—21.

即宗教和神学。"①在一个神权当道的社会,基督教竟然"放弃"大学这块重要的思想意识形态阵地,实在令人吃惊。作为罗马教廷长女的巴黎大学,作为中世纪神学研究中心的巴黎大学,更应该开设专门的宗教课程。但不管怎么说,事实上,在中世纪大学,宗教神学课程被严格限制在神学院内,这么一个身份高贵但落落寡合极为小众的群体身上②。

一、上帝的事情归上帝,凯撒的事情归凯撒

中世纪大学未开设最基础的宗教课程,这和中世纪欧洲是一个二元社会息息相关。中世纪欧洲是一个四分五裂、高度分权的社会。在它的政治和意识中心,是基于教皇基拉西乌斯一世在公元5世纪提出的"双剑说"③,即一支剑象征着最高的宗教权力,由上帝交给教皇执掌;另一支剑象征着最高的世俗权力,由上帝交给皇帝执掌,从而形成了独具特色的中世纪二元社会。奥古斯丁在《上帝之城》——对于形成西方基督教世界思想作用最大的经典著作之一——把所有历史都看成是两种充满生机的精神原则之间的抗争,这种抗争通过两种社会即上帝之城和巴比伦或者混乱之城之间在各个时代永无止境的冲突得到证明④。其中最有名的抗争是"叙爵之争",由于这一战争的核心是

① 恩格斯:《路德维希·费尔巴哈和德国古典哲学的终结》,见《马克思恩格斯选集》第4卷,人民出版社2009年版,第289页。
② 爱弥尔·涂尔干:《教育思想的演进》,李康译,上海人民出版社2003年版,第195页。
③ 中世纪社会存在两种权威两种权力:教皇和皇帝。这两种权威相互渗透,当罗马教皇的权力向天主教各教区延伸的时候,以皇帝为首的世俗权力也要求对所在地区的教会行使权力,这样就产生了如何调整教会权与王权关系的问题。涉及这一问题的理论,首推教皇基拉西乌斯一世(Sanctus Gelasius I492—496)在公元5世纪提出的"双剑说",即一支剑象征着最高的宗教权力,由上帝交给教皇执掌;另一支剑象征着最高的世俗权力,由上帝交给皇帝执掌。双剑论问世的时候,正是拜占庭帝国把持教会权力的时代。此时的教皇从政治地位上只是皇帝统治下的臣民,还难以在教会事务中与皇帝抗衡,不过到了11世纪这一情形得到逆转。中世纪这种权利二元论的观念,对西方政治思想产生持久深远的影响。关于中世纪权利二元思想的研究,参照彭小瑜:《中世纪传统与西方宪政思想和现代政教分离的起源》,见张桂琳、庞金友:《西方古代中世纪政治思想研究》,社会科学文献出版社2012年版,第256—282页。
④ 克里斯托弗·道森:《宗教与西方文化的兴起》,四川人民出版社1989年版,第69页。

争夺教职的授予权,史称"授职权战争"(investiture controversy)。授职权之争的焦点人物之一教宗格里高利七世①(Gregory Ⅶ,1073—1085)为争夺主教的任命权以及教宗的"普世"权力,与世俗权力的代表海恩里希四世②(Heinrich Ⅳ,1050—1106,1084 年加冕为皇帝)产生了反复的冲突和争斗③。公元 1122 年 9 月 23 日两派缔结了《沃尔姆斯条约》(concordat of Worms)。将叙爵权分为神职叙爵权与世俗叙爵权,分别授予教会和世俗君主。教会独揽宗教生活,君权则退居世俗生活领域④。由于中世纪人们普遍信仰基督教,教会对宗教的垄断实际上是对信仰和精神生活的垄断。这种划分对整个欧洲都具有根本性的历史意义,它一方面确定了教会在人类精神生活领域内的至高权威,另一方面,又承认人类在世俗生活领域的相对独立性。将宗教和世俗两界相脱离,由此所释放的能量和创造力,类似于一种核裂变的过程。因此,许多著名的历史学家都把《沃尔姆斯条约》当做西方历史上第一个主要转折点,一些历史学家甚至认为它是近代的开端⑤。

"双剑说"理论把中世纪社会从头到脚一分为二,从皇帝与教皇开始,通过国王与大主教,直至贵族与住持以至庄园主和教区牧师。也由此产生了两类城市:世俗之城和上帝之城;两类法律:世俗法和教会法;两类教育:世俗教

① 格列高利七世(Gregory Ⅶ,约 1021—1085),原名希尔得布兰德,意大利人,教会史上重要教皇之一。在位 20 余年间,厉行改革,并同神圣罗马帝国皇帝海恩里希四世(也译为亨利四世)展开曲折尖锐的主教叙任权之争。他曾革除亨利教籍,迫使海恩里希于 1077 年严冬亲至意大利卡诺莎向其请罪求恕。

② 海因里希四世(Heinrich Ⅳ,1050—1106),罗马帝国皇帝(1084 年加冕),萨利安王朝的第三位罗马人民的国王(1056—1105 年在位)。他不是这个王朝最强大的君主,但却可能是最著名的一位。他与教宗格里高利七世之间围绕主教叙任权展开的激烈的叙任权斗争,一直是历史学家们最感兴趣的话题之一。

③ 哈罗德·J.伯尔曼:《法律与革命:西方法律传统的形成》,法律出版社 2008 年版,第 90—95 页;彭小瑜:《教会法研究——历史与理论》,商务印书馆 2003 年版,第 177 页;张弨:《欧洲中世纪执教资格的产生与演进》,《世界历史》2013 年第 9 期。

④ 关于授职权之争的详细内容参阅 Margaret Deanesly Chapter Ⅶ.Cluny:Hildebrand:Investitures.87-97.A History of The Medieval Church 590-1500.London and New York:Methuen Co.Ltd.1925.

⑤ 哈罗德·J.伯尔曼:《法律与革命:西方法律传统的形成》,法律出版社 2008 年版,第 83 页;克里斯托弗·道森:《宗教与西方文化的兴起》,四川人民出版社 1989 年版,第 133—156 页。

育和神学教育。这样导致了帝权和教权之间的斗争与合作,不仅表现在教皇和皇帝之间,而且表现在它们的各级社会阶层中的追随者和同盟者。中世纪关于精神生活与世俗生活二元划分的理念,是我们深刻理解欧洲文化的一把钥匙。

中世纪城市和工商业的发展,培育了全新的文化。工商业活动加深了对人的能力和价值的认识,也加深了对世俗生活和今生幸福的理解。中世纪城市是世俗的共同体,其使命是世俗的或者尘世的,而不是神圣的或者永恒的。它不要求自己适应宗教法律、举行圣礼或宣传宗教教义,而是把这些留给教会。这并只是一件消极的事情,而是具有建立现实的或者世俗目标的独立价值的积极意义①。

西罗马帝国溃败之后,西欧的教育在相当长的时间内由教会垄断。中世纪早期,各类教会学校所传授的"七艺"课程,几乎不涉及现实生活。而城市工商业作为世俗职业活动,需要各种实用的社会知识、地理知识,需要掌握读、写、算等基本技巧,需要行业技巧的训练,还需要大量为工商业服务的管理者、律师、医生、教师等专业人员。随着 11、12 世纪城市化运动的兴起,数量相当有限的教会学校无法满足广大市民的教育需求。当既存的教育机构无法满足现实需求,新的教育机构必然会产生。经济学的观点,需求是最大的生产力。这样,随着城市的兴起,大致从 12 世纪起,世俗教育也在城市中发展起来。进城市学校学习的人有的是为了谋求文字职业,有的是为了掌握经营所需的计算技能,也有贵族子弟把识文断字作为身份与地位的标志②。城市学校主要有三类:一是为工商业者上层市民子弟开办的学校,如拉丁学校,文法学校,公众学校等,其目的主要是提高人文素质,增强文化修养。商人们为了赢得社会好感,提高社会地位,将开办学校当做自己从事公益事业的一部分。二是为手

---

①　哈罗德·J.伯尔曼:《法律与革命:西方法律传统的形成》,法律出版社 2008 年版,第 386、350—394 页。

②　刘景华:《中世纪城市对近代文明因素的孕育》,《贵州社会科学》2012 年第 6 期。

工业者子弟设立的"基尔特"学校,即行会学校,是手工业行会创办并监督管理的职业技术学校。三是专门为下层市民设立的学校,由市政当局管理,学习读、写、算等基础知识和技能。城市学校的教育内容和方法虽然具有一定的宗教色彩,但它们已成为有较大独立性的世俗教育机构。

在城市学校发展的基础上,兴起了近代意义上的大学。大学以一种侵入者的角色闯入教育领域,其目的就是满足广大市民较高层次精神文化需求①。尽管大学是由大教堂学校孕育而生,实际上它是在宗教范围之外形成的。只有当学校开始在教堂管辖之外,大学才有可能形成。大学一出现就体现出和传统教会学校完全不同的气质。传统的教会学校尽管也为世俗弟子提供有限的教育机会,但从根本而言它实施的是一种遁世文化。中世纪巴黎大学很早就自然形成关于两类教育的观念:职业教士负责修士的教育,世俗人士负责世俗人士的教育。所谓上帝的事情归上帝,凯撒的事情归凯撒。巴黎大学就实质而言是一所世俗学校。不管是学生还是教师,他们对神学教育不感兴趣。这就是为什么巴黎大学文学院没有开办宗教课程的根本原因。

二、中世纪不存在宗教教导的概念

中世纪大学未开设基础的宗教神学课程,还在于"中世纪根本就不存在宗教教导的概念"②。无论是关于宗教教义还是关于宗教仪式都没有开设任何课程。当今教育研究一个比较严重的问题就是患有"历史遗忘症"③。不管哪一种教育研究模式,几乎都强调教育与社会、政治、文化等因素的关系,大多

---

① A.B.Cobban.*English university life in the Middle Ages*.Columbus:Ohio State University.1999, pp.8-9.

② Hastings Rashdall. *The University of Europe in the Middle Ages*. Oxfordew:at the clarendon press.1936,p.451;爱弥尔·涂尔干:《教育思想的演进》,李康译,上海人民出版社 2003 年版,第 195 页。

③ Kazamias,A.M."Re-inventing the historical in comparative education:reflections on a protean episteme by a contemporary player".*Comparative Education*,2001,37(4),pp.439-449.

数人都将这类因素视为理解教育的背景。事实上,任何背景,政治的、社会的、文化的,都有其历史的渊源。无视历史的存在,对背景的理解必然是片面的和肤浅的。在中世纪,一个神职人员所要求必须知道的东西,不过是如何主持弥撒。这乍看起来不可思议的,其实也是很好理解的。在中世纪,判断一个教徒不是看他多么的精深教义,不是看他对宗教仪式多么的娴熟,而是看他有没有一颗虔诚的心。上帝需要的是信仰而不是理解。从事牧师职业所需要的神学培训,是在反宗教改革(counter-Reformation)时期才出现在学院①。在这场运动中,罗马教会为了能够更好地战胜宗教改革势力,从后者那里借取了武器。就此而言,宗教教育是反宗教改革运动的后果之一。任何将中世纪大学归于宗教教育范畴的观点都无疑陷入时空错置的误区。在中世纪,即使是一个受过高等教育的牧师,如果不是神学学者或教会法学者,基本上也对《圣经》一无所知②。绝大多数学生不知道图书馆竟然还有《圣经》这本伟大的书,更不要说匆匆浏览。就连伟大的宗教改革家马丁·路德在改革之初也缺乏最基础的宗教神学素养。当他第一次在埃尔夫特女修院的图书馆(the convent library Erfurt)中"发现"《圣经》时,就大吃一惊③。造成路德缺乏神学修养的原因,是他以人文学者的身份进入教会的。在中世纪社会,到处都充斥着无知的教徒和牧师,你甚至会疑惑究竟有没有一位神职人员曾经因为对神学一无所知而被拒绝授予神职④。尽管与《圣经》相关的内容大多包含在弥撒书和日常的祷告文本里面。由于缺乏正式的宗教神学教育,人们对宗教的无知似乎远远

---

①　Hastings Rashdall. *The University of Europe in the Middle Ages*. Oxfordew: at the clarendon press.1936,p.450;查尔斯·霍默·哈斯金斯:《大学的兴起》,上海三联书店2007年版,第22页。

②　Hastings Rashdall. *The University of Europe in the Middle Ages*. Oxfordew: at the clarendon press.1936,p.450.

③　Hastings Rashdall. *The University of Europe in the Middle Ages*. Oxfordew: at the clarendon press.1936,p.450.

④　Hastings Rashdall. *The University of Europe in the Middle Ages*. Oxfordew: at the clarendon press.1936,p.452;爱弥尔·涂尔干:《教育思想的演进》,李康译,上海人民出版社2003年版,第195页。

超出了人们的想象。

第四节　经典案例

巴黎大学和托钵修会之间的长期斗争很能说明大学的世俗性。当我们讨论中世纪大学时,就不可避免地要涉及托钵修会。

13 世纪的宗教运动,产生了两个新型的修会。他们与以前的其他任何修道组织不同,是所谓的托钵修会。较早的隐修士,都选择远离尘嚣的地方建立隐修院。托钵修会与此不同。他们把城市作为他们的活动中心。第一个托钵修会方济各会(the Franciscans),其创始者是法兰西斯。他本是富家子弟,在一场大病之后,幡然醒悟,决心补赎以前的罪孽,严格遵守主的嘱托(《马太福音》第十章及《路加福音》第十章),不带钱袋,不带鞋和拐杖,出外传道天国的福音。有些志同道合的人与他们同行,过着同样的生活。这个团体的人并非正式教士,他们的传道并不正规,为了使这项工作进行下去,必须得到教会的批准。1209 年英诺森三世批准了他们的请求。这个修会的宗旨是布道和1223 年教皇奥诺留斯三世(Honorius III)批准他们的会规。另一个修士是多明我会(The Dominican)。其创始人是圣多明我。该修会于 1216 年得到奥诺留斯三世的批准。多明我会主要在上层社会传教,而方济各会主要在普通人群传教。这些修会有严密的组织,以及定期的全体会议。他们直接听命于教皇,是教皇忠诚的战士。多明我会从成立之初,就热衷学术研究。而方济各会开始认为,学问和名利地位一样,都是浮华虚荣。但这种反智主义,并没有持续多久,两派都谋求在大学中开课收徒。在 13 世纪,多数知名学者都来自这两派中的一派。比如:大阿尔伯特、托马斯·阿奎那是多明我会的学者;而赫尔的亚历山大、波纳文图拉、罗杰·培根、邓斯·斯科特斯是方济各会。

在大学刚刚出现不久,修士就尾随而来。多明我会早在 1217 年就在巴黎建立自己的据点,方济各会在随后的 3 年,也就是 1220 年也在巴黎设立据点,这些据点不久就成为欧洲最著名的神学教育机构①。起初，修士和巴黎大学的关系还不错。多明我会初来乍到时，巴黎大学还给他们提供住所②。当巴黎大学意识到，他们迎接的不是真诚友好的朋友，而是一个强大的竞争对手，他们之间的关系冷淡下来。

修士进入大学一方面是学习神学，其最主要目的是和大学争夺对学生的精神控制权。在大学看来，将年轻人的教育交给那些褊狭的修士是不符合社会利益的。在中世纪一个男孩子要接受修士的教育，必须经过其家长的同意。在狂热的基督教修士看来，大学教师就是一群蛊惑腐蚀青年学生的异端（一些大学教师收取学费，按照教会法就是触犯了"贩卖知识罪"）。这是为什么当修士和大学教师发生矛盾时，罗马教廷支持修士的原因。

早在12世纪，巴黎就被誉为教师之城③。大量教师和学生的涌入，不仅给巴黎带来国际声誉和经济繁荣，同时也给城市管理带来极大的挑战。学者和市民（Grow and Town）经常发生纠纷。1200年的某一天，几个德国学生在小酒吧喝酒的过程中和店主产生纠纷，结果两派俱伤。在这次事件中，巴黎大学从国王菲利普（King Philip Augustus）那里获得了司法豁免权。法王规定：巴黎治安官（Provost）不准逮捕或拘禁学生；在特别紧急的情况下，可以临时拘留学生，不过应尽快将其移交到大学当局或者主教④。市民案件适用于市

---

①　多名我会（the Dominican）：1215年由圣多明我创立。1217年多名我将分别位于巴黎大学和博洛尼亚大学的附近的房产奉献出来创办神学院。方济各会（the Franciscans）：13世纪 由圣方济各创立，当时该会会员遍及欧洲各地。1220年，设在巴黎和牛津等大学城的修士住所被改造为神学院。Peter R.Mckeon."The Status of The University of Paris as Parens Scientiarum：An Episode in the Development of Its Autonmy".*Speculum*.Vol.39，No.4（Oct.1964），p.654.爱弥尔·涂尔干：《教育思想的演进》，李康译，上海人民出版社2003年版，第140页。

②　Peter R.Mckeon."The Status of The University of Paris as Parens Scientiarum：An Episode in the Development of Its Autonmy".*Speculum*.Vol.39，No.4（Oct.，1964），p.654.

③　Hastings Rashdall.*The University of Europe in the Middle Ages*（*I*）.Oxfordew：at the clarendon press.1936，p.289.

④　Kibre，Pearl.*Scholarly privileges in the Middle Ages：the rights，privileges，and immunities of scholars and universities at Bologna，Padua，Paris，and Oxford*.Cambridge，Mass.：Mediaeval Academy of America，1962，pp.86，94.

民法(Civil law)。巴黎大学的绝大部分教师和学生,至少在理论上被视为教士,因此他们适用于教会法(Canon law)。即所谓"上帝的事情归上帝,凯撒的事情归凯撒"。巴黎大学和主教正式拥有对学生民法和刑法的管辖权。为了保证大学的司法豁免权得到落实,法王还特别规定:负责治安的行政长官在履职时必须向大学发誓遵循上述法令①。该法令成为 1215 年的巴黎大学章程的一部分。法王在处理这次纠纷中,如此偏袒大学,其原因不得而知。可能是他害怕巴黎大学的师生会弃巴黎而去。

1253 年 9 月 2 日,巴黎大学的一个学生在街头斗殴中被杀死,几个受了重伤的被巴黎市政当局逮捕并被收监。这成为大学和巴黎市政又一次斗争的导火索。依照法律和传统,巴黎市政无权逮捕学生。对此巴黎大学集体罢课以示抗议②。其中有 3 位修士教师(2 位多明会教师和 1 位方济各会教师)在罢课期间继续上课。巴黎大学以修士教师没有遵守大学集体停课的法令为由,将上述 3 位修士教师开除出教师行会。修会即刻向教皇上诉,得到了罗马教廷大力支持。英诺森四世(Innocent IV,1243—1254 年在位)和亚历山大四世(Alexander IV,1254—1261 年在位)要求教师行会重新接纳这 3 位修会教师,并终止所有针对修会的不友好举动。教皇使节甚至在某个周日早上的弥撒期间,宣布暂停学者的特权③。所有这些举措都不能迫使大学臣服。1255 年 4 月,教宗在著名的《新的光明之源》(Quasi lignum vitae)中提出:大学集体

---

① Kibre,Pearl. *Scholarly privileges in the Middle Ages: the rights, privileges, and immunities of scholars and universities at Bologna, Padua, Paris, and Oxford. Cambridge*, Mass.: Mediaeval Academy of America,1962,p.87.

② 巴黎大学的罢课权,在 1231 年 4 月 13 日格里高利九世(Gregory IX)颁发的科学之父(Parens scientiarum)中得到认可,于 1462 年和 1499 年分别被法王和教皇取消。Kibre, Pearl. *Scholarly privileges in the Middle Ages: the rights, privileges, and immunities of scholars and universities at Bologna, Padua, Paris, and Oxford. Cambridge*, Mass.: Mediaeval Academy of America,1962,pp.86,95,225.

③ Hastings Rashdall. *The University of Europe in the Middle Ages*. Oxfordew: at the clarendon press.1936,pp.380-382.

停课的决议必须由其所在系科 2/3 的教师投票通过才有效①。这个方案遭到巴黎教师的强烈反对。巴黎教师宣称教皇的教令为"死亡之源 [cross of death (*Quasi lignum mortis*)] 而不是"新光明之源" [cross of life (*Quasi lignum vitae*)]。因为神学院(教会法学院)如果不包括托钵修士和教会修士,投票不可能超过 2/3 多数。② 也意味着,大学的罢课权力——他们唯一的抵抗武器——将失去威力。罗马教皇发布诏书,要求大学在 15 天之内恢复两位多明会教师完整的大学成员身份,如敢违抗,所有教师行会成员都将被逐出教会③。这项教令由奥尔良(Orlean)和奥塞尔(Auxerre)主教负责实施。巴黎师生并没有在规定时间内遵从亚历山大四世的命令。奥尔良和奥塞尔主教在诏书颁发的 20 天后对所有巴黎师生处以绝罚。此时正值暑假,直到开学巴黎大学才对此作出回应。1255 年 10 月 2 日,教师行会在写给教皇的一封信中抱怨:他们不是在强力压迫下组建的社团,而是一个基于友好而组成的社团,没有什么力量可以强迫他们和不喜欢的人在一起④。大学因此宣布解散,归还

---

①　Hastings Rashdall. *The University of Europe in the Middle Ages*. Oxfordew: at the clarendon press. 1936, p.383.

②　1219 年教皇洪诺森三世(Honorius III)禁止巴黎大学教授罗马法。自此之后,巴黎大学的神学院其实就是教会法学院。据 1254 年巴黎教师一封致基督教世界高级教士的公开信,当时巴黎大学共有 15 名神学博士,其中 3 名根据古老的主教座堂特权,无须大学认定的巴黎圣母院教士,余下的 12 位神学博士,有 9 位来自修会教士。由于神学学生稀缺,世俗教师根本无法收到足够的学费,甚至无法维持正常的上课规模。而修会的教师,并不依靠学费生活,他们的收入来自源源不断的捐款和教会支持。因此修士神学博士不仅在数量上比在俗神学博士拥有明显的优势,而且在当时最有名的神学家都来自修会。Hastings Rashdall. *The University of Europe in the Middle Ages*. Oxfordew: at the clarendon press. 1936, p.382.

③　Hastings Rashdall. *The University of Europe in the Middle Ages*. Oxfordew: at the clarendon press. 1936, p.383. Peter R. Mckeon. "The Status of The University of Paris as Parens Scientiarum: An Episode in the Development of Its Autonomy". *Speculum*. Vol.39, No.4 (Oct., 1964), p.663.

④　Hastings Rashdall. *The University of Europe in the Middle Ages*. Oxfordew: at the clarendon press. 1936, pp.384-385. Peter R. Mckeon. "The Status of The University of Paris as Parens Scientiarum: An Episode in the Development of Its Autonomy". *Speculum*. Vol.39, No.4 (Oct., 1964), p.663. Kibre, Pearl. *Scholarly privileges in the Middle Ages: the rights, privileges, and immunities of scholars and universities at Bologna, Padua, Paris, and Oxford*. Cambridge, Mass.: Mediaeval Academy of America, 1962, pp.86, 108.

教皇授予的特权。在大学看来,按照教皇的要求,重新接纳修士,就意味着大学的终结。

罗马教廷对大学的态度,可以从教宗特使后来任教宗的博尼法佐八世发表的一段训话可见一斑:

> 我希望:在这里的所有巴黎教师都能看清楚,你们在这个城市里所干的蠢事。你们愚蠢放肆,胆大妄为、滥用特权。难道你们不知道,罗马教廷并非像泥足巨人那样虚弱,而是像铅足巨人一样坚强?所有这些教师都自以为,你们作为学者在我们这里享有巨大荣耀;恰恰相反,我们认为你们愚蠢至极。你们用你们学说的毒素毒化了你们自己和整个世界……绝不允许教师们通过咬文嚼字来破坏罗马教廷的权威。
>
> 巴黎的教师们,你们已经把你们的全部科学与学识弄得荒谬可笑,你们还在继续这样做……由于我们担负着基督教世界的责任,我们没有必要讨你们的欢心,相反,我们需要考虑是整个宇宙的利益。你们或许认为,你们在我们这里享有崇高的声望,但我们把你们的虚名视为愚昧无知和过眼烟云……为此我们禁止所有的教师今后公开或者私下对神职人员的特权布说三道四或做出限制……罗马教廷与其宣布巴黎大学的特权无效,不如将其砸烂。上帝委任我们,并不是为了让我们掌握科学或在他人面前炫耀自己,而是为了拯救灵魂。由于修士团兄弟们的工作拯救了无数灵魂,他们将一直拥有应得的特权。①

尽管中世纪巴黎大学的成立得到罗马教廷的批准,拥有王室和罗马教廷授予的章程和特权,但巴黎大学就其本质而言是一个志愿社团(voluntary society)。正是因为这种社团性质(当时这个社团几乎没有任何公共财产的羁

---

① 雅克·勒戈夫:《中世纪的知识分子》,张弘译,商务印书馆1996年版,第94页。

绊），为了避免巴黎大学被逐出教会，1255 年 10 月，巴黎教师宣布自我解散①。大学采取宁愿解散也不愿接纳修士这种策略，其目的是什么？很难说大学就是仅仅拒绝重新接纳修士。就算这套策略成功，修士的问题依然没有得到解决，而大学也失去了特权。从根本上说，这是两种不同文化的冲突。

在罗马教宗的支持下，修士教师在与巴黎世俗教师的战争取得了最终的但仅是名义上的胜利，教师行会依然在绝大多数领域内确保了传统的延续性。大学将修士的影响限制在神学院这一狭小范围，不允许教士涉足医学和艺学等学科的教学②。在现实中，宗教教育和世俗教育不免互相混杂和渗透，但在最实质的考试环节仍然是截然二分的。巴黎大学要求教师们发誓：不让任何宗教性成分介入任何考试（*Nullum religiosum cujuscumque fuerit professionis recipietis in aliqua examinatione*）③。学生只能在世俗学者门下获得学位，这保证了大学对学位制度的垄断。"禁止宗教性内容介入考试"是"双剑说"理论有效的诠释，充分体现了巴黎大学是一所世俗性学术机构。

有一种观念认为，巴黎大学应该是一个宗教团体。这可能与巴黎大学脱胎于大教堂教会学校，以神学教育著称有关系。人们之所以将中世纪大学和宗教社团比较，是因为事实上它们都受到修道院的影响，都和外界相隔绝，就此而言，它们很类似④。的确，巴黎大学是在罗马教廷的呵护下诞生的。作为基督教会的大女儿，巴黎大学享有一系列特权，也受教会法管辖。但这并不意味着巴黎大学就是一所教会学校，更不能把巴黎大学视为罗马教廷的一个下属机构。一般认为学术行会（academic guild）是处在教会统治之外的依法成

---

① 据研究，当时巴黎大学没有解散，这和拉斯达尔所描述的不一致。Astrikl Gabriel. *Studies in the History of the Mediaval University*.the mediaeval institute university of Noter Dame,Indiana.1969, p.51.

② Hastings Rashdall. *The University of Europe in the Middle Ages*.Oxfordew；at the clarendon press.1936,p.392；爱弥尔·涂尔干：《教育思想的演进》，李康译，上海人民出版社 2003 年版，第 131 页。

③ 爱弥尔·涂尔干：《教育思想的演进》，李康译，上海人民出版社 2003 年版，第 131 页。

④ 爱弥尔·涂尔干：《教育思想的演进》，李康译，上海人民出版社 2003 年版，第 130 页。

立的自治社团①。中世纪行将结束时,这种观点已经渗透到欧洲北部大学的机体,这与早期的教会态度形成鲜明的对比。在 13—14 世纪教会权威所施展的方向一直都与大学法人独立发展的方向相背离。教会倾向于把北欧的大学归于近似于教会的"殖民地",大学几乎是当地主教及其代表的私有财产。面对教会的强力主导地位,巴黎大学为争取大学自治,在欧洲历史上树立了一个最早的和最戏剧化的典范。

① 李秉忠:《试论中世纪西欧大学的社团性质》,天津师范大学学位论文,2005 年。

参 考 文 献

一、中文文献

1. [奥]雷立柏:《拉丁语汉语简明词典》,世界图书出版公司 2012 年版。

2. [比]亨利·皮朗:《中世纪欧洲经济社会史》,乐文译,上海人民出版社 2014 年版。

3. [比]伍尔夫:《中古哲学与文明》,庆泽彭译,华东师范大学出版社 2005 年版。

4. [比]希尔德·德·洛德—西蒙尼:《欧洲大学史》第一卷,张斌贤等译,河北大学出版社 2008 年版。

5. [德]马克斯·韦伯:《经济与历史支配的类型》,广西师范大学出版社 2004 年版。

6. 《马克思恩格斯选集》第 4 卷,人民出版社 2009 年版。

7. 《马克思恩格斯全集》第 1 卷,人民出版社 1972 年版。

8. [德]恩斯特·卡西尔:《人论》,甘阳译,上海译文出版社 2013 年版。

9. [德]弗里德里希·保尔生:《德国大学与大学学习》,张弛等译,人民教育出版社 2009 年版。

10. [德]卡尔·雅斯贝尔斯:《大学之理念》,邱立波译,上海人民出版社 2007 年版。

11. [法]基佐、F.P.:《法国文明史》第一卷,沅芷、伊信译,商务印书馆 2007 年版。

12. [法]爱弥儿·涂尔干:《职业伦理与公民道德》,渠敬东译,商务印书馆 2015 年版。

13. [法]爱弥尔·涂尔干:《教育思想的演进》,李康译,上海人民出版社 2003 年版。

14. [法]雅克·勒戈夫:《中世纪的知识分子》,张弘译,商务印书馆 1996 年版。

15. [法]雅克·勒高夫:《试谈另一个中世纪——西方的时间、劳动和文化》,周莽译,商务印书馆 2014 年版。

16. [法]雅克·韦尔热:《中世纪大学》,王晓辉译,世纪出版集团、上海人民出版社 2007 年版。

17. [法]孟德斯鸠:《论法的精神》(上卷),许明龙译,商务印书馆 2015 年版。

18. [法]基佐:《法国文明史》第一卷,沅芷、伊信译,商务印书馆 2007 年版。

19. [法]菲斯泰尔·德·古朗士:《古代城市:希腊罗马宗教、法律及制度研究》,吴晓群译,世纪出版集团、上海人民出版社 2012 年版。

20. [法兰克]都尔会主教格雷戈里:《法兰克人史》,[英]O.M.道尔顿英译,寿纪瑜、戚国淦译,商务印书馆 2012 年版。

21. [法兰克]艾因哈德:《查理大帝》,戚国淦译,商务印书馆 1979 年版。

22. [古希腊]亚里士多德:《形而上学》。

23. [古罗马]奥古斯丁:《上帝之城》上卷,王晓朝译,人民出版社 2001 年版。

24. [美]格莱夫斯:《中世纪教育史》,吴康译,华东师范大学出版社 2005 年版。

25. [美]爱德华·格兰特:《近代科学在中世纪的基础》,张卜天译,湖南科学技术出版社 2010 年版。

26. [美]爱德华·格兰特:《中世纪的物理科学思想》,郝刘祥译,复旦大学出版社 2000 年版。

27. [美]布莱恩·迪尔尼、西德尼·佩因特:《西欧中世纪史》(第六版),北京大学出版社 2013 年版。

28. [美]布鲁贝克:《高等教育哲学》,王承绪译,浙江教育出版社 2002 年版。

29. [美]查尔斯·霍默·哈斯金斯:《大学的兴起》,梅义征译,上海三联书店 2007 年版。

30. [美]查尔斯·霍默·哈斯金斯:《大学的兴起》,张堂会、朱涛译,北京出版集团、北京出版社 2010 年版。

31. [美]查尔斯·霍默·哈斯金斯:《十二世纪文艺复兴》,张澜、刘疆译,上海三联书店 2012 年版。

32. [美]戴维·林德伯格:《西方科学的起源》,王珺译,中国对外翻译出版公司,2001 年版。

33.［美］E.P.克伯雷选编:《外国教育史料(第1版)》,华中师范大学教育系等译,华中师范大学出版社1991年版。

34.［美］菲利普·G.阿特巴赫:《比较高等教育:知识、大学与发展》,人民教育出版社教育室译,人民教育出版社2001年版。

35.［美］杰里·本特利、赫伯特·齐格勒:《新全球史》,魏凤莲译,北京大学出版社2007年版。

36.［美］S.E.佛罗斯特:《西方教育的历史和哲学基础》,吴元训等译,华夏出版社1987年版。

37.［美］汤普逊:《中世纪经济社会史(300—1300)》(下册),耿淡如译,商务印书馆1963年版。

38.［美］汤普逊:《中世纪经济社会史》(上册),耿谈如译,商务印书馆1973年版。

39.［美］威廉·威斯特曼:《古希腊罗马奴隶制》,邢颖译,大象出版社2011年版。

40.［美］约翰·S.布鲁贝克:《教育问题史》,单中惠、王强译,山东教育出版社2012年版。

41.［美］朱迪斯·M.本内特、沃伦·霍利斯特:《欧洲中世纪史(第十版)》,杨宁、李韵译,上海社会科学院出版社2014年版。

42.［美］吉拉尔德·古特克:《教育学的历史与哲学基础》,谬莹译,湖南教育出版社2008年版。

43.［美］哈罗德·J.伯尔曼:《法律与革命:西方法律传统的形成》,贺卫方等译,法律出版社2008年版。

44.［意］彼德罗·彭梵得:《罗马法教科书》,黄风译,中国政法大学出版社2005年版。

45.［英］M.M.波斯坦、E.E.里奇、爱德华·米勒主编:《剑桥欧洲经济史》第三卷,中世纪的经济组织和经济政策,周荣国、张金秀译,经济科学出版社2002年版。

46.［英］大卫·瑙尔斯:《中世纪思想的演化》,杨选译,商务印书馆2012年版。

47.［英］爱德华·甄克斯:《中世纪的法律和政治》,屈文生、任海涛译,中国政法大学出版社2010年版。

48.［英］艾伦·B.科班中世纪大学:《发展与组织》,周常明、王晓宇译,山东教育出版社2013年版。

49.［英］巴里尼古拉斯:《罗马法概论》,黄风译,法律出版社2010年版。

50.［英］肯尼恩·约翰·弗里曼:《希腊的学校》,朱镜人译,山东教育出版社2012年版。

51. ［英］威廉·博伊德、埃德蒙·金:《西方教育史》,任宝祥译,人民教育出版社1985年版。

52. ［英］克里斯托弗·道森:《宗教与西方文化的兴起》,长川某译,四川人民出版社1989年版。

53. ［英］罗伯特·斯旺森:《中世纪研究的新路径和新领域》,陈文海译,《世界历史》2014年第3期。

54. ［英］海斯汀·拉斯达尔:《中世纪欧洲大学—博雅教育的兴起》第三卷,崔延强、邓磊译,重庆大学出版社2011年版。

55. ［英］海斯汀·拉斯达尔:《中世纪欧洲大学——在上帝和尘世之间》第二卷,崔延强、邓磊译,重庆大学出版社2011年版。

56. 陈伟:《大学教师专业化》,北京大学出版社2008年版。

57. 邓磊:《中世纪大学组织权力研究》,人民出版社2014年版。

58. 戴东雄:《中世纪意大利法学与德国的继受罗马法》,中国政法大学出版社2003年版。

59. 高晓清、崔阳阳:《中世纪大学理性的缘起》,《大学教育科学》2016年第6期。

60. 郭义贵:《讼师与律师:基于12至13世纪的中英两国之间的一种比较》,《中国法学》2010年第3期。

61. 郭康、黄旭华:《中世纪大学起源探究》,《高教探索》2018年第10期。

62. 龚缨晏、石青芳:《直观的信仰:欧洲中世纪抄本插图中的基督教》,山东画报出版社2016年版。

63. 贺国庆:《德国和美国大学发达史》,人民教育出版社1998年版。

64. 贺国庆:《近代欧洲对美国教育的影响》,河北大学出版社2000年版。

65. 贺国庆:《西方大学改革史略》,河北教育出版社2011年版。

66. 贺国庆:《欧洲中世纪大学》,人民教育出版社2009年版。

67. 贺国庆:《欧洲中世纪大学起源探微》,《河北大学学报(哲学社会科学版)》2007年第6期。

68. 贺国庆:《中世纪大学向现代大学的过渡——文艺复兴与宗教改革时期欧洲大学的变迁》,《教育研究》2003年第11期。

69. 胡钦晓:《社会资本视角下中世纪大学之源起》,《教育学报》2010年第1期。

70. 何炳松:《中古欧洲史》,岳麓书社2013年版。

71. 黄旭华、李盛兵:《中世纪大学执教授予权博弈——分权制衡视角》,《教师教育研究》2014年第6期。

72. 黄旭华、盛世明：《中世纪大学教师资格制度及启示》，《清华大学教育研究》2013 年第 1 期。

73. 黄旭华、李盛兵：《"哈罗德·珀金之谜"——中世纪大学起源探究》，《现代大学教育》2016 年第 2 期。

74. 黄旭华：《中世纪大学学费政策》，《高教探索》2014 年第 1 期。

75. 黄旭华：《耶路撒冷与雅典之间——信仰和理性的冲突与调和之路》，《高教探索》2015 年第 8 期。

76. 黄旭华：《中世纪大学是教会大学》，《教育学报》2016 年第 2 期。

77. 黄旭华：《中世纪大学是职业教育？》，《现代大学教育》2014 年第 5 期。

78. 黄旭华：《中世纪大学课程特色及启示》，《教育学术月刊》2013 年第 3 期。

79. 黄梦婉：《中世纪晚期巴黎大学的执教资格授予制度研究》，华东师范大学硕士论文，2015 年。

80. 黄梦婉：《中世纪晚期执教资格授予权的变迁——以巴黎大学为例》，《高等教育研究》2017 年第 4 期。

81. 郝刘祥：《中世纪希腊科学的传播及其与宗教的关系》，《自然辩证法通讯》2003 年 3 期。

82. 金志霖：《英国行会史》，上海社会科学院出版社 1996 年版。

83. 金玺、刘爱生：《中世纪大学的诞生制度化及其治理——组织社会学新制度主义的视角》，《高教探索》2018 年第 9 期。

84. 刘玉能、杨维灵：《社会行动的意外后果：一个理论简史》，《浙江大学学报（人文社会科学版）》2008 年第 3 期。

85. 刘河燕：《宋代书院与欧洲中世纪大学之比较研究》，人民教育出版社 2012 年版。

86. 刘景华：《中世纪城市对近代文明因素的孕育》，《贵州社会科学》2012 年第 6 期。

87. 刘景华：《中世纪西欧城市与城乡关系的转型》，《世界历史》2017 年第 6 期。

88. 刘城：《中世纪欧洲的教皇权与英国王权》，《历史研究》1998 年第 1 期。

89. 李信业：《巴黎大学》（第一版），湖南教育出版社 1994 年版。

90. 李中原：《中世纪罗马法的变迁与共同法的形成》，《北大法律评论》2005 年第 1 期。

91. 李中原：《罗马法在中世纪的成长》，《环球法律评论》2006 年第 1 期。

92. 李盛兵：《研究生培养模式嬗变》，教育科学出版社 1997 年版。

93. [美]马歇尔·米斯纳:《亚里士多德》,中华书局 2002 年版。

94. 缪榕楠:《学者行会的成员资格——中世纪大学教师录用的历史考察》,《教师教育研究》2007 年第 2 期。

95. 马长山:《国家、市民社会与法治》,商务印书馆 2001 年版。

96. 孟广林:《世界中世纪史》,中国人民大学出版社 2014 年版。

97. 孟广林:《英国封建王权论稿——从诺曼征服到大宪章》,人民教育出版社 2002 年版。

98. 倪世光:《中世纪骑士制度探究》,商务印书馆 2011 年版。

99. 彭小瑜:《教会法的理论与实践》,商务印书馆 2003 年版。

100. 彭小瑜:《12 世纪西欧教会的大学教育理想》,http://www.cssm.org.cn/view.php? id=22526。

101. 沈芝:《行会与市民社会》,中国社会科学出版社 2009 年版。

102. 单中惠:《外国大学教育问题史》,山东教育出版社 2006 年版。

103. 单中惠:《关于中世纪欧洲最早大学的质疑》,《辽宁高等教育研究》1982 年第 3 期。

104. 孙益:《西欧的知识传统与中世纪大学的起源》,北京师范大学出版社 2012 年版。

105. 孙益:《欧洲中世纪大学的学位》,《清华大学教育研究》2003 年第 6 期。

106. 孙益:《大学校长:学术领导力的中世纪起源》,《清华大学教育研究》2009 年第 2 期。

107. 宋文红:《欧洲中世纪大学的演进》,商务印书馆 2010 年版。

108. 宋文红:《欧洲中世纪大学产生的历史原因和历史文化背景》,《现代大学教育》2005 年第 5 期。

109. 宋文红:《欧洲中世纪大学的迁移及其影响》,《清华大学教育研究》2005 年第 6 期。

110. 宋文红:《中世纪大学教材的发展及其特征》,《现代大学教育》2007 年第 2 期。

111. 施诚:《论中古西欧"上帝的和平"运动》,《历史研究》2001 年第 1 期。

112. 王玉亮:《英国中世纪晚期乡村共同体研究》,人民出版社 2001 年版。

113. 王家范:《明清江南研究的期待与检讨》,《学术月刊(沪)》2006 年第 6 期。

114. 王亚平:《修道院的变迁》,东方出版社 1998 年版。

115. 王亚平:《西欧中世纪社会中的基督教教会》,中央编译出版社 2001 年版。

116. 王亚平:《权力之争:中世纪西欧的君权与教权》,东方出版社 1995 年版。

117. 王保星:《大学之变·大学之源·大学之魂——〈欧洲中世纪大学〉的学术使命》,《河北师范大学学报/教育科学版》2010 年第 5 期。

118. 王晓辉:《到源头探寻大学要素——读〈中世纪大学〉》,《现代大学教育》2007 年第 6 期。

119. 吴雁:《伊斯兰新柏拉图主义研究》,《阿拉伯世界研究》2007 年第 4 期。

120. 徐善伟:《亚里士多德学说在中世纪拉丁世界的复兴及其影响》,《上海师范大学学报(哲学社会科学版)》2010 年第 4 期。

121. 徐善伟:《中世纪欧洲大学生学习及生活费用的考察》,《世界历史》2012 年第 1 期。

122. 徐善伟:《贷款基金的设立与中世纪牛津大学师生的抵押借贷》,《历史研究》2018 年第 3 期。

123. 谢大任主编:《拉丁语汉语词典》,商务印书馆 1988 年版。

124. 熊华军:《中世纪大学教学价值的取向:在理性中寻求信仰》,《江苏高教》2007 年第 6 期。

125. 伊永文:《行走在宋代的城市》,中华书局 2005 年版。

126. 徐以骅、韩信昌:《圣约翰大学——海上梵王渡》,河北教育出版社 2003 年版。

127. 郑崧:《国家、教会与学校教育:法国教育制度世俗化研究》,浙江师范大学博士论文,2005 年。

128. 郑崧:《反教权主义与 19 世纪下半叶法国的教育世俗化》,《世界历史》2007 年第 1 期。

129. 张斌贤、孙益:《欧洲中世纪大学的特权》,《北京师范大学学报(人文社科版)》2004 年第 4 期。

130. 张斌贤:《"大学发展不能摆脱历史"——〈欧洲大学史〉第一卷〈中世纪大学〉译介》,《清华大学教育研究》2005 年第 3 期。

131. 张磊:《欧洲中世纪大学(增订版)》,商务印书馆 2010 年版。

132. 张弢:《欧洲中世纪执教资格的产生与演进》,《世界历史》2013 年第 9 期。

133. 张弢:《西欧中世纪大学与城市之关系探微》,《古代文明》2013 年第 3 期。

134. 张弢:《大学之名的中世纪起源与考释》,《清华大学学报(哲学社会科学版)》2014 年第 4 期。

135. 张弢:《中世纪大学之"学术自由"辨析》,《北京大学教育评论》2017 年第 1 期。

136. 张弢:《中世纪欧洲大学的兴衰》,《光明日报》2016 年 8 月 16 日第 011 版(理论世界史)。

137. 张小杰:《中世纪大学的教师薪俸制》,《清华大学教育研究》2007 年第 4 期。

138. 赵敦华:《基督教哲学 1500 年》,人民出版社 2007 年版。

139. 朱新涛:《现代大学对中世纪大学的继承与反叛》,《高等教育研究》2007 年第 4 期。

二、英文文献

1. Andrew G.Traver. "Secular and Mendicant Masters of the Faculty of Theology at the University of Paris, 1505−1523". *The Sixteenth Century Journal*, Vol.26, No.1(Spring, 1995).

2. A.B.Cobban. *The Medieval English Universities Oxford and Cambridge To c.1500*. Cambridge: Scolar Press, 1988.

3. A. B. Cobban. *English university life in the Middle Ages*. Columbus: Ohio State University.1999.

4. A.B.Cobban. *The Medieval Universities: Their Development and Organization*. London and New York: Methuen Co Ltd.1975.

5. Alan. B. Cobben, *The Medieval Student Power. Past and Present*. Vol. 53. No. 1 (Feb. 1971).

6. A.B.Cobban. "Decentralized Teaching in the Medieval English Universities". *History of Education*, 1976, Vol.5, No.3.

7. Alan E. "Bernstein: Magisterium and License: Corporate autonomy agaist Papal authority in the medieval university of Paris". *Viator*, 1978(9).

8. Alfonso Maierù. *University Trainning in Medieval Europe*. Leiden · New York · Koln, 1994.

9. Arthur Norton. *Readings In the History of Education−Medieval University*. Cambridge: Harvard University, 1909.

10. Astrikl L. "Gabriel The ideal Master of The Mediaval University". *The Catholic Historical Review*. Vol.LX.April, 1974.No.1.

11. Astrikl L.Gabriel. *Studies in the History of the Mediaval University*. the Mediaeval Institute University of Noter Dame, Indiana.1969.

12. Charies Homer Haskins. *The Rise ofUniversities*. Transaction Pulishers, New Brunswick,(U.S.A.) and London(U.K.) 2002.

13. Charles H.Haskins. "The Life of Medieval Students as Illustrated by their Letters". *The American Historical Review*, Vol.3, No.2(Jan., 1898).

14. Catto, J.I.(ed). *The History of the University of Oxford, vol.I, The Early Schools*, Oxford, 1984.

15. Charles M.Radding(1997) "Individuals confront tradition: Scholars in eleventh and twelfth-century Europe", *The European Legacy: Toward New Paradigms*, 2:8, 1313–1324.

16. Charles Gross. "The Political Influence of the University of Paris in the Middle Ages". *The American Historical Review*, Vol.6, No.3(Apr., 1901).

17. Compayre G. *Abelard and Origin And Early History of Universities*. New York: Charles Scribner's Sons, 1907.

18. D.E.R.Watt. "University clerks and Rolls of Petitions for Benefices". *Speculum*. 1959(34).

19. Elke Weik. *The emergence of the university: A case study of the founding of the University of Paris from a neo-institutionalist perspective*, Management & Organizational History, 2011.

20. S.C.Ferruolo. "The paris statutes of 1215 reconsidered". *History of Universities* 5 (1985).

21. F.M.Powicke. "Presidential Address: Some Problems in the History of the Medieval University". *Transactions of the Royal Historical Society*. Volume17. December. 1934. Publish online: 17June 2009.

22. Gaines Post. "Master' s Salaries and Student-fees in the Medieval Universities". *Speculum*. 1932. Vol.7. No.2.

23. Gaines Post. "Parisian Masters as Corporation, 1200–1246". *Speculum*, 1934, Vol.9. No.4.

24. Gaines Post. Alexander Ⅲ, the *licentia docendi, and the rise of the universities. Anniversary Essays in Mediaeval History by Students of Charles Homer Haskins*. Boston/N.Y.1929.

25. Gabriel Compayre. *Abelard, the Origin and Early History ofUniversities*. New York: Charles Scribner's Sons, 1910.

26. G.Leff. *Paris and Oxford Universities in the Thirteenth and fourteenth century: An Institutional and Intellectual History*, New York: Robert E.Krieger Publishing Company, 1975.

27. Greif, Avner.*Institutions and the Path to the Modern Economy*: *Lessons from Medical Trade*.Cambridge: Cambridge University Press, 2006.

28. Hastings Rashdall.*The University of Europe in the Middle Ages*.Oxfordew: at the clarendon press.1936.

29. Hastings Rashdall. "The Origines of the University of Paris".*The English Historical Review*, Vol.1, No.4(Oct., 1886).

30. Henry Malden.*On the Origin of Universities and Academical Degrees*.London: Printed for John Taylor, 1835(Original from Harvard University, Digitized by Google).

31. Hilde de Ridder–Symoens, *A History of the University in Europe.vol.I*, *Universities in the Middle Ages*.Cambridge: Cambridge University Press, 1992.

32. Helenewieruszowski, *The Medieval University*: *Masters*, *Student*, *Learning. Princeton*, Van Nostrand Press, 1966.

33. Hunt Janin, *The University in Medieval Life* 1179–1499, McFarland Company, 2007.

34. Ian P.Wei.*Intellectual Culture in Medieval Paris*: *Theologians and the University c. 1100–1300*.Cambridge University Press, 2012.

35. James Bowen.*A History ofWestern Education Volume Two Civilization of Europe sixth to sixteenth century*.Methuen Co Ltd New FetterLane London EC4.1975.

36. James A. Weisheipl. "The Structure of Arts Faculty in the MedievalUniversity". *British Journal of Educational Studies*.Vol.19.No.3(Oct.1971).

37. J.I.Catto.*The History of University of Oxford (Volume I) The early Oxford Schools*. Clarendon Press, Oxford, 1984.

38. J.M.M.H.Thijssen.*Censure and Heresy at the University of Paris 1200–1400*.

39. John M.Fletcher.*Some Considerations of The Role of the Teacher of Philosophy in the Medieval Universities*.1994.

40. John S. Brubacher. "The Autonomy of the University: How Independent Is the Republic of Scholars?" *The Journal of Higher Education*, Vol. 38, No. 5 (May, 1967), Published by: Ohio State University Press.

41. Kazamias, A.M. "Re–inventing the historical in comparative education: reflections on a protean episteme by a contemporary player".*Comparative Education*, 2001, 37(4).

42. Kibre, P.*The Nations in the Medieval Universities*, Mediaeval Academy of America, Cambridge Mass, 1948.

43. Kibre, P.*Scholarly Privileges in the Middle Ages.The right*, *Privileges and Immunities*

of Scholars and Universities at Bologna-Padua-Paris-Oxford, Mediaeval Academy of America, Cambridge Mass, 1961.

44. Lynn Thorndike. *University Records and Life in the Middle Ages*, Octagon Books, 1971.

45. Laurie, S.S.*The rise and early constitution of universities; with a survey of mediaeval education*.

46. L.Curtis Musgrave. "Medieval University Life". *History Today*. 1972; Feb.

47. MALDEN H.*On the Origin of Universities and Academical Degrees*.

48. Mary Martin Mclaughlin.*Intellectual freedom and its Limitations in the university of Paris in the 13-14centuries*.

49. Nicholas Murray Butler.*Abelard and the origin and early history of Universities*.

50. Olaf Pedrsen.*The first Universities; Studium Generale and the Origns of University Education in Europe*.New York; Cambridge University Press, 1997.

51. Pearl Kibre. "Scholariy Privilegs; Their Origins and Medieval Expression". *The American Historical Review*, Vol.59, No.3(Apr., 1954).

52. Peter R.Mckeon. "The Status of the University of Paris as Parens Scientiarum; An Episode in the Development of Its Automy". *Speculum*. Vol.39, No.4(Oct., 1964).

53. Robert S.Rait.*Lif in the Medieval University*, Cambridge University Press, 1912.

54. Simon Somerville Laurie.*Lectures on the Rise and Early Constitution of Universities; With A Survey of Medieval Education*.NewYork; D.Appleton and Company.1891.

55. Stephen C.Ferruolo.*The Origins of the University; the Schools of Paris and Their Critics*, *1100-1215*.Stanford California; Stanford University Press, 1985.

56. Stephen C.Ferruolo. "' Quid dant nisi luctum?'; Learning, Ambition, and Careers in the Nedievcal University". *History of EducationQuarterly*, 1988, 28(1).

57. Spencer E.Young.*Queen of the Faculties Theology and Theologian at the University of Paris, c.1215-1250*.University of Wisconsin-madison 2009.

58. Thomas S.*ParisanLicentiate in Theology.A.D.1373-1500*.Vol.II; The Secular Clergy. Leiden; Koninklijke Brillnv, 2011.

59. Thomas Arnold and Alfred Guillaume.*The Legacy ofIslam*.Oxfrod.1931.

60. Weilp. *Intellectual Culture in Medieval Paris; Theologians and the University C. 1100-1330*.N.Y.Cambridge; Cambridge University Press, 2012.

61. Willis Rudy. *The Universities of Europe, 1100 - 1914; A History*. NJ; Fairleigh -

Dickinson University Press, 1984.

62. Willam Courtenay.*Parisian scholars in The Early Fourteenth Century, A socialportrait.*

63. Willam Courtenay.*Universities and Schooling in Medieval society*, Brill Leiden Boston Koln, 2000.

64. Will Durant.*A History of Medieval Civilization Christian, Islamic, and Judaic from Constantine to Dante*:*A. D. 325 - 1300.*World Library, Inc. 1994.043453.

65. William J.Courtenay."Inquiry and Inquisition: Academic Freedom in Medieval Universities".*Church History*/Volume58/Issue02/June 1989.

附录一　翻译亚里士多德及其
注释者著作的时间表

著作	注释	译者	时间
《范畴篇》		波埃修	
		约 510—522	
		莫尔伯克的威廉	
		1266	
	辛甫里克注	同上	
		1266	
《分析篇》	阿维洛伊中评	卢那的威廉	
		13 世纪	
	阿曼纽斯注	波埃修	
		约 510—522	
	阿维洛伊中评	莫尔伯克的威廉	
		1268	
		同上	
		1268	
		卢那的威廉	
《前分析篇》		13 世纪	
		波埃修	
		无名氏	
		13 世纪	
		约 510—522	
		12 世纪	

续表

著作	注释	译者	时间
《后分析篇》	阿维洛伊,中评	卢那的威廉	13 世纪
	亚历山大注释	威尼斯的詹姆斯	约 1125—1250
《正位篇》	德米斯特注释	冈萨里兹	约 1187
辩缪篇	阿维洛伊,中评	莫尔伯克的威廉	约 1269
物理学		威尼斯的詹姆斯	约 1125—1250
论天		冈萨里兹	约 1187
论生灭		卢那的威廉	约 13 世纪
《气象学》		波埃修	约 510—522
论灵魂		无名氏	12 世纪
论感觉		波埃修	约 510—522
论记忆		威尼斯的詹姆斯	约 1269
论梦		同上	约 1125—1150
论发明		同上	同上
论长短		无名氏	12 世纪中期
论气息		冈萨里兹	约 1187
论朽灭		苏格兰人米切尔	约 1220—1235
动物志		莫尔伯克的威廉	约 1260—1270
形而上学		格罗斯特	约 1235
尼各马可伦理学		莫尔伯克的威廉	约 1220—1235
政治学		格罗斯特	约 1187
修辞学		莫尔伯克的威廉	约 1220—1235
		苏格兰人米切尔	约 1247
		无名氏	1260—1270
		冈萨里兹	约 1247
			1271
			约 1220—1235

著作	注释	译者	时间
		莫尔伯克的威廉	
		苏格兰人米切尔	
		爱里斯蒂普（卷四）	
		冈萨里兹（卷一至卷四）	
		莫尔伯克的威廉	
		同上	
		苏格兰人米切尔	
		威尼斯的詹姆斯	
		苏格兰人米切尔	
		莫尔伯克的威廉	
		同上	
		同上	
		苏格兰人米切尔	
		无名氏	
		莫尔伯克的威廉	
		同上	
		苏格兰人米切尔	
		威尼斯的詹姆斯	
		莫尔伯克的威廉	
		苏格兰人米切尔	
		无名氏	
		莫尔伯克的威廉	
		苏格兰人米切尔	
		威尼斯的詹姆斯	
		莫尔伯克的威廉	
		威尼斯的詹姆斯	
		莫尔伯克的威廉	
		苏格兰人米切尔	

著作	注释	译者	时间
诗学		威尼斯的詹姆斯	
		莫尔伯克的威廉	
		威尼斯的詹姆斯	
		莫尔伯克的威廉	
		威尼斯的詹姆斯	
		莫尔伯克的威廉	
		苏格兰人米切尔	
		莫尔伯克的威廉	
		苏格兰人米切尔	
		同上	
		威尼斯的詹姆斯	
		无名氏	
		苏格兰人米切尔	
		无名氏	
		莫尔伯克的威廉	
		苏格兰人米切尔	
		无名氏（卷2—3）	
		无名氏（卷1.2—5）	
		格罗斯特	
		莫尔伯克的威廉	
		海曼·阿莱曼	
		无名氏	
		无名氏	
		莫尔伯克的威廉	
		无名氏	
		杜隆达	
		无名氏	
		海曼·阿莱曼	
		莫尔伯克的威廉	
		同上	

（赵敦华：《基督教哲学1500年》,人民出版社2007年版,第294—297页）

附录二　中世纪大学是职业教育吗？^①

引　言

　　早在 1895 年,海斯丁·拉斯达尔(Hastings Rashdall)在其大学史名著《中世纪欧洲大学》就提出用一种普遍的方式论断中世纪大学是相当危险的行为,比如宣称中世纪大学是职业教育或者人文教育都不符合历史事实。^② 海斯丁·拉斯达尔貌似历史的、全面的观点并没有终结关于中世纪大学是职业教育还是人文教育的争论。比如:柯班(Alan B.Cobban)就认为中世纪大学几乎就是职业教育;^③奥尔特加·加塞特(Joseortegay.Gasset)则认为中世纪大学的教育和职业教育几乎没有什么关系,中世纪大学所有学科都属于"基本文化修养"。^④ 为什么对中世纪大学教育职能会存在如此混乱而又泾渭分明的观点呢？这是一个值得探讨的问题。本文试着从基督教文化、学术建制、课程设置、对社会需求的满足等维度讨论中世纪大学的教育职能。厘清中世纪大学的教育职能有利于我们更加深刻认识大学这个中世纪学术机构。

---

① 本文发表在《现代大学教育》2016 年第 2 期。

② Hastings Rashdall, *The University of Europe in the Middle Ages*. New York：Cambridge University Press.2010.

③ Alan B.Cobban."Medieval student power".*Past & Present*,1971,(53),pp.29-30.

④ JOHN Van Engen,ed.*Learning institutionalized：Teaching in the Medieval*.Notre Dame：University of Notre Dame Press,2000,p.455.

一、古典教育理论、基督教文化对职业性教育的影响

中世纪大学之所以存在职业教育和人文教育的争论,原因之一就是人们在讨论教育问题时容易患有"历史遗忘症"。①

在西方古典教育理论和实践中,职业技术教育没有什么位置。古希腊教育"无论从理论到实践,都是为了培养可能的最佳公民,而不是培养可能的最会赚钱的人"。② 整个希腊民族都十分鄙视手工业者,将各种工匠统称"资产者"。在他们看来,做点事就想赚别人的钱是庸俗的和缺乏教养的。③ 在谈及希腊学校时,特别需要注意的是,应当将现代的"功利"观念放置一边。希腊人不会学习那些商业或者其他专业技能或者旨在赚钱的课程。在希腊人看来"传授技术和一切旨在赚钱的教学都是庸俗的,不能冠以教育的名义"。按照柏拉图的观点,世界上所有黄金加在一起也无法与美德等价,或者说,也不值得用灵魂去交换。④ 因此,各种技术训练的课程是被排除在希腊学校大门之外的。对于希腊人来说,教育意味着品格和鉴赏能力的培养以及身体、智慧和想象力的和谐发展。

柏拉图深刻阐释了古希腊教育的理念。他说:理性是人最高的机能,它来自不朽的灵魂(思维和理性);欲望和情绪来自身体,属于低层次的机能(这种观点一般归为身心二元论)。教育的目的就是训练思维,发挥理性,就是关于自由的教育。对身体相关技能的训练,是关于职业的教育,在教育领域内一直不被看重。

---

① Kazamias, A. M. "Re‑inventing the historical in comparative education: reflections on a protean episteme by a contemporary player". Comparative Education, 2001, 37(4), pp.439–449.

② 肯尼思·约翰·弗里曼:《希腊的学校》,朱镜人译,山东教育出版社 2009 年版,第 4—5、31、33 页。

③ 肯尼思·约翰·弗里曼:《希腊的学校》,朱镜人译,山东教育出版社 2009 年版,第 4—5、31、33 页。

④ 肯尼思·约翰·弗里曼:《希腊的学校》,朱镜人译,山东教育出版社 2009 年版,第 4—5、31、33 页。

尽管古希腊、罗马文化和中世纪基督教文化截然不同,不过在对待职业技能的教育,两者的观点却保持高度的一致。中世纪是一个神权当道的社会。"中世纪只知道一种意识形态,即宗教和神学。"①在中世纪,基督教会存在一种把普遍性的牺牲、自我绝弃、禁欲和受难作为至高无上的追求目标。基督教从根本上对所有的学问都极端反感,认为知识会腐蚀人的灵魂,所以就尽可能缩减知识的范围。超出绝对必需限度的任何东西都会受到严格限制,都会被认为是一种奢侈,罪该当咎。尽管后来基督教会开始慢慢重视教育,也不过是把教育当做与邪教异端斗争的工具和扩大基督教影响的武器而已。基督教自我禁欲的苦行理念在中世纪社会占据绝对统治地位,这使得教育体系不能不受到那种信念经历的种种变异的影响。②

来自于教会占统治地位的反智主义,决定任何关于物质和有助于物质享受的学科,在大学课程体系中没有什么位置。实用知识、职业技能教育在中世纪大学没有地位。中世纪大学知识建制在长期的历史过程中形成了两个明显的断层(fault line),③就是今天我们依然感觉到这两个断层所产生的影响。

第一个断层产生于自由知识和实用知识之间。中世纪不加掩饰的反功利主义,在大学课程中占主导地位自然是"自由七艺"而不是"实用七艺"或"机械七艺"('seven mechanical arts')④。自由七艺又分为两个部分:"三艺"(文

---

① 《马克思恩格斯全集》第4卷,人民出版社1959年版,第231页。

② 爱弥尔·涂尔干:《教育思想的演进》,李康译,上海人民出版社2003年版,第238页。

③ Johan Muller. "Forms of knowledge and Curriculum coherence". *Journal of Education and work*, 2009, 22(3), pp.206-221.

④ 机械之艺(mechanical arts,拉丁文 artes mechanicae)是相对于自由之艺(liberal arts,拉丁文 artes liberales)而言的。自由之艺是拉丁时代形成的说法,指自由民应接受的基本教育,先是有三艺(Trivium)即语法、修辞和逻辑,后又有四艺(Quadrivium)即算术、几何、音乐、天文,合称七艺(seven liberal arts)。自由七艺是西方人文教育的基础,故汉语学界也有人把 liberal arts 译成人文七科,把 liberal education 译成人文教育。机械之艺的说法最早见于9世纪的爱留根纳(Johannes Scotus Eriugena),他提出如下七艺:制衣(vestiaria)、农艺(agricultura)、建筑(architectura)、兵艺(militia and venatoria)、商贸(mercatura)、烹调(coquinaria)、冶金(metallaria),表达人类的低级需要。后来,圣维克多的休(Hugh of Saint Victor,1096-1141)用航海、医学、戏剧分别替代了商贸、农艺和烹调,使机械七艺的地位有所上升。

法、逻辑、修辞)和"四艺"(算术、天文、几何和音乐),这形成了第二个知识断层,就是人文学科和原始科学的断层。在"七艺"里面:修辞、逻辑和文法在中世纪大学课程占主要地位,其中逻辑绝对是主导性学科。在中世纪课程中严格词义上的辩论被认为是学科之冠;形而上学、伦理学、数学、自然史、天文学、音乐以及诸如此类的科目都是些不需要考试的选修课,在课程体系中的地位无足轻重。① 在中世纪大学的内心深处,自由教育和职业技能教育,人文知识和科学知识存在着明显的等级差别,这种差别体现在中世纪歧视任何归纳的、实验的方法和实用的、机械的知识。② 斯诺(Snow)的两种文化之争,托尼·比彻(Tony Becher)的学科部落最早可以追溯到此。

二、学术建制对职业性教育的影响

中世纪大学的学术专业化很容易被人们误解为职业教育。

自从大学诞生以来,开始出现四个分开的独特系科:文学院、法学院、医学院和神学院。大学的出现,在理论上意味着人们不再可能,也无需掌握所有的知识。学生起初在文学院进行一段时间的自由教育,再选择专门领域进行专业化学习,成为一种新的教育模式。中世纪大学开启专业化教育先河。

专业化教育是一种和古希腊罗马完全不同的全新教育理念。古希腊罗马实行的是自由教育。亚里士多德认为,自由教育应该是广泛的、普通的,不是狭隘的、专门的。自由教育就是多才多艺的训练(all rounded development),③就是全面和谐的发展。事实上,亚里士多德是反对专业化教育的。比如,他认为一个人学习音乐到达能够欣赏的程度就可以了,如果学习过分专注和过分

---

① 爱弥尔·涂尔干:《教育思想的演进》,李康译,上海人民出版社 2003 年版,第 193 页。

② Johan Muller. "Forms of knowledge and Curriculum coherence". *Journal of Education and work*, 2009, 22(3), pp.206-221.

③ 布鲁贝克:《教育问题史》,单中惠译,山东教育出版社 2009 年版,第 477 页。

详细，那就会对自由民造成伤害①亚里士多德身体力行，没有学科限制②，学科分类是亚里士多德的创举。他研究了几乎所有知识的领域，并开拓了一些新的领域。

为什么中世纪大学会出现专业化教育呢？经济是一个很重要的因素。长达几个世纪的经济繁荣，为古希腊罗马人的自由教育创造了条件。由于中世纪城堡的小规模农业经济取代了罗马帝国时期的大规模农业经济和商业经济，这导致欧洲经济几乎衰落到仅供维持生存的水平。人们几乎没有多余的财富和闲暇从事学术活动。在经过几个世纪的停滞，即所谓黑暗的中世纪，欧洲经济逐渐得到了恢复。这样在过去的几个世纪中，第一次出现生产过剩的经济现象，这足以使人关注和实施正规教育。中世纪大学的兴起就是一个典型的例子。中世纪大学诞生时，西欧的经济基础还相当薄弱和不稳定，还没有充分的闲暇时间，对知识本身的追求几乎成为一种奢望。这导致中世纪大学教育必然是功利性价值取向，从性质上讲中世纪大学基本属于专业教育，人们开始通过教育来谋求职业，教育的直接经济功能开始显现。这是人们教育观念的一次重大转变。在此之前，教育和谋求利益是没有关系的。凡是和金钱相关的活动，都不能冠名为"教育"。人们对教育赋予经济功能的诉求，可能是由商贸复兴所取得的利润的再投资所决定的。随着利润的增加，富有阶级的闲暇也极大地增加。有了巨大的富裕的经济保障，教育的重心逐步从专业教育转向古希腊式的自由教育（文艺复兴时的教育）。

中世纪大学专业教育的出现，并不是学科本身自我发展的结果，而是特殊的历史时期的产物，其专业化程度不可夸大。事实上也证明这一点。中世纪大学从理论上说一般具有四个学院，事实上，很多大学只有两到三个学院，很多还名不副实。所以学者要学习"全面"的知识，就必须不断从一个学校转到

---

① 布鲁贝克：《教育问题史》，单中惠译，山东教育出版社2009年版，第476页。
② 在古希腊那个时代，没有我们今天所积累起来的广博复杂的知识背景，没有分门别类的学科。古希腊人有的是一个需要人们去理解和探索的整体世界。

另一个学校。当时跨学科学习是比较普遍的现象,这说明当时学科专业化水准不高。

什么叫专业教育? 一般认为专业化形成的一个前提条件就是拥有一个界限分明、深奥实用的系统化知识体系、和规范化的技能体系以区分其他的专业①。按照这种对专业的定义,中世纪大学所传授的学科还处于一个"潜专业"或"准专业"阶段。这也是本文把中世纪大学的"专业教育"称为"打折的自由教育"的一个原因。前面鲁迪提到的中世纪课程"文书艺术"不过是基本的拉丁文读写,实在算不上什么专业技能,而是从事一般职业都需要的基本素质。

中世纪大学学科建制的出现,意味着人类知识生产制度化,这是中世纪社会最有价值的制度创新。现在的问题是,为什么中世纪大学只有四个经典学科? 一般认为这四门学科的出现是应社会需求而出现的。如果说是满足社会需求,那么大学里应该设置更多热门学科才对,比如像建筑学、航海学、军事学、机械制造、制药学等都应该在大学有一席之地。这些学科的研究和教学对中世纪社会都是必需的。因此如果从社会需求的角度考虑的话,统治阶级也应该对这些领域的专家的培养和知识发展拥有和上述四门学科一样的强烈兴趣。在这里我们再一次看到并不是社会需求,而是由于某些学科的存在表明了其对某些社会要求的价值,导致了大学的建立。②

三、中世纪大学课程设置对职业性教育的影响

关于职业教育和自由教育的争论,更多是定义而不是事实上的分歧。鲁迪(Willis Rudy)认为,"在中世纪大学这个高等教育机构中的许多内容是不加掩饰的职业性。并且有一段时间,中世纪大学还包括我们今天称为商业课程

---

① 陈伟:《西方大学教师专业化》,北京大学出版社 2008 年版,第 17—19 页。

② Hilde de Ridder-Symoens, *A History of the University in Europe.vol.I, Universities in the Middle Ages*, Cambridge:Cambridge University Press, 1992, pp.23–31, 30–31, 307–308.

的学科或者更确切的称为秘书学科的课程,这就是'写信艺术',这一课程有时也称为'文书艺术'。当时人们急需接受、准备信函、设计法律条文和起草公告以及其他政府文件方面的训练。这些研究便作为中世纪修辞课程的一个实用分支而发展起来。"①

鲁迪关于中世纪大学教学内容的论述,容易导致人误解中世纪大学是职业教育。中世纪大学存在一定的职业性课程,这是事实。不过不能就此认为中世纪大学实行是职业教育。判断中世纪大学是不是职业教育最有力的证据之一就是看看当时的课程设置。巴黎大学的课程设置经历多次改革,主要的课程改革年份有 1215 年、1255 年和 1366 年和 1452 年。② 我们从中世纪大学课程设置和相应的大学章程中并没有发现鲁迪所说的诸如此类的职业性学科或者课程。这就表明,当时这些职业性技能课程是选修课甚至是培训课程,没有成为正式的必修课,其地位无足轻重。亚里士多德的原著在中世纪巴黎大学的课程体系中占有统治地位是毋庸置疑的。而且,直到 17 世纪,中世纪所有大学的课程和学位都基本相同,并且都以拉丁文教学。③ 拉丁文是学术性语言,其应用范围相当有限。

中世纪大学为满足社会需求开设一些热门课程,是可以理解的。这是大学履行社会责任的一种方式。这就像我们现在的一些大学开设培训课程一样的道理。但不能就此认为中世纪大学实行的是职业技能教育。爱弥尔·涂尔干指出中世纪大学的教学更多的是形式教育而非实质教育。这从侧面说明中世纪大学是专业化教育或者说是一种打折的自由教育。

在讨论中世纪教育时,不要忽略当时的阶级状况。中世纪和古希腊罗马

---

① Willis Rudy.*The Universities of Europe*,1100—1914:*A History*.Cranbury:Associated University Presses,1984,p.32.

② 黄旭华:《中世纪大学课程特色及启示——以巴黎大学为例》,《教育学术月刊》2013 年第 3 期。

③ Hilde de Ridder-Symoens,*A History of the University in Europe.vol.I*,*Universities in the Middle Ages*,Cambridge:Cambridge University Press,1992,pp.23-31,30-31,307-308.

一样都是阶级社会。在一个以农业经济为主的封建社会里,始终存在劳动阶级和闲暇阶级之间的界限。只有少数上层阶级的家庭有能力让子弟接受大学教育。可以基本肯定,能够到大城市学习的人其家庭都还不错。当然也有穷人上大学,不过这些穷人一般都有赞助人支持。就是到了后期出现了许多地方大学,对于一般民众而言,上大学的几率还是很少。据海斯丁·拉斯达尔估计到中世纪末期,大学生毛入学率在 1%—2%,这是典型的精英教育。①

就中世纪大学来说,从来也不曾拥有一种以职业取向为根本的目标。无论是在经院时期还是在文艺复兴时期,艺学院里的老师都不曾致力于把自己的学生培养成特定的职业成员。② 法学院、医学院和神学院的教师也不会教学生那些所谓职业技巧之类的东西。就拿实践性很强的医学,中世纪大学的医学教授只从事理论教学,而不会亲手去做手术。那些做手术的医生往往和理发师联系在一起。③ 法学教育和神学教育和文学院的学生一样就是不断地辩论。

事实上,学者获得闲暇的机会对于学院学科的发展具有十分重要的意义,这种闲暇使得他们得以摆脱对获得生活必需品的直接关注(这是自由教育的特征)。这种摆脱实际利益,全身心进行学术研究的思想,直接源于希腊哲学的范畴。这种来源,探索理性就是现实的基本形式,是所有学院科学和学术方法的基本特征。这种探索也是中世纪大学——它的基本结构是公共的结果——特有的思想基础。④

---

① 张磊:《欧洲中世纪大学》,商务印书馆 2010 年版,第 348 页。

② Stephen C.Ferruolo.“‘Quid dant nisi luctum?’:Learning,Ambition,and Careers in the Nedievcal University”.*History of Education Quarterly*,1988,28(1),pp.1-22.

③ 中世纪大学的教师是以思想和传播思想为职业的一群人。可以说从一开始,知识分子就把自己工作定为智力操作者、思想家,而不是手工工匠。事实上知识分子对手工劳动是极度鄙视的。这样知识分子同其他劳动者隔绝开来,并使自己特权化。参见勒戈夫:《中世纪的知识分子》,商务印书馆 1999 年版,第 95、113 页。

④ Hilde de Ridder-Symoens,*A History of the University in Europe.vol.I,Universities in the Middle Ages*,Cambridge:Cambridge University Press,1992,pp.23-31,30-31,307-308.

四、中世纪大学是如何满足社会需求的

中世纪时期，决定一个人的职业生涯不是一个人的学历，而是出身、地位、金钱等。既然这样，学生为什么还要花大量的时间和精力来上大学呢？当时绝大多数学生上大学不是为了学位和就业，而那些少数拿到学位的人是进一步巩固他们已有的地位。尽管也有极少数穷人通过硕士、博士学位实现了鲤鱼跳龙门。① 那么学生上大学的目的是什么？大学如何满足他们需要的？

中世纪大学是一所以培养教师为目的的学者行会。但是，有多少学生可以拿到硕士、博士学位？拿到执教资格证的人又有多少从事教师这个职业呢？据一项著名的研究（Paulsen, F. Histor）表明：中世纪大学从入学读到"bachelor"的人只有不到 1/4，读到"master"或"doctor"的人又只占 1/4。② 也就是 5%—6% 的学生能拿到执教资格证。英国获得学士学位的数字约 20%。③ 这些拿到执教资格证的硕士、博士可谓时代精英。他们很少有人愿意当教师的。教师，即使是大学教师，自古以来就没有成为一个令人羡慕的职业，就是现在也是如此。④ 教会是他们就业的第一选择，其次是政府。事实上硕士、博士大多不会选择教师这个职业的，即使当教师也是一个过渡的跳板。那些在大学待好多年的教师大多不是主动的选择，而是被动的迁就。尽管后来出现大学教授世袭的现象，这是大学贵族化标志。但中世纪大学教师并不

---

① 约翰・鲍德温（John W.Baldwin）研究过 1178 到 1215 年间巴黎 47 位常任学校教师的从业情况（这个时期学生的资料过于稀缺），希望借此探索教育对社会流动的影响。他注意到，在巴黎大学逐渐形成的这个时期，在 16 位有传记资料的教师中，有 4 人是出身"低下"的，3 人是神父的私生子，1 人是城市市民.Stephen C.Ferruolo."'Quid dant nisi luctum？':Learning,Ambition,and Careers in the Nedievcal University".*History of Education Quarterly*,1988,p.28.

② 雅克・韦尔热：《中世纪大学》，世纪出版集团、上海人民出版社 2007 年版，第 53 页。

③ Stephen C.Ferruolo."'Quid dant nisi luctum？':Learning,Ambition,and Careers in the Nedievcal University".*History of EducationQuarterly*,1988,28(1),pp.1-22.

④ 能者，做；不能者，教；不能教者，教别人去教（He who can,does;he who cannot,teaches;and he who cannot teach,teaches others to teach.）。布鲁贝克：《教育问题史》，单中惠译，山东教育出版社 2009 年版，第 500 页。

把教书当做一个终身的职业,他们不追求也不想要终身教职(tenure)。① 那种认为中世纪大学教师是以"学术为业",其实是一个幻觉。事实上,到13世纪,教师已经成为一种身份,而不仅仅是个职业。教师头衔的价值在于它的荣誉有朝一日会让学者在外面找到更好的职务。②

对那些没有或者无意获得学位的学生来讲,大学的意义在哪儿? 了解中世纪大学的教学理念和方法可以帮助我们理解这个问题。

中世纪大学的教学方法有两种:一种是讲解(expositio),仅限于所探讨作者的论点。另一种是究问(quaestiones),也就是一种论辩。事实上,论辩成为中世纪大学唯一的练习方式。书面作文根本就没听说过。比纳斯在1531年写道:他们白天论辩,晚上论辩,吃饭时论辩、吃完饭也论辩;公共场合论辩,私人场合论辩。总之是随时随地在论辩。这种论辩的确能够有效地阐明所有的疑难。任何东西只有经过反复咀嚼,才能获得完整的理解。③

在这里我们必须明白中世纪大学是以培养思想者为教育目标。大学并不教授哪一门行业的专门技能,它只是培养学生的判断力、推理力和思考力。不管从事哪个行业,这些能力都是必不可少的。大学教育的功能恰恰始终体现在这个方面。当判断和推理的技艺都被吸收到论辩的技艺中的时候,辩证法就成为中世纪大学里唯一的主题。这是因为人们把它看做一种训练心智的普遍的、唯一的方式。

对于这种围绕"辩论"而展开的教育体系,文艺复兴很多思想家、教育家持强烈的批评态度④。但也不意味这种态度是正当的。这里需要注意:要知

① Stephen C.Ferruolo.ᵁ'Quid dant nisi luctum?':Learning,Ambition,and Careers in the Nedievcal University".*History of Education Quarterly*,1988,28(1),pp.1—22.

② Stephen C.Ferruolo.ᵁ'Quid dant nisi luctum?':Learning,Ambition,and Careers in the Nedievcal University".*History of Education Quarterly*,1988,28(1),pp.1—22.

③ 爱弥尔·涂尔干:《教育思想的演进》,李康译,上海人民出版社2003年版,第191—205页。

④ 拉伯雷在讽刺当时的形式教育是有代表性。拉伯雷刻画了一个第五要素夫人,她不吃饭就光吃一些范畴、第二意向、反题、转生灵魂和先验概念。参见爱弥尔·涂尔干:《教育思想的演进》,李康译,上海人民出版社2003年版,第208—209页。

道无论哪种教学方法,只要时间一长,都容易陷入刻板,发生变质。一个很好的实例就是我国的八股文考试。八股文其实就是一种精致的形式教育。①

中世纪大学这种以辩论为主的形式教育的成效如何? 事实上,尽管绝大多数学生没有取得学位,他们终身受益于大学里所受到的思维训练。在大学几年的辩论练习,造就大学生几乎个个能言善辩。这对他们在今后的职业生涯有很大的帮助。中世纪末期欧洲的大学生在总人口的比例比 1900 年的欧洲还有高。这就说明中世纪大学的形式教育是满足了当时人们的需要,得到人们的认可。

事实上,教育和职业的联系并不如想象中那么紧密。学校外面的专业化程度远比不上大学内部。② 教会和市政是中世纪大学生主要的求职对象,求职者需要的是普通知识而不是其他的任何专业知识。有读写拉丁文的能力(拉丁文是教会、法庭和外交的工作语言),有条理的思考、对特定问题作出系统的分析、辩护和有效的争论,拥有这些基本技能就可以满足几乎所有公共机构职务的需要。这些能力几乎不需要特别的专业教育。中世纪英国市政等公共机构是大学毕业生主要雇主之一,不过大学毕业生并没有垄断这个求职市场,大学学位比如法学学位或其他什么学位并不是求职的必备条件。在法国情形则不同,大学生很早就在法国市政人才市场占有优势,不过没有证据显示法学训练是必须的。那些没有接受法学教育的公务人员依然可以依据常识对人们的法律纠纷作出判决。③ 就是今天劳动力市场也依然如此,据 2011 年人力资源和社会保障部对全国 100 个城市劳动力的检测,在所有对大学学历有

---

① 何怀宏:《传统社会的晋身之道:八股取士的重估》,《战略与管理》1996 年第 4 期。

② Stephen C.Ferruolo."'Quid dant nisi luctum?':Learning,Ambition,and Careers in the Nedievcal University".*History of Education Quarterly*,1988,28(1),pp.1-22.

③ Stephen C.Ferruolo."'Quid dant nisi luctum?':Learning,Ambition,and Careers in the Medieval University".*History of Education Quarterly*,1988,28(1),pp.1-22.

要求的用人单位中,只有 8.5%要求求职者拥有专门技能。① 中世纪大学为满足社会需要培养人才,同时每个学院的课程通常是理论的而不是实践的,是抽象的而不是具体的。这或许是大学基业长青的主要原因。②

五、结论和启示

专业教育在多大程度上满足社会实际需要,取决于社会在多大程度上需要专业教育。这是教育外部规律的表现。③ 在中世纪农庄社会,社会对专业教育的需求不大。当时的技术人才一般是通过师徒或家庭教育或其他职业学校来培养。比如伦敦的商人学校(Merchant Taylor's school)就是对有意从事商业的儿童进行读、写、计算等方面的训练。④

中世纪大学主要是通过形式教育培养学生的思维能力和提高学生的文化修养,为社会培养文职人员。就职场而言,一个农业社会里,对文职人员的需求不大。就经济而言,中世纪社会也无力为多数人提供财富和闲暇时间,中世纪大学始终是很少一部分人的教育。

一直到 19 世纪,即使在经济最繁荣的时期,社会财富也只能保障社会中很少一部分人接受学校教育,无论是单纯的农业经济还是以商业为补充的农业经济,即使是这种经济形态的生产率和利润率处于很高的水平,都只能供养社会上层和中上层阶级接受教育。但是,18 世纪末期,经济领域发生了根本性的变革。工业革命的发生为 19 世纪和 20 世纪社会积累了巨额财富,从而在教育史上第一次具有普通人接受学校教育的可能。1862 年颁布的《莫雷尔

---

① "What makes it difficult for graduates to find jobs?" http://www.chinadaily.com.cn/digestchina/2012-08/09index1.html.

② Stephen C. Ferruolo. "Quid dant nisi luctum?: Learning, Ambition, and Careers in the Nedievcal University". *History of Education Quarterly*, 1988, 28(1), pp.1-22.

③ 潘懋元:《高等教育学》,人民教育出版社、福建教育出版社 1984 年版。

④ Jose S Arcilla, S.J. "Roots The European Medieval Universities". *Bussiness World*, 1997, p.8; 博伊德、金:《西方教育史》,任宝祥译,人民教育出版社 1985 年版,第 153—157 页。

法案》(*Morrill Act*)开创了在高等教育中实施职业教育的先河。

人文教育和科学教育几经博弈,科学技术在大学中占有一席之地,不过人文教育始终占主导地位。据麦肯锡 2010 教育报告:欧美国家,理工科学生在学生总数中的比例是 10%—12%,印度仅为 3%—5%。这和中世纪大学绝大部分学生接受普通教育很类似。社会对那些很狭隘的专业教育或者职业教育的需求并不像我们想象中的那么大。

中国大学大概有 33%学生学习理工科,每年有 100 多万工科毕业生。不过真正能够达到国际标准的工程师,大概跟英国差不多。而英国理工科大学生人数大概只是中国的 10%。① 按照麦肯锡 2010 教育报告的评估,从中国大学毕业出来的合格工程师很少,仅仅 10%学生符合国际标准。中国大学的理工科学生动手能力、创造性解决问题的能力比较差。相比较专业能力,中国学生的软实力,比如:组织管理能力、人际交往能力以及抗压能力的缺失或不足更是软肋。这和我国学生缺乏良好人文修养有很大的关系。

麻省理工就十分重视哲学、文学、艺术的教育。他们的哲学是,如果我们不重视广阔的人文艺术教育,我们学生就会因为缺乏创造力,缺乏思想、缺乏远见卓识,最终沦为哈佛的雇员。②

当某一种技术能把社会生产力提高十倍的时候,这一个世界就要发生革命性的变化。当蒸汽机发明,把整个生产力提高十倍之后,就发生了革命。现在,进入了电子时代,计算机的芯片每年翻 1.8 倍,几年就翻一番,5 年就会增加 10 倍左右。互联网发展更快,世界变得异常复杂,这在人类历史上前所未有。在这一时期,中国进入了市场经济阶段,我们不能重复别人的老路。如果我们再走日本模式——培养大量的"匠才",像 20 世纪 70、80、90 年代,日本也取得了成功。但现在日本经济上不去,这和一个以培养"匠才"为主而不是培

---

① 麦肯锡 2010 教育报告。

② Henry Etzkowitz and Chunyan Zhou. "Introduction to special issue Building the entrepreneurial university:a global perspective". *Science and Policy*,2008,35(9),pp.627-635.

养创造性人才的教育体系,有很大关系。

市场经济瞬息万变,我们的专业、课程设置不能总是以市场为导向。大学应引导社会发展,而不是适应社会发展。通过人文教育和形式教育,提高学生的人文涵养和创新应变能力,以不变应万变。这是中世纪大学给我们最大的启示,也是大学万古长青的秘籍所在。

附录三　在耶路撒冷与雅典之间

——信仰和理性的冲突与调和之路[①]

　　精神生活是区别人类和其他动物的主要特征。是人之所以为人不可或缺的重要组成部分,也是人类生存和发展的重要推动力。对于个体而言,信仰是更高层次的精神生活,是人突破自身之狭隘,超越生命之有限,追求之无限的重要途径,用康德的话就是"灵魂之不朽"。对于群体而言,信仰是共同族群相互连接的精神纽带,是人类生生不息的重要精神支柱。目前,伴随科学技术的高度发达和物质生产的极大丰富,因为信仰缺失引发的精神危机也就越发显得突出。

　　当我们越来越控制不住地球的转动,总是习惯性地到历史中寻找答案。回顾信仰和理性关系的学术史可能有助于我们加深对精神危机这个现象的理解,或许能找到解决问题的线索或者启示。

一、希腊哲学的初始基督教化：奥古斯丁主义

（一）基督教的产生

　　基督教不是迷信,也不是巫术,而是希腊化文明最后的集大成者,是地中

---

① 本文发表在《高教探索》2015 年第 8 期,本文主要研究中世纪的理性和信仰的问题,是中世纪教师行会学术自由的重要内容。

海三大文化——希伯来文化、希腊文化和罗马文化——杂交的产物。这三种文化为基督教的诞生做出了各自不同的积极贡献：希伯来文化为《圣经》提供了价值取向和基本教义；希腊文化中斯多葛主义（Stoicism）和新柏拉图主义（Neo-Platonism），担当起教义解释和哲学论证任务；罗马文化中的"罗马法"则为基督教准备了概念、术语、范畴和框架①。基督教在产生的最初几个世纪，在思想上依仗信仰，在实践上凭借道德，最终战胜了深陷于外在性的律法主义禁锢中的犹太教和囿限于自然主义藩篱中的罗马多神教②。313 年，君士坦丁一世（Constantine I）给予基督教徒信仰自由；380 年，狄奥多西一世（Theodosius I）宣布基督教为唯一合法的宗教信仰。基督教的完胜，是希腊化时代以来各种神秘教义③相互倾轧的顶峰，也是科学和理性主义日渐式微的标志。

（二）希腊哲学基督教化

基督教徒所生活的地中海和爱琴海地区已经拥有人类历史上极为优秀的文明成果。这些文明遗产来自像柏拉图、亚里士多德、西塞罗、昆体良等哲学家和修辞家。如何对待古典文化，基督教世界对此有三种观点：第一种，古典文化对基督教的影响是负面的，应当予以摧毁；第二种，把古典文化视为过去的遗产保留下来，但不包括在基督教教育体系中，以免教徒信仰产生混乱；第三种，古典文化不仅应当被保存下来而且还要加以利用，使之成为基督教教育体系中的组成部分。

第三种观点代表基督教官方对待异质文化的基本态度。基督教的宗教文化和古典的世俗文化在价值观上绝无兼容性，这主要表现为基督教对古典文

---

① 苏曼：《中世纪的科学及其与基督教的关系》，《自然辩证法通讯》1990 年第 4 期。

② 赵林：《论基督教与犹太教的文化差异》，《宗教学研究》1997 年第 2 期。

③ 关于这一时期的神秘主义，参见陈云：《基督教神秘主义起源探索》，《宗教学研究》2004年第 1 期。

学和艺术的极端敌视①。那些不与基督教相冲突、符合其风格和趣味的古典文化却被恰到好处地用于基督教的建设。

　　根据马歇尔·克莱杰特(Marshall Clagett)的科学定义②,希腊科学可分为两个部分:一部分是工具性学科,即以数学为基础的科目,包括几何、算术、天文学和音乐,合称"四科"。这些纯理性方法的内容很快被基督教纳入基础教育;一部分是解释自然现象为主的科学,包括自然哲学和形而上学学说,其中有些观点和基督教教义不吻合,甚至矛盾。如何把古典的世俗文化融入基督教宗教文化,如何使雅典和耶路撒冷握手协作,就成为基督教神学家千年来最重要的历史课题。理性与信仰的关系是一个贯穿于整个中世纪基督教神学的基本理论问题。可以说,基督教的历史就是理性和信仰不断调和、不断建构的过程,即一种理性化的过程。

　　新柏拉图主义(Neoplatoism)在调和雅典和耶路撒冷关系时起到了极为重要的作用。利用古典哲学解释基督教教义是西方学术史上一个显著特点,比如:查士丁(Justin,约100-约165)、奥里根(Origenes,约185-254)等就常常把基督教看作哲学,并借助于柏拉图主义解读教义。利用新柏拉图哲学解释基督教教义的集大成者首推拉丁教父圣奥古斯丁(St.Augustine,354-430)。他第一个明确提出把"哲学"视为"神学"的婢女的观点,其目的就是调和希腊科学与《圣经》中的创世内容。圣奥古斯丁把"柏拉图哲学与保罗《使徒行传》的学说结合起来,形成了基督教对知识的第一次大综合"。

　　按照希腊哲学的思想,"无"中不能生出"有",即使是柏拉图的"造物主"也只是依据"形式"将现有的无定形物质塑造成个体。可是《圣经》中的上帝

---

①　亚历山大里亚女数学家、哲学家希帕蒂亚(Hypatia,约370-415)因不愿放弃希腊理性主义被狂热的基督徒撕成碎片并烧毁;塞拉皮斯(Serapis)神庙所藏的30万种希腊手稿被焚之一炬,大批写在羊皮纸上的希腊著作被基督徒洗刷一净。"雅典"对"耶路撒冷"的威胁是不言而喻的:面对希腊科学和哲学,基督教如何解释上帝在7天之内的创世行为。可以想象,最初的基督教对希腊哲学和科学怀着何等的恐惧、仇视与猜忌。

②　Marshall Clagett.*Greek science in Antiquity*.London.Abelard-Schuman.Inc.1957,p.4.

却能从"无"中创造天地万物。在希腊化文明中与基督教同时成长并相互作用的"新柏拉图主义"成为异教和基督教熔合的中介和工具。新柏拉图主义出现于3世纪古希腊文化末期,是古希腊哲学理性思想日渐式微、神秘主义日趋直上时期最重要的哲学思想。按照黑格尔的说法,新柏拉图主义拿柏拉图哲学作基础,但是却利用了整个哲学的发展。这个发展是在柏拉图之后通过亚里士多德和以后的各种哲学而获得的。换句话说,他们以一种更高的文化把这些哲学系统重新整合。他们不仰仗某一特定哲学流派,而是把不同的哲学流派结合起来,特别是毕达格拉斯学派、柏拉图派、亚里士多德派的哲学,所以这种哲学常常被称为折中主义①。

新柏拉图主义创始人是阿摩尼阿斯·萨卡斯(Ammonius Saccas.175-242),不过最具影响力的人物则是他的门生普罗提诺(Plotinus.204/5-270)。普罗提诺宣扬一神论,这个神广大无边,除非通过神秘的体验,否则不为人知也不可接近。它是世界万物——所有精神和肉体——的源泉,被称为"太一"(Oneness)。以"太一"为中心,流溢出世界万物的存在,这些存在位于不同的阶段,如同湖里的涟漪形成的同心圆,距离中心越远、波纹就越小越弱;同理,事物离太一越远就越弱②。新柏拉图主义者认为,人类正处在一个较弱的阶段,应该通过神秘主义(mysticism)回溯到神的完美状态。

新柏拉图主义认为万物源自"太一","太一"流溢出世界万物;基督教也认为只存在唯一的"上帝",上帝创造万物;这从学术的角度是站得住脚的。从这里可以看出,基督教和新柏拉图主义的渊源关系。在相当程度上讲,新柏拉图主义给予了基督教一套解释信仰的学术话语体系。

奥古斯丁坚持认为,古典文化对培养有教养的基督徒来说是必不可少的。他设计了一个连接古典文明和基督教文明的可行路径。基督教学习古典希腊

---

① 徐远和:《东方哲学》(第一辑),香港:养正堂文化2002年版,第177页。

② Judith M.Bennett, C.*Warren Hollister. Medieval Europe: A Short History (Tenth Edition)*. The McGraw-Hill Companyies.Inc.1964,p.15.

罗马的哲学和科学七艺为高等教育提供了必要的基础经上帝赐予的灵性(思想之光)的帮助走向更高真理之路神学。

但是,这种运用理性的方式来解释上帝的做法,遭到某些神学家的强烈反对。他们坚持认为上帝远远超过人类理性所能理解的水平,任何以理性的方式来接近上帝的做法都是缘木求鱼,而且亵渎神灵。这里以德尔图良(Tertullian,大约150—225)的观点最为代表性。他说:雅典和耶路撒冷有何相干?学院和教会又有什么关联……这些斯多葛派、柏拉图派、辩证法派的基督教全是山寨冒牌货。抛弃他们吧。自基督耶稣以来,我们不再需要争论,我们只要虔诚的信仰上帝即可;传播福音不需要逻辑分析。一想到上帝的语言《圣经》竟然要受到逻辑学的规制,我就火冒三丈。①

德尔图良的这种思想在学术界引起了轩然大波。一部分人极力赞成,一部分人极力反对。亚历山里亚的克莱门(Clement,约150—215)和其门徒奥利金(Origen,约185-254)就反对这种说法。对于他们来说,基督教无须害怕哲学、理性,甚至异教文化,因为所有的这些都是上帝所绘制蓝图的组成部分。这些非基督教的成分应该被好好利用而不是被盲目排除。

理性和信仰的争论——也就是雅典和耶路撒冷的争论——从那时起,就一直延续下去,直到中世纪末期。

奥古斯丁和德尔图良都是虔诚的基督教徒,他们的区别在于人是否可以凭借理性认识上帝。毫无疑问,德尔图良是绝对的信仰主义者;而奥古斯丁主张理性应在信仰的指导下,认识上帝。不过据戴维·林德伯格(David C.Lindberg)的研究表明:"奥古斯丁并没有把信仰看做理性必须服从的监工,而是看做使真正的理性活动成为可能的条件。基督教信仰提供了基础、蓝图和材料,没有它任何坚实的哲学结构都不可能建立。哲学在信仰的框架内找到它的满

---

①　Judith M.Bennett, C.*Warren Hollister*. *Medieval Europe*:*A Short History*(*Tenth Edition*).The McGraw-Hill Companyies.Inc.1964,p.21.

足……信仰与理性的关系是前件与后件、手段和目的的关系。"①

奥古斯丁关于信仰与理性的关系的理论,提供了把希腊哲学嫁接到基督教教义的具体路径,即理性以信仰为前提演绎出信仰的全部意蕴,或者信仰以理性为手段勾勒出世界的明晰轮廓。

二、西学东渐: 希腊哲学的伊斯兰化

(一)希腊哲学的传入

阿拉伯帝国的崛起可谓世界文明史上的奇迹。自先知穆罕默德(Muham-mad,570/571-632)开疆辟土以来,到 750 年就建立了包括波斯、叙利亚、巴勒斯坦、埃及、北非、西班牙和印度西北部等横跨亚、欧、非三大陆的庞大帝国。749 年,阿拔斯家族(Abbasid family)夺得了哈理发政权,并于 762 年将帝国首都从大马士革迁往巴格达。阿拉伯人的科学文化事业正是从那里开始的。

今天可能很多人对伊斯兰教存在严重的误解。在历史上,阿拉伯是一个极为重视科学文化的民族。阿拉伯人索居广漠,万里黄沙,对地理方位的判别不管在日常生活,还是在军事上都显得尤为重要。因此,阿拉伯人极为重视天文学的研究。比如阿拔斯王朝(Abbasid Dynasty,750—1258)的第二任哈里发曼苏尔(Al Mansur,707—775)其本人就是一位著名的天文学家。他于 771 年曾特意召见印度天文学家曼卡。印度天文学和数学也由此进入了阿拉伯世界,并直接激发了穆斯林对希腊科学的浓厚兴趣②。8 世纪下半叶,阿拔斯哈里发已将翻译希腊典籍列为一项重要的国家文化工程。到第七任哈理发马蒙(Al-Mamun,813-833 年在位),阿拉伯翻译运动达到顶峰。为了更好推进学术发展,马蒙于 828 年,在巴格达建立了一座全国性的综合性学术机构"智慧屋"(House of Wisdom),由翻译局、研究院和图书馆等机构组成。这是自希腊

---

① 苏曼:《中世纪的科学及其与基督教的关系》,《自辩证法通讯》1900 年第 4 期。
② 吴雁:《伊斯兰新柏拉图主义研究》,《阿拉伯世界研究》2007 年第 4 期。

缪斯(Muses)学园之后世界上最大的学术机构之一。这场规模宏大的翻译运动,持续了将近两个世纪,到 1000 年,差不多所有的希腊哲学和科学文献都有了阿拉伯译本①。伴随翻译运动,阿拔斯王朝也出现了许多有名的天文学家、哲学家、医学家,希腊科学从希腊化时代的高度跌落以来,至此方慢慢回升。

(二)希腊哲学的伊斯兰化

希腊哲学在传入阿拉伯国家时,同样遇到信仰和理性融合的问题。如何把一种外来文化伊斯兰化,也就是本土化,这是摆在穆斯林学者面前的重要课题。相比较基督教和希腊文化的融合,伊斯兰教和希腊文化的融合就显得容易多了。伊斯兰教和基督教一样都是一神教,但伊斯兰教(文艺复兴之前)比旧基督教教不仅宽容得多,而且更加世俗。这种宽容的精神和世俗环境为阿拉伯的学术发展提供了有利条件;而且穆斯林教徒不像基督徒那样狂热,他们对希腊的科学和哲学有着浓厚的兴趣。他们不仅大量翻译古希腊著作,而且创造性对之进行了改造和发展。

由于某种原因,起初传入到阿拉伯国家的是新柏拉图主义。新柏拉图主义作为一种哲学和其后成为一种宗教哲学只是对人类一般宗教思想所做的教义上的解释。伊斯兰学者创造性将新柏拉图主义的宗教哲学内核植入了伊斯兰教,并进行了精细的学术论证,这大大提高了伊斯兰教的理论水平②。这和奥古斯丁运用新柏拉图哲学对基督教所做的改造,有异曲同工之妙。

在基督教希腊化的过程中,上帝创世、灵魂等基督教教义问题,在伊斯兰教语境中置换为"真主独一""真主创世"等伊斯兰教问题。可以说,在柏拉图故乡遇到的问题,即理性和信仰的问题,在阿拉伯同样也存在。这些问题大大激发了伊斯兰学者对柏拉图、亚里士多德的兴趣。不过伊斯兰学者对古希腊

---

① 郝刘祥:《中世纪希腊科学的传播及其与宗教的关系》,《自然辩证法通讯》2003 年第 3 期。

② 吴雁:《伊斯兰新柏拉图主义研究》,《阿拉伯世界研究》2007 年第 4 期。

的科学的热情是基督教父们所不及。

在调和信仰和理性的关系上，作出最杰出贡献当属法拉比（Al·Farabi 约870—950）。因为创立了自然泛神论哲学体系，在伊斯兰哲学史上，法拉比被称为"第二导师"（"第一导师"亚里士多德）。法拉比曾对亚里士多德的许多著作做过注释①。他强调哲学和自然科学知识的重要性。哲学就是一个不断发现真理、认识真理的过程，而认识真理最终是为了认识真主，即哲学是认识"真主"的理性的工具。法拉比提出，人们不能认识"真主"的原因不是人的理性有限，而是人的理性被欲望所遮蔽。由此可见，法拉比的思想中带有一丝新柏拉图主义的神秘色彩。

伊本·路世德（Ibn Rushd, 1126—1198, 拉丁名阿威罗伊 Averroes），是自法拉比之后阿拉伯最有影响力的哲学家、教法学家、亚里士多德学派的主要代表之一（在中世纪中后期的西欧，他的影响很大，本文第三部分将再提到"阿威罗伊主义"）。伊本·路世德对亚里士多德、柏拉图、伊本·西那②、法拉比的哲学著作做了大量的注释、评论，在相当程度上恢复了被新柏拉图主义曲解了的亚里士多德的学说，被誉为"亚里士多德著作最有权威的诠释家"。

对于理性和信仰的关系，伊本·路世德认为理性是信仰的认识基础，《古兰经》寓意的启示，有待于理性作出合理的解释，并在此基础上进一步提出"双重真理论"。在他看来理性和天启、科学和宗教是不冲突的，宗教的真理源自天启，哲学的真理源于理性。这两者可能的分歧，源于它们都有其专有的认识范围。由于伊本·路世德在理性和信仰的路上走得太远，其观点被正统保守的伊斯兰教学者指控为异端。1195 年伊本·路世德遭到流放，其宗教、哲学著作亦被付之一炬。由此可见，思想舞台上面的刀光剑影，在现实中表现可能就是血和火的飞扬。

---

① 第·博尔：《伊斯兰哲学史》，马坚译，中华书局 1958 年版，第 155 页。
② 伊本·路世德（Ibn Rushd, 1126—1198）阿拉伯哲学家、教法学家、医学家，拉丁名阿威罗伊，世界医学之父，阿拉伯亚里士多德学派的主要代表人物之一。

（三）阿拉伯人的学术贡献

从阿拔斯王朝的翻译，下迄阿维罗伊的注释，阿拉伯科学经历了400年的持续发展。阿拉伯人对学术的贡献，归纳起来大致有三个方面。

首先，他们保存、恢复并发展了希腊科学，并将其传到拉丁学者手中。拉丁欧洲从罗马那儿接受的遗产非常有限，他们的科学，主要是在阿拉伯科学，特别是西班牙学者的亚里士多德主义基础上发展出来的。

其次，他们为理性划定了不受教义控制的地盘，从而为科学研究提供了保护伞，这就是阿维罗伊的亚里士多德主义。穆斯林哲学家对理性功能的强调，是中世纪晚期基督教思想进一步理性化的先导。

再次，从相当程度上而言，是阿拉伯人激发了西方人研究亚里士多德热潮。罗杰·培根（Roger Bacon，约1214—1293），曾明确地指出："亚里士多德哲学的绝大部分并没有对西方产生任何影响，这或者是因为亚氏的手稿仍隐而不见或极为少见，或者是因为这一主题让人感到困难和令人生厌，或者是由于东方发生战争。这种状况直到穆罕默德时代之后，即当阿维罗伊将亚里士多德的哲学重新做了系统阐释之后才有所改变。亚里士多德的哲学才受到拉丁人的重视。"①

如果我们对亚里士多德著作有一个基本了解，就很好理解罗杰·培根上面的评论。亚里士多德的著作大部分是在吕克昂（Lyceum）完成的。从那时开始，他的兴趣开始从数学转向到自然科学。吕克昂更多像一个研究机构，而不是教学机构。这从亚里士多德遗留下来的著作可以看出。这些著作大多数是资料集，而不是一般意义上的著作。② 这些资料是很可能是为了吕克昂的学生和学者们准备的。如果没有听过亚里士多德的演进，是很难理解的。这些资料如果没有经过整理、解释是很难被一般公众所接收。后人正是通过这

① Thomas Arnold and Alfred Guillaume. *The Legacy of Islam*. Oxfrod. 1931, pp.259-260.
② 马歇尔·米斯纳：《亚里士多德》，中华书局2002年版，第5—7页。

些资料知道亚里士多德的思想,也正是这些"书"对西欧的历史产生了深远的影响。阿维罗伊他们所做工作的意义就在于对亚里士多德"著作"的恢复、整理、注释、解读和评论,激发了西方人重新对希腊哲学特别是亚里士多德的热情。罗杰·培根作为当时著名的科学家,他的评论具有相当的可信度。

三、东学西渐: 希腊哲学再次基督教化

(一)东学西渐:亚里士多德重返欧洲

从阿拉伯世界到拉丁欧洲的科学文化中心的转移,与基督教重新征服西班牙是同步进行的。11世纪,后伍麦叶王朝(a1—Umawiyyun,756—1031年,中国史籍称"白衣大食")解体之后,基督徒的征服事业再次扬帆起航。1085年信仰基督教的卡尔提斯王国(Castilla)攻陷托雷多(Toledo);1091年基督教信徒罗伯特·吉斯卡尔(Robert Guiscard,1025-1085)攻占西西里(Trinacria),这为欧洲人不断增长的求知热情提供了两条通道(第三条通道:君士坦丁堡这是十字军东征时开辟的)。欧洲各地的学者云集托雷多和西西里,使之成为欧洲最主要的翻译中心。

从阿拉伯传入欧洲的科学与哲学知识,在一个世纪之内便从涓涓细水汇成了汹涌的急流。欧洲迎来了科学史上的第二次大翻译运动,这是知识领域内的一次重大革命。知识的革命继而导致学术建制的革命:大学的出现。大学出现的真正意义在于为希腊科学提供了一个可以不断生长的学术机制。希腊科学到1世纪,事实上已无栖身之所。穆斯林所提供的庇护不过是几间陋室,远远不能和欧洲中世纪大学这个具有革命性的学术建制相提并论。

(二)亚里士多德基督教化:信仰与理性的调和

基督教并不是绝对的反智主义,如果真的是那样的话,基督教也就不会产生重要影响。基督教的不宽容主要体现在对希腊的文学和艺术的绝对仇视,

对于古典文明的哲学、科学基督教官方态度还是比较温和的。他们把来自异教的古希腊、罗马文明视为人类的文化遗产,但并不把它包括在基督教神学教育之中,其目的是避免信徒思想混乱。

中世纪社会很早就自然形成两类教育的理念。即职业教士负责他们自己修会里那些人的教育,世俗人士负责世俗人士的教育①。这种教育上的分工理念根植于中世纪社会的现实基础。中世纪欧洲是一个四分五裂、高度分权的社会,没有一个中心具有至高无上的权威和权力。它的理论基础是教皇杰拉西乌斯一世(Gelasian)的"二元论"。② 世俗教育和神学教育的相对分工,不仅有利于学术的发展;而且也舒缓了王权和教权在教育领域的紧张关系。

不过这种教育上分工如同政治上的分权制衡,是相当不稳定的;中世纪大学的兴起,特别是理性之家——巴黎大学的出现③,这个古老的分工传统就不时遭到挑战。中世纪的学术公案,大多数也都是因不遵从教育领域内的分工这个游戏规则而引发的。刚刚诞生的巴黎大学则成为传播亚里士多德学说的重要阵地,也是冲突频发之地。

皮埃尔·阿伯拉尔(Pierre Abelard,1079—1142)是较早运用亚里士多德哲学进行研究的教师。他将逻辑的方法应用于神学研究和教学。吉尔伯·

---

①　爱弥尔·涂尔干:《教育思想的演进》,李康译,上海人民出版社 2003 年版,第 327—328 页。

②　在中世纪社会,世俗的和宗教的、帝国的和教皇的,神圣罗马帝国与罗马主教管区,两者都声称是古代罗马皇帝的合法继承者。从而逐步形成教会掌握"精神之剑",皇帝掌握"物质之剑"的分权制衡态势。这种二元论把中世纪社会从头到脚一分为二,从皇帝与教皇开始,通过国王与大主教,贵族与住持直至庄园主和教区牧师。并自然而然衍生出两类法律,世俗法和教会法;两类法院,教会法院和世俗法院;两类教育:世俗教育和神学教育。所谓上帝的事情归上帝,凯撒的事情归凯撒。Burton R. Clark. *Perspectives on higher education: eight disciplinary and comparative views*. Berkeley, Los Angeles, London: university of California press, 1984, p.22.

③　这主要表现在自 12 世纪以来,王权的治理更多地依靠拿薪水执政官,而不是贵族;教权更多利用教会法为教皇合法性论证,以及运用教会法治理教会。从这个角度上讲,大学是欧洲理智制度化的产物。吉拉尔德·古特克:《教育学的历史与哲学基础》,谬莹译,湖南教育出版社 2008 年版,第 106 页;王亚平:《权力之争》,东方出版社 1995 年版。

得·拉·珀勒（Gilbert de la Porrèe，生卒年龄不详），将更多的亚里士多德的逻辑学理论应用于神学的思考。① 到了 12 世纪末期，亚里士多德的《新逻辑》已经被很好地消化和吸收。13 世纪，又出现了亚里士多德的《形而上学》和自然哲学，这些著作还附有阿拉伯学者的注解。

基督教会恪守哲学和神学的传统分工，一再告诫巴黎大学教授和神学研究人员不要越界。基督教会对亚里士多德哲学还是相当的宽容。不过当哲学开始越界到神学领域，情形发生变化。教育可以分工，知识可以划分学科，思想自由却无法限制。经过长时间文化停滞，当亚里士多德哲学重返西欧，激发了人们强烈的求知欲望。回想中国 20 世纪 80、90 年代时的文化热，有助于理解这个现象。

基督教会对亚里士多德正式反击是在 1210 年的森斯会议上，这次会议特别禁止公开或者私下讲授亚里士多德的自然哲学著作；1215 年罗马教皇的使节库尔松的罗伯特（Robert de Courson）在对文学院所做的有关规定中重申了这项禁令；1231 年，教皇格里高利一世（Gregory I）在《教牧法规》中明确要求清除亚氏著作中与教义冲突的观点②。

但这些禁令并未真正贯彻下去，1255 年巴黎大学的教材囊括了全部已译的亚里士多德著作。

在这种局面下，正面的冲突已在所难免。1270 年，巴黎主教明确禁止讨论来自亚里士多德著作和阿维罗伊注释中的 13 个命题。1277 年，教皇约翰 21 世（John XXI）指示巴黎主教坦皮尔（Etienne Tempier）着手调查巴黎大学的思想风潮，为此坦皮尔在巴黎大学神学家的帮助下用 3 周时间收集了 219 个命题，诸如"没有任何事情的发生是偶然的"（第 21 条），"第一因（上帝）不可能创造多个世界"（第 34 条），"上帝不可能使宇宙（即天空和整个世界）做直线运动，因为这会留下真空"（第 49 条）。凡是接受、赞成或讨论这 219 个命

---

① 哈斯金斯：《大学的兴起》，上海人民出版社 2007 年版，第 35 页。
② Lynn Thorndlke.*University records and life in the Middle Ages*.1944.

题中的任何一条者,都将受到革除教籍的惩罚①。

亚里士多德的著作之所以被查禁:一方面是它对基督教关于世界和人本质的许多基本概念,提出了不同的解释,模糊了人们对《圣经》的理解;更为重要的是它(哲学)侵犯了神学的领域,破坏了古老的科学和神学的分工传统。这种无视传统的异教挑衅,是基督教无法容忍的②。1247年,巴黎大学文学院教师约翰布里斯坎,因为把逻辑和神学混合起来教学,遭到教皇使节的惩处。教皇对逻辑学家越来越像神学家,神学家越来越表现出哲学家这种反常的现象,表示不满。他的告诫是:教师们应该遵从于科学和神学之间的古老分工。③

基督教会的警告,并不能阻止人们用哲学解读神学的热情。在本质上这种智力自由一经启动就无法抑制。当教皇发现不能阻止亚里士多德哲学对神学的侵入,"招安"或许是最好的办法。

如何调节理性和信仰的关系,中世纪学者遇到和基督教父奥古斯丁同样的命题。整个社会的理性化水平的提高,导致这次的挑战更大。协调哲学和神学的关系是如此的复杂、精细和严苛,以至于成为一种专业知识。从将神学置于知识阶梯的顶端这一世界性的角度来看,神学的专业化吸引来中世纪学界最优秀的思想家。

这样,亚里士多德学说的广泛传播与基督教会的抵制政策使得整个经院哲学内部在围绕着如何对待亚里士多德学说的问题上,逐渐分化为三个派别。一派以奥古斯丁—柏拉图主义者为代表[比如;哈勒斯的亚历山大(Alexander

---

① 爱德华·格兰特:《中世纪的物理科学思想》,郝刘祥译,复旦大学出版社2000年版。

② 欧塞尔的威廉是巴黎大学第一位使用亚里士多德《自然论》的神学家,1220年在其著作《圣徒简论》中公开声明,信仰是不能借助于人类理性来证明的。这至少说明最初并不是亚里士多德哲学本身引起人们的争议,而是它在神学中的使用,甚至滥用引发的后果。*A History of the University in Europe.vol.I Universities in the Middle Ages*, edited by Hilde de Ridder-Symoens, 422. at Cambridge University press.1992.

③ *A History of the University in Europe.vol.I Universities in the Middle Ages*, edited by Hilde de Ridder-Symoens, 423. at Cambridge University press.1992.

Halensis,1185-1245)〕,视亚里士多德为异端邪说,仍坚守奥古斯丁-柏拉图主义传统;一派以拉丁阿维罗伊主义者为代表〔如:布拉班特的西格尔(Siger de Brabant,1240-1284)〕,主张全盘接受亚里士多德亚学说。

实际上,在13世纪的西欧,对亚里士多德学说所采取的任何形式的遏制措施都是徒劳的。因此,当时的主要问题是如何将亚里士多德学说纳入到基督教神学体系,而不是通过行政命令将之囚禁起来。于是,在对待亚里士多德学说上,出现了一种既反对保守派又反对激进派的中间派,其代表人物大阿尔伯特(Albertthe Great,约1200-1280年)及其门徒托马斯·阿奎那(Thomas Aquinas,1224-1274)。他们一方面驳斥奥古斯丁主义者武断地将亚里士多德学说拒之门外的做法,认为奥古斯丁的理论是正确的,亚里士多德的学说也有正确的成分,两者并非水火不容;他们也斥责阿维罗伊主义者无条件采纳亚里士多德学说的做法,在他们看来,人们之所以将亚里士多德学说与基督教教义对立起来,正是阿维罗伊主义者对亚里士多德学说的误解或者篡改所引起的。所以,他们站在中间立场上,主张改造和吸收亚里士多德学说。

托马斯·阿奎那在他的《异教大全》《神学大全》及对亚里士多德《形而上学》《解释篇》《后分析篇》《伦理学》《论灵魂》《物理学》所做的评注中都是围绕调和亚里士多德学说与基督教神学而展开的。他运用亚里士多德的思想范畴和逻辑推理方法对所有的神学、哲学、伦理学、政治学等重大问题进行了卓有成效的探索,从而得出了亚里士多德哲学与基督教信仰完全一致的结论。例如,在理性与信仰问题上,阿奎那认为,这两者之间并不是对立的,而是协调一致的。

托马斯·阿奎那明确提出哲学必须为神学服务。世界万物都是上帝的作品,对自然哲学理解越深刻就越能认识上帝的存在。如果在认识自然哲学中,出现和神学矛盾的地方,那肯定是哲学的错误,神学是不会错的。因为神学的真理直接来自上帝的启示。而哲学的真理是来自人本身的理性,人是有缺陷的,所以哲学的真理要服从神学的真理。① 这就既否定了激进的拉丁阿维罗伊主义者将信仰与理性分离的"双重真理说",也否定了保守的神秘主义者只靠信仰而不依赖理性去探索上帝的做法,这是一种懒惰的表现。可以说,坚定的信仰主义与普遍的理性主义并行不悖地融会在托马斯主义的理论体系中。

托马斯·阿奎那将基督教神学建立在亚里士多德学说宏大而牢固的基础上,从而实现了基督教神学与希腊哲学的第二次大融合。托马斯·阿奎那也因此成为中世纪最为重要的哲学家,其思想代表了中世纪经院哲学的最高成就。

(三)理性与信仰的分离

不过托马斯·阿奎那的理论遭到了拉丁阿维罗伊主义的猛烈回击。拉丁阿维罗伊主义是阿拉伯哲学家伊本·路世德(他的拉丁文名为 Averroe)的哲学在拉丁西方世界的翻版。伊本·路世德的哲学在伊斯兰世界遭到了强烈抵制,但在欧洲却拥有众多的拥护者,从而形成了"阿维罗伊主义"学派。阿维罗伊主义的杰出代表布拉邦特的西格尔(Siger de Brabant,1240-1284)大胆谴责大阿尔伯特及其门生托马斯·阿奎那的学说是对亚里士多德原义的篡改,并指出理性与信仰是不可能和谐共存的②。阿维罗伊所创始的这场理智运动为西方人走向近代理性主义打开了一个突破口。尤其是它将理性与信仰分离,赋予理性与哲学独立地位的思想必然导致对传统基督教权威和正统神学的否定。

西欧学术界经过一个多世纪对古希腊和阿拉伯科学知识的吸收与融合,在 13 世纪便开始走向发展、创新的道路。这集中体现在依赖于观察和实验的经验科学的兴起。

罗杰·培根是运用实验科学中最杰出的代表。他猛烈抨击同时代的那些热衷于烦琐的逻辑推理和形而上学的经院哲学家。他说,有一种科学,比其他

---

① "Philosophy doctrine and knowledge revealed by God", *Summa theologice*, part Ⅰ.Q1.Art.1.

② George Sarton, *Introduction to the History of Science*, vol.Ⅱ, part Ⅱ, NewYork, 1975, p.945.

科学都完善,要证明其他科学,就需要它,那便是实验科学;实验科学胜过各种依靠论证的科学,因为无论推理如何有力,这些科学都不可能提供确定性知识,除非有实验证明它们的结论。这是心理态度的一次革命性的改变。培根也因之而获得了实验科学之先驱的称号。

中世纪拉丁学者虽然没有在具体科学上作出重大发现,但他们在吸收、消化希腊-阿拉伯科学的基础上,将晚古和伊斯兰注释家对亚里士多德的批判和讨论推进到一个新的高度。这场批判运动,在一定程度上得益于科学与神学的冲突。

近代科学诞生之后,科学与宗教发生了三次大论战:16—17 世纪的天文学论战,17—18 世纪的力学世界观论战和 19 世纪的进化论论战。经过三次大论战,现代科学已经将全知全能的上帝驱逐出科学的领域,即使某些科学家经常谈到上帝,这个上帝也只是宇宙秩序或自然规律的代名词。科学战胜了宗教,理性战胜了信仰。

上帝死了,人们突然发现,他们正置身于一个陌生的世界。在这里,旧日熟知的信仰意义正在消失殆尽,理性本身也变得可疑①。人类饱受着因信仰和理性的割裂带来的灾难(比如两次世界大战),从而被逐出精神的家园,这就意味着一个旧时代的终结。

如何克服信仰与理性,主体与客体、意识与存在、东方与西方、基督教国家与伊斯兰教国家等这种对立的二元思维模式,就是我们这个时代亟待解决的课题。克服这种分析形式的二元论思维模式,不是简单的历史回归,而是在一个更高水准的辩证的综合。在这个时代不是"非此即彼",而是"亦此亦彼"。不再是理性反对信仰,或者信仰否定理性,而是作为一个整体的人在思考和感受。我们可以做到吗? 这必须对新时代持有坚定的信仰。

---

① 伯尔曼:《法律与宗教》,中国政法大学出版社 2010 年版,"代译序"第 2 页。

责任编辑：洪　琼
封面设计：石笑梦
封面制作：姚　菲
版式设计：胡欣欣

图书在版编目（CIP）数据

中世纪教师行会研究/黄旭华 著. —北京：人民出版社,2020.12
ISBN 978－7－01－023333－8

Ⅰ.①中…　Ⅱ.①黄…　Ⅲ.①教师-行会-研究-世界-中世纪
　　Ⅳ.①G645.7

中国版本图书馆 CIP 数据核字（2021）第 069088 号

中世纪教师行会研究
ZHONGSHIJI JIAOSHI HANGHUI YANJIU

黄旭华　著

人民出版社 出版发行
（100706　北京市东城区隆福寺街 99 号）

北京中科印刷有限公司印刷　新华书店经销

2020 年 12 月第 1 版　2020 年 12 月北京第 1 次印刷
开本：710 毫米×1000 毫米 1/16　印张：14.75
字数：250 千字

ISBN 978－7－01－023333－8　定价：59.00 元

邮购地址 100706　北京市东城区隆福寺街 99 号
人民东方图书销售中心　电话（010）65250042　65289539